教育部人文社会科学研究规划基金项目"职业教育与民营经济融合发展的效能评价及长效机制研究"（23YJA880061）研究成果

# 职业教育与民营经济融合发展的效能评价及长效机制研究

徐森富 著

中国财经出版传媒集团
中国财政经济出版社
·北京·

**图书在版编目（CIP）数据**

职业教育与民营经济融合发展的效能评价及长效机制研究 / 徐森富著． -- 北京：中国财政经济出版社，2025.5． -- ISBN 978 - 7 - 5223 - 3987 - 0

Ⅰ. G719.21；F121.23

中国国家版本馆 CIP 数据核字第 2025VN6782 号

| | |
|---|---|
| 责任编辑：张　军 | 责任校对：张　凡 |
| 封面设计：卜建辰 | 责任印制：张　健 |

职业教育与民营经济融合发展的效能评价及长效机制研究
ZHIYE JIAOYU YU MINYING JINGJI RONGHE FAZHAN DE
XIAONENG PINGJIA JI CHANGXIAO JIZHI YANJIU

中国财政经济出版社 出版

URL：http：//www.cfeph.cn

E - mail：cfeph@ cfeph.cn

（版权所有　翻印必究）

社址：北京市海淀区阜成路甲 28 号　邮政编码：100142

营销中心电话：010 - 88191522

天猫网店：中国财政经济出版社旗舰店

网址：https：//zgczjjcbs.tmall.com

北京厚诚则铭印刷科技有限公司印刷　各地新华书店经销

成品尺寸：170mm×240mm　16 开　16.75 印张　286 000 字

2025 年 5 月第 1 版　2025 年 5 月北京第 1 次印刷

定价：98.00 元

ISBN 978 - 7 - 5223 - 3987 - 0

（图书出现印装问题，本社负责调换，电话：010 - 88190548）

本社图书质量投诉电话：010 - 88190744

打击盗版举报热线：010 - 88191661　QQ：2242791300

# PREFACE 序言

党的二十大报告指出,"教育、科技、人才是全面建设社会主义现代化国家的基础性、战略性支撑。必须坚持科技是第一生产力、人才是第一资源、创新是第一动力,深入实施科教兴国战略、人才强国战略、创新驱动发展战略,开辟发展新领域新赛道,不断塑造发展新动能新优势"。党的二十届三中全会强调,"高质量发展是全面建设社会主义现代化国家的首要任务""健全因地制宜发展新质生产力体制机制""统筹推进教育科技人才体制机制一体改革"。习近平总书记指出,民营经济是我们党长期执政、团结带领全国人民实现"两个一百年"奋斗目标和中华民族伟大复兴中国梦的重要力量。民营经济已经成为推动中国式现代化的生力军,"56789"常用来概括民营经济在经济社会发展中的重要作用,即民营经济贡献了50%以上的税收,60%以上的国内生产总值,70%以上的技术创新成果,80%以上的城镇劳动就业,90%以上的企业数量。

2022年12月,中共中央办公厅、国务院办公厅印发了《关于深化现代职业教育体系建设改革的意见》,提出把推动现代职业教育高质量发展摆在更加突出的位置,坚持服务学生全面发展和经济社会发展,以提升职业学校关键能力为基础,以深化产教融合为重点,以推动职普融通为关键,以科教融汇为新方向,充分调动各方面积极性,统筹职业教育、高等教育、继续教育协同创新,有序有效推进现代职业教育体系建设改革,切实提高职业教育的质量、适应性和吸引力,培养更多高素质技术技能人才、能工巧匠、大国工匠,为加快建设教育强国、科技强国、人才强国奠定坚实基础。2022年2月24日,教育部与浙江省人民政府在京签署了《教育部浙江省人民政府关于共同推进浙江教育高质量发展助力共同富裕示范区建设备忘录》,教育部与浙江省紧扣推动共同富裕和人的全面发展,围绕基础教育优质均衡、普惠性人力资本全面提升、高等教育高水平普及和教育治理现代化等方面开展合作,共同推进浙江在学前教育普及普惠、义务教育优质均衡、学习型社会建设方面作出示范,推进职业教育高质量发展高地、高素质人才高地、教育对外开放高质量发展高地建设,推进高等教育改革创新、教育评价改革、教育数字化改革,助力共同富裕示范区建设和长三角教育协同发展,为加快建设教育强国、世界重要人才中心和创新高地贡献浙江力量。

民营经济是推动高质量发展、建设现代化经济体系的重要主体,也是浙江发展的金名片和主力军。民营经济的高质量发展,需要一大批高素质的技术技能型人才支撑,亟须职业教育的高质量供给。为此,教育部以省部共建的形式,选择民营经济较为发达的浙江温州、台州两地,开展国家职业教育改革创新高地建设试点,出台了《关于推进职业教育与民营经济融合发展 助力"活力温台"建设的意见》,以制度创新推进职业教育与民营经济融合发展,目的就是要进一步激发企业参与职业教育新动能、创新产教融合校企合作方式、提升技术技能人才培养能级,助推民营经济走上新台阶。经过3年多的探索与实践,"活力温台"建设进入了收官之年,如何评价职业教育与民营经济融合的效能,通过何种路径建立融合发展长效机制,已经成为现阶段国家职业教育改革过程中亟待解答的重要理论与实践问题。本书基于职业教育类型特征视角,从职业教育与民营经济融合的基本理论出发,结合民营经济的发展特征,以"活力温台"为实践样本,分析了职业教育与民营经济融合发展的建设成效,构建了可复制、可推广、可借鉴的效能评价体系,提出了职业教育与民营经济融合发展的长效机制,为深化现代职业教育体系改革、加快技能型社会建设提供了理论支撑与智力支持,为职业教育与民营经济融合发展提供了鲜活的实证经验和参考案例。

此外,通过引入TOPSIS与灰色关联系数相结合的方法对职业教育与民营经济融合综合评价指标体系进行定量分析,有效拓展了职业教育与民营经济融合评价指标体系领域的研究内容,并使用绝对和相对差异方法对职业教育与民营经济融合效能差异及其变化特征进行了定量刻画,为建立职业教育与民营经济融合发展的长效机制提供了科学的分析模型。

本书得以出版,首先感谢教育部人文社科研究规划基金的资助。感谢浙江省职业教育发展研究院产教融合研究中心的支持。感谢浙江工业大学教育学院、浙江广厦建设职业技术大学、台州科技职业学院项目团队成员的共同努力，同时感谢省内兄弟院校提供的大量调研数据，本书还参考了本研究领域其他同行的大量研究文献与成果，在此表示感谢！

由于作者水平和能力有限，书中难免存在不妥与疏漏之处，敬请各位专家、同行批评指正！

徐森富

2025 年 5 月

# CONTENTS 目录

第一章　绪论 ································································· 1

　　第一节　问题的提出 ······················································· 1

　　第二节　国内外研究现状和趋势 ············································· 7

　　第三节　国内职业教育与民营经济融合发展研究现状 ·························· 20

　　第四节　研究内容 ························································ 35

　　第五节　拟突破的重点难点问题 ············································ 38

　　第六节　研究思路和研究方法 ·············································· 39

第二章　职业教育与民营经济融合发展的基本理论研究 ···························· 40

　　第一节　相关概念界定 ···················································· 40

　　第二节　职业教育与民营经济融合发展的常用理论 ···························· 41

　　第三节　职业教育与民营经济融合发展的理论逻辑 ···························· 50

第三章　职业教育与民营经济融合发展的效能评价指标设计依据 ···················· 62

　　第一节　职业教育与民营经济融合发展的理论基础 ···························· 62

　　第二节　职业教育与民营经济融合发展的实践依据 ···························· 76

　　第三节　职业教育与民营经济融合发展效能评价指标的设置原则 ················ 81

第四章　职业教育与民营经济融合发展的效能评价体系 ···························· 92

　　第一节　效能评价体系研究概况 ············································ 92

　　第二节　效能评价体系构建的原则 ·········································· 96

　　第三节　效能评价指标体系的构建流程 ······································ 99

　　第四节　职业教育与民营经济融合发展的效能评价体系构建 ···················· 99

第五节　职业教育与民营经济融合发展的第三方评价 …………… 116

**第五章　职业教育与民营经济融合发展评价模型** ………………… 120

第一节　评价模型的构建 ……………………………………… 120

第二节　浙江省职业教育与民营经济融合发展差异及类型差异分析 ……………………………………………………… 142

第三节　浙江省职业教育与民营经济融合发展时间动态演化分析 …… 149

**第六章　职业教育与民营经济融合发展的长效机制** ……………… 160

第一节　宏观层面：职业教育与民营经济融合发展的政策长效机制 …………………………………………………… 161

第二节　中观层面：职业教育与民营经济融合发展的动力长效机制 …………………………………………………… 171

第三节　微观层面：职业教育与民营经济融合发展的路径长效机制 …………………………………………………… 183

**附录一　现代职业教育与民营经济融合发展的台州报告（2021—2023 年）** ……………………………………… 202

**附录二　产教融合案例** ………………………………………………… 224

# 第一章 绪 论

## 第一节 问题的提出

习近平总书记强调,民营经济是实现中华民族伟大复兴中国梦的重要力量,对推进供给侧结构性改革、高质量发展和建设现代化经济体系具有重要作用。他提出要坚持"两个毫不动摇",即巩固和发展公有制经济,同时鼓励、支持、引导非公有制经济发展,优化民营企业发展环境,依法保护民营企业产权和企业家权益,促进民营经济发展壮大,构建亲清政商关系,明确民营企业和民营企业家是自己人,为民营经济高质量发展提供坚实保障[①]。在当今经济全球化和技术迅速发展的背景下,民营经济已成为推动经济增长、创造就业和促进创新的重要力量,而要实现民营经济的高质量发展,职业教育的支持显得尤为关键。

职业教育的高质量发展能够为民营经济输送高素质的人力资源,随着市场需求的不断变化,企业对专业技能和综合素质的要求日益提高,职业教育能够通过系统的课程设置和实践训练,培养出符合市场需求的技术型和管理型人才,这些人才不仅具备扎实的专业知识,还能灵活应对工作中的各种挑战,为企业的生产和运营提供强有力的支持。职业教育在促进技术创新方面也发挥着不可或缺的作用,民营企业往往具备较强的灵活性和创新能力,而职业教育则为这些企业提供了源源不断的创新型人才,通过职业教育,学生不仅能学习到理论知识,还能在实践中掌握新技术、新工艺,这种技能的传

---

① 习近平. 毫不动摇坚持我国基本经济制度 推动各种所有制经济健康发展 [N]. 人民日报,2016-03-09.

授,使民营企业能够更快地将新技术应用于生产,提升产品质量和市场竞争力。此外,职业教育还能够有效提升企业的整体效率,高素质的员工能够更快适应岗位要求,减少培训成本,提高工作效率,这不仅有助于降低企业的运营成本,还能为企业创造更大的经济效益。随着企业竞争的加剧,拥有一支高效的团队已成为民营企业制胜市场的关键因素。同时,职业教育对社会的稳定与发展也起着重要作用,通过职业教育,许多人能够获得就业机会,改善生活水平,进而推动消费和经济增长,这种良性循环不仅促进了民营经济的发展,也为社会的和谐稳定奠定了基础。

近年来,政策的支持与社会的认知在不断推动职业教育与民营经济的深度融合,许多国家和地区的政府也认识到职业教育在经济发展中的重要性,纷纷出台政策,加大对职业教育的投入,鼓励企业参与职业培训,这种政策导向不仅提高了职业教育的质量,也增强了其在民营经济发展中的作用。职业教育也通过培养高素质的人才、促进技术创新、提升企业效率以及促进社会稳定,为民营经济的发展提供了坚实的基础。本书以"职业教育与民营经济融合发展"为主题,构建了职业教育与民营经济融合发展的效能评价体系与长效机制,以期形成可借鉴可推广的模式。

## 一、职业教育与民营经济融合发展是政策导向

党的十八大以来,以习近平同志为核心的党中央对职业教育和民营经济的发展重视程度达到了前所未有的高度,习近平总书记高度重视职业教育在经济发展中的作用,尤其是在促进民营经济发展、推动经济高质量发展和提升国家核心竞争力方面。2014 年,习近平总书记在全国职业教育工作会议上提出,职业教育要与经济社会发展紧密结合,是培养高素质劳动者和技术技能人才的主阵地,职业教育不仅要为经济发展提供技术型人才,还要提升国民整体素质,尤其是在服务民生、推动产业升级方面具有不可替代的作用,强调"要深化教育体制改革,创新人才培养模式,加强产教融合,推动职业教育与经济社会发展的深度对接"[①],这为职业教育与民营经济的结合指明了方向,要求学校、企业、社会三方合作,推动人才培养和经济需求的精准对

---

① 刘军涛,赵纲. 习近平在全国高校思想政治工作会议上强调:把思想政治工作贯穿教育教学全过程 开创我国高等教育事业发展新局面[N]. 人民日报,2016-12-09.

接。在习近平总书记的论述中，职业教育的改革和发展不仅是教育领域的问题，更是关系到经济转型升级、提高劳动生产率和提升国家竞争力的战略举措。2016 年，在全国科技创新大会上习近平总书记提到，要大力培养"高技能人才"，特别是在工业、制造业等技术密集型产业领域，"要建设一支创新型、技能型、复合型的高素质劳动大军，必须通过创新人才培养模式，推动职业教育与企业的深度合作，尤其要推动民营企业与职业院校的合作办学、合作培训，实现校企双方的双赢"①。在民营企业座谈会上，习近平总书记也强调，要不断"激发民营企业的创新活力和市场竞争力"，特别是要加强与教育、科研等领域的对接，为民营经济提供更多的人才支持，表明民营企业不仅是职业教育的重要用人单位，也是职业教育改革的重要合作伙伴。2019 年，习近平总书记在全国教育大会上进一步指出，"要立足国家发展大局，深化教育综合改革，发展现代职业教育，推动职业教育和经济社会发展需求深度融合"②。这既是对职业教育自身发展的要求，也意味着民营经济在这一过程中的重要作用，习近平总书记为职业教育和民营经济的融合发展指明了方向。

为贯彻落实习近平总书记对职业教育和民营经济融合发展的指示批示精神，国家和各省市出台了一系列支持职业教育与民营经济发展的政策法规，如《关于推进职业教育与民营经济融合发展 助力"活力温台"建设的意见》《关于进一步推动职业教育服务经济社会发展的十条措施》《关于加强新时代高技能人才队伍建设的行动计划》等，皆明确提出了具体的融合发展措施，这些政策将职业教育视为促进产业发展的关键路径，通过提升劳动者技能水平，推动产业转型和高质量发展。同时，强调了"加强民营经济与职业教育的融合发展，促进人才培养与市场需求的对接"③。职业教育与民营经济融合发展不是个别部门单独作战，需要多部门协作群体作战，为此，财政部实施了多项财政政策，如金融补贴和减免税收，以鼓励企业参与职业教育，支持职业院校的建设和发展。《中华人民共和国职业教育法》也指出要奖励与企

---

① 习近平. 习近平谈治国理政 [M]. 北京：外文出版社，2020.
② 人民网. 习近平在全国教育大会上强调：坚持中国特色社会主义教育发展道路 培养德智体美劳全面发展的社会主义建设者和接班人 [EB/OL]. http:/edu.people.com.cn/n1/2018/0911/c1053 - 30286253.html. 2018.09 11 - 2019.03.18.
③ 李青山. 推动职业院校与民营企业深度融合发展研究 [J]. 教育与职业，2022 (24)：26 - 32.

业紧密合作的职业院校,优先给予产教融合型企业地方财政贷款和用地支持。教育部职业教育与成人教育司发布了一系列文件,指导职业院校与企业深度合作,推动产学研一体化,强化职业教育对民营经济发展的支持。各地区结合实际情况制定了地方性法规,如《台州市职业教育校企合作促进条例》,明确了职业院校与企业合作的方式和条件,这为深化产教融合和培养技术技能人才提供了政策支持。在政策的加持下,职业教育与民营经济的融合发展已取得初步成效,但仍需改进,特别是在职业教育发展模式构建上,尚未充分考虑民营企业的特点,导致职业教育的适应性不足,因此,厘清职业教育服务民营经济的逻辑,形成经验模式,以达到市场导向与政府干预之间的平衡;加强理论与实践的研究,为职业教育服务民营经济发展提供实证经验和参考案例,已成为当前国家职业教育改革的关键问题[1]。

## 二、职业教育与民营经济融合发展是企业所向

民营经济的高质量发展亟须大量高素质的技术技能型人才作为支撑,随着经济转型加速,民营企业对高素质技能人才的需求不断上升,而传统的人才培养模式往往与市场需求脱节,导致企业在技术更新和业务拓展中面临人才短缺,因此,推动职业教育与民营经济的深度融合,能够有效培养符合企业需求的技能人才,通过建立校企合作机制,职业院校可以根据民营企业的实际需求调整课程设置和实训内容,提升学生的实践能力与就业竞争力,这种融合不仅增强了职业教育的针对性和实用性,还为民营企业在快速发展过程中提供了必要的人才支持,帮助其在市场竞争中占据优势,因此,促进职业教育与民营经济的融合发展,是实现民营企业高质量迭代升级的重要保障。

随着市场需求和行业动态的快速变化,对民营企业的迭代升级提出了更高要求,消费者的需求日益多样化和个性化,民营企业必须具备灵活的生产能力和创新的产品设计,以适应市场变化。在这一过程中,技能人才的供给显得至关重要,具备前沿技术和市场洞察力的人才能够帮助企业进行市场调

---

[1] 李大兴,顾佳滨. 高等职业教育服务民营经济高质量发展的路径选择[J]. 中国职业技术教育,2022(10):42-47.

研、产品研发和技术创新，从而推动企业快速响应市场需求。行业动态要求民营企业不断提升自身的技术水平，尤其是在智能制造和数字化转型等领域，技能人才不仅需掌握新技术，还须具备跨领域的综合能力，以有效推动企业的创新与升级，因此，加大技能人才的供给，将会为民营企业的迭代升级提供必要的人力资源支持。[①] 此外，产学研一体化也是促进民营企业迭代升级的重要途径，技能人才的供给在其中发挥着关键作用，通过紧密的产学研合作，企业能够与高校和研究机构共同开发新技术和新产品，形成技术转化与应用的良性循环，高校可以根据企业的技术需求，培养具备实际操作能力和创新意识的技能人才，确保人才供给与市场需求精准对接，同时，企业参与产学研合作时，也能为学生提供真实的项目实践和实习机会，提升他们的就业能力与职业素养，这种合作不仅促进了技术的创新与转化，也为民营企业的可持续发展提供了坚实的人才基础，因此，加强产学研一体化，不仅能推动技能人才的供给，还能提升民营企业的技术创新能力和市场竞争力。因为技术升级与创新是民营企业迭代升级的核心驱动力，而技能人才的供给则是实现这一目标的基础，随着技术的快速发展，特别是在人工智能、大数据和智能制造等领域，企业需要不断引进和培养掌握新技术的人才，以保持竞争优势，具备先进技术背景的技能人才能够有效推动企业的技术改造和产品创新，提高生产效率和产品质量，同时，人才的创新能力直接影响企业的研发能力，只有拥有足够的技术人才，企业才能在激烈的市场竞争中脱颖而出，因此，建立健全职业教育与民营经济融合发展长效人才培养机制，特别是在新兴技术领域的培养，将会为民营企业的技术升级和创新提供强有力的支撑，只有不断提升技能人才的素质和专业能力，民营企业才能在变化的市场环境中实现可持续发展和长远增长。

## 三、职业教育与民营经济融合发展是互利共赢

随着我国民营经济的快速发展，职业教育在国家经济结构中的作用越加重要，民营企业，尤其是中小型企业，普遍面临技术工人和高素质技能人才短缺的困境，这限制了其技术进步和生产效率的提升。与此同时，职业院校

---

① 余闯等. 高职教育与民营经济融合发展的逻辑与路向 [J]. 中国高教研究，2023（04）：95–101.

在培养技术型和技能型人才方面具有重要的社会职能，由于教育内容与行业需求脱节、教学模式单一，职业院校在人才培养上面临一定的挑战，通过推动职业院校与民营企业之间的深度合作，既能有效解决民营企业的人才瓶颈，也能提升职业教育的质量，促进教育与经济的深度对接，实现双方互利共赢。具体而言，职业院校与民营企业的合作可通过校企合作、订单培养、工学结合等方式，确保教育内容与企业实际需求紧密契合，提升学生的实际操作能力和就业竞争力，企业不仅能为学生提供实践平台，增强其创新能力，还能通过定向培养和实习环节，培养符合企业发展需求的高素质技术型人才。

台州作为民营经济最为活跃的地区之一，以制造业和民营企业为主，尤其在汽车、机电、医药等行业具有显著优势。随着产业的升级和技术的发展，民营企业对高技能人才的需求日益增加，其通过政校行企四方联动，形成了职业教育与民营企业之间紧密的合作关系，成功推动了产教融合和技能人才的培养，成为民营经济和职业教育的成功融合典范。例如，台州的职业院校与当地知名企业如吉利汽车、华海药业、凯华模具等公司开展校企合作，为企业量身定制人才培养计划，推动学生到企业进行实习和定向培养，这些企业不仅提供资金支持，还参与课程设计、教学内容和实训基地建设，使学生能够在企业环境中接触到最新的技术和设备，增强实际操作能力，通过这种校企合作模式，台州职业院校培养的学生，能够顺利进入企业并立即适应工作岗位，极大地提高了毕业生的就业率。

职业院校通过与民营企业的合作，不仅能改善教学质量，还能更好地融入区域经济和产业发展中，职业院校通过与企业的紧密合作，可获得最新的行业信息、技术需求和发展趋势，这为学校调整课程设置和教学方法提供了依据。民营企业通过与职业院校的合作，能够得到持续的人才供应和技术支持，增强自身的市场竞争力，比如，订单式培养、工学结合、校企合作等模式的引入，使学生不仅能够在学校期间接触到先进的技术和真实的工作环境，还能在毕业后顺利进入企业工作，极大地提升了就业率和就业质量。此外，职业院校和民营企业还可以通过技术合作与创新联合体，推动技术研发、产品创新和产业转型，尤其在新兴行业如人工智能、大数据等领域，校企合作能够加速技术的应用和产业升级，推动传统产业的现代化和新的经济增长点形成。然而，当前合作也面临一些挑战，如合作深度不足、教师队伍建设薄弱、政策支持不足等。因此，需要进一步推动政策引导、资源保障和合作模式创新，从而实现职业教育与民营企业的长期可持续发展，进一步促进产教融合、产业创新与区域经济发展。

## 第二节 国内外研究现状和趋势

### 一、德国双元制模式

德国双元制主要体现在"德国职业资格框架"（DQR）中，这是一个将不同级别的职业资格进行系统化的结构，旨在提升职业教育的透明度和可比性，DQR将职业资格分为八个等级，从基础技能到高层次专业知识，每个等级都对应特定的学习成果和能力要求。该框架的设计促进了不同教育类型之间的互通性，使职业资格与高等教育及成人教育能够无缝衔接。例如，DQR等级6的职业资格相当于大学学位，支持职业教育与学术教育的融合，这种结构不仅能够帮助学生明确职业发展路径，还为企业招聘提供了清晰的标准，此外，DQR还鼓励终身学习，帮助求职者和在职人员通过不断的培训和教育提升自身的职业能力，通过这一资质框架，德国能够确保劳动力市场拥有高素质的人才，从而支持经济的持续发展与创新。整体来看，德国职业教育资质框架为职业教育的质量保障和国际化提供了坚实基础。

在德国职业教育资质框架下，德国的双元制职业教育模式是市场经济中的成功案例，其中，职业院校与企业各自承担培养学生的责任，强调理论与实践的紧密结合，确保理论知识"够用"即可，避免过度阐述。在这一模式下，德国《职业教育法》（BBiG）为职业教育提供了政策基础，明确了企业和职业院校的角色与责任，要求企业参与培训的组织与实施。《学徒培训条例》则设定了职业培训的标准和内容，确保符合市场需求。此外，《联邦教育与研究部职业教育发展计划》通过政策激励和财政支持鼓励企业参与职业培训，从而保证教育与经济需求的紧密结合①。根据德国联邦教育与研究部的数据，超过70%的学徒在完成培训后能够顺利就业，且企业的培训投资通常在三年内通过员工的产出得到回报。其人才培养过程呈阶梯式，学生入学后在学校进行理实一体化教学，企业与学校的时间分配通常以企业为主，实施"边学边做"，学生在实际工作中获得技能并为企业创造经济效益。这一模式不仅为学生提供了扎实的职业技能，也有效满足了企业对技能型人才的需求，为社会经济发展作出了重要贡献，因此，德国的双元制职业教育为其他国家的职业教育改革提供了宝贵的经验和借鉴。

德国的双元制职业教育模式因其独特的结构和优势在全球范围内备受推崇，主要体现在理论与实践的紧密结合、企业与学校的深度合作及其强大的市场适应性。这一模式的核心在于学生在企业进行实习的同时接受理论教育，使他们能够在真实工作环境中获得实际技能。据德国联邦教育与研究部的数据，以宝马公司为例，该公司通过与职业院校合作，定期提供实习机会和培训课程，不仅提升了学徒的实际操作能力，还为企业培养了大量符合其需求的人才。此外，德国职业教育的资金大部分来自企业，这能够激励企业积极参与人才培养，形成良性循环。此模式有效缓解了技能短缺的问题，促进了经济增长，并为其他国家职业教育改革提供了可借鉴的经验，尤其是在应对快速变化的市场需求和提升劳动力素质方面，展示了其全球影响力和竞争优势。在这种模式下，学生能够充分获得实习实践的机会，通过自己的实践能够感受到成就感，具有成果效应；学校和企业学习场所的变化，也能够及时让学生查漏补缺，不会一直停留在一个状态止步不前，从而使理论和实践相结合。具体而言，德国的职业教育通常包含约70%的企业实习和30%的学校理论学习，例如，德国的双元制教育模式在多个领域取得了显著成功。根据德国联邦职业教育和培训部的数据，约60%的青少年选择参与这一模式，每年约有50万名学生在企业中进行培训。在实践培训期间，学生通常在企业内接受由经验丰富的导师提供的指导，学习相关的实际操作技能和工作流程，此外，企业有责任为学生提供实习岗位，并确保培训的质量和实用性，学生在实习过程中需要遵循企业的规章制度，并在真实的工作环境中接受考核，

---

① 谢莉花等．德国职业教育与学术教育关系变革背景下的教育融通发展及启示［J］．职教论坛，2024，40（06）：109-119．

这样的安排有助于及时发现和弥补自身的不足，避免理论与实践之间的脱节，学生不仅能够感受到成就感，还能够将所学的理论知识应用于实践中，有效提高学习成果和职业适应能力，促进学校与企业的协作，为学生的职业发展打下坚实的基础[①]。

德国的职业教育在其经济发展中发挥了关键作用，尤其是通过其双元制模式有效提升了劳动力素质和就业率。根据德国联邦统计局的数据，德国的青年失业率在2022年仅为6.2%，远低于欧盟平均水平。这表明职业教育体系为年轻人提供了良好的就业机会。具体案例中，德国汽车制造业的职业教育尤为突出，例如，宝马和大众等公司与职业学校合作，为学生提供实习和培训机会，这些企业不仅提高了技术工人的技能水平，还确保了未来的人才供给。数据显示，汽车行业中约有40%的员工通过职业教育获得岗位，显著推动了行业的创新和竞争力。此外，德国的职业教育模式也促进了经济的整体增长，根据德意志银行的研究结果，职业教育体系为德国经济每年贡献约25%的GDP，反映出高素质劳动力对经济发展的重要性，通过培养技术工人和专业人才，为国家的经济稳定和增长奠定了坚实基础。[②] 这种模式通过制度化的合作，确保了学生在校学习的理论知识与企业实践相结合，企业不仅参与课程设置，还提供实习岗位，帮助学生在真实工作环境中获得实践经验，这种合作关系不仅使职业教育更具针对性，还确保了毕业生具备市场所需的技能，从而提高了他们的就业率。通过与行业协会的紧密联系，职业院校能够及时更新课程内容，确保教育与经济需求的同步。在效能评价方面，德国职业教育的成功可以通过多个指标进行衡量。首先，企业的参与度和满意度是一个重要的评估标准，研究显示，超过80%的德国企业对职业教育体系表示满意，认为其培养的人才能够满足企业需求。其次，职业院校的毕业生就业率高达90%，这一数据在国际上也颇具竞争力，表明教育质量与市场需求进行了紧密对接。最后，职业教育的社会认可度逐年提高，许多家庭将其视为子女成功职业发展的重要途径，这进一步反映了该机制的长效性和有效性。以西门子公司为例，该公司与多所职业院校建立了长期合作关系，为学生提供实习机会和实际操作指导。西门子不仅参与课程的设计，还提供企业导师，确

---

① 唐慧，王继平. 混合与独立：德国职业教育高等形态的协调布局 [J]. 中国高教研究，2024 (08)：94-101.

② 李俊. 德国职业教育的产业根基与文化土壤 [J]. 中国现代大学教育，2024，40 (03)：9-12.

保学生在学习过程中获得与工作相关的技能,这种合作模式的成功使西门子能够源源不断地获取优秀的技术人才,同时也为学生提供了良好的职业发展路径,此外,西门子还通过定期的评估和反馈,确保培训效果的持续改进,这种动态调整机制为职业教育的高效融合提供了保障,通过多方合作、实习实践和动态反馈实现了教育与市场的有效对接,这一机制的成功不仅提升了学生的职业技能,推动了国家经济的发展,也为全球职业教育提供了值得借鉴的范例。

## 二、澳大利亚技术与继续教育模式

澳大利亚的职业教育资质框架主要由"澳大利亚资格框架"（AQF）构成,该框架涵盖了从基础教育到高等教育的所有学习阶段,AQF 分为十个级别,从一级的基础技能证书到十级的博士学位,形成了一个层次分明的资质体系。这种结构不仅提供了学习成果的明确标准,还确保了不同教育类型之间的可比性与互通性。职业教育部分主要包括证书、文凭和高级文凭等不同级别的职业资格,适应了各种学习需求和职业目标[①]。这一框架旨在提高教育的透明度,帮助学生了解其学习与职业发展的关系,从而为澳大利亚的经济增长和劳动力市场的需求提供支持,其显著特点是灵活性和适应性,AQF 不仅支持传统的学习路径,还鼓励终身学习,适应不同年龄段和背景的学习者。通过这种方式,学生能够根据自身的职业发展需求选择合适的学习途径,甚至在职业生涯中不断提升自己的资质。总体而言,AQF 通过建立明确的资质体系,不仅推动了职业教育的质量提升,还促进了社会经济的发展。数据显示,2020 年澳大利亚有超过 70% 的职业教育学生年龄在 25 岁以上,表明许多人在职业生涯中通过继续教育提升技能,AQF 强调学习成果的定义,确保学生在完成每一层级后具备相应知识和能力,这种标准化为雇主提供了清晰的参考,有助于提升劳动力市场的竞争力[②]。此外,根据澳大利亚教育部的统计数据,2021 年职业教育毕业生的就业率达到 80% 以上,表明该资质框架有效提升了学生的职业素养和就业能力,这些具体案例和数据展示了 AQF

---

① 袁李兰等. 澳大利亚跨境职业教育质量保障机制探析［J］. 中国职业技术教育, 2024（03）：66－76.

② 孔静静等. 澳大利亚职业教育数字化发展的战略举措及启示［J］. 中国职业技术教育, 2023（18）：69－76.

在推动职业教育质量和经济发展的积极作用。

澳大利亚职业院校与经济融合发展的机制和合作模式是其成功的关键组成部分,在机制层面,校企合作与行业咨询委员会的建立推动了教育内容与市场需求的紧密对接。以 TAFE Victoria 为例,该院校定期召开行业咨询委员会会议,邀请企业代表、行业专家与教师共同探讨课程内容与职业标准的调整。2021 年,行业反馈促使 TAFE Victoria 更新了护理课程,以适应疫情期间的健康安全标准,确保学生在就业时具备必要的技能,这种机制不仅促进了课程的持续改进,也提升了学生的就业竞争力和社会适应能力。除了行业咨询委员会,定期的评估与反馈机制同样重要,TAFE Queensland 每年对其课程进行评估,并根据行业需求进行调整,以保持课程内容的相关性,通过收集企业对毕业生的反馈,该院校能够及时了解学生在职场中的表现,进而优化教学方法和课程设置,这种基于数据的决策方式确保了教育质量的持续提升,同时也帮助学生在快速变化的经济环境中保持竞争力[1]。在合作模式方面,职业院校与企业之间的密切合作为学生提供了宝贵的实习和就业机会,例如,TAFE NSW 与多家本地 IT 公司建立了合作关系,确保每年有约 5000 名学生获得实习岗位。这种合作模式不仅为学生提供了实践经验,还帮助企业培养了符合自身需求的人才,通过这种合作,企业能够在学生实习期间评估其潜力,从而在毕业后直接招聘适合的员工,形成了一种双赢的局面。此外,职业院校还与行业协会建立了长期合作关系,确保课程内容与行业标准相符。TAFE Queensland 与多个行业协会的合作使其能够及时获取行业动态与需求变化,确保教育内容始终符合市场要求,这种合作不仅提升了课程的质量,也使学生在进入职场时能够迅速适应。通过机制与合作模式的深度融合,实现了教育与经济的良性互动,这种模式的成功不仅在于其灵活应变的能力,还在于其为学生提供的多样化发展路径和实践机会,为整个社会和经济的持续发展打下了坚实基础。

澳大利亚职业院校与民营企业之间的长效机制建立在紧密的合作基础上,以确保教育内容与市场需求的动态匹配,这种机制通过定期的校企交流、联合项目和共同研发课程实现,职业院校与企业的合作不仅限于实习机会,还

---

[1] 祁占勇等. 澳大利亚国家技能形成体系的建构路径与实施效能 [J]. 宝鸡文理学院学报, 2023, 43 (04): 92-103.

包括共同开发课程和培训项目,使学生在学习期间能够接触到实际工作中所需的技能与知识。例如,TAFE Queensland 与多家民营企业合作,针对当地经济和行业需求,定制化开发了一系列短期培训课程,确保学生毕业时具备行业所需的最新技能。此外,职业院校还积极引入企业的实践导师,增强学生的职业能力和就业竞争力,这种长效机制促进了校企之间的双向反馈,职业院校通过企业对毕业生的就业表现进行跟踪调查,不断优化课程内容,确保教育质量的持续提升,同时,企业也能通过参与课程开发,影响职业院校的教学方向和内容,实现资源的最优配置。效能评价机制也是合作的关键组成部分,旨在确保合作效果和教育质量的持续改进。职业院校建立系统化的评估体系,通过量化指标评价学生的学习成果、就业率和行业反馈,例如,TAFE NSW 对毕业生的就业率进行定期监测,数据显示,2021 年该校的毕业生就业率高达 85%,反映出职业教育的有效性和针对性[①]。此外,职业院校与企业之间定期召开反馈会议,评估合作项目的成效,企业代表针对毕业生的工作表现提出反馈,职业院校根据这些反馈调整教学内容和实践环节。这种即时反馈机制能够确保教育内容快速适应行业变化,保持高质量,职业院校利用行业认证和外部评估机构的反馈进行效能评价,通过与国家职业教育质量管理局(ASQA)的合作,获得权威质量评估,确保课程和培训标准符合行业要求。这些评估不仅提升了职业教育质量,也增强了企业对职业教育的信任,促进了长期的合作关系。

## 三、新加坡教学工厂模式

新加坡的教学工厂模式是一种创新的职业教育和培训模式,旨在通过模拟真实的工作环境来提升学生的实践技能和就业能力。这一模式的核心在于将教育与行业需求紧密结合,提供学生在实际工作中所需的技能,这种通过项目驱动的学习方式,使学生能够在真实的工作情境中应用理论知识,解决实际问题,进而提升其职业素养和综合能力[②]。此外,与行业的紧密合作也

---

① 王乐华. 澳大利亚职业教育质量评价指标体系分析与启示 [J]. 职教通讯,2023(08):13-20.

② 任睿文,徐涵. 以新加坡为例谈职业教育高质量发展的路径选择 [J]. 职业教育,2022(12):66-72.

意味着课程内容和培训方式能够迅速适应市场变化，确保学生所学技能与最新的行业标准相符，这一模式不仅促进了学生的个人发展，也为新加坡的经济增长提供了强有力的人才支持。在资质框架方面，新加坡的职业资格框架（WSQ）为教学工厂模式提供了结构性支持。WSQ涵盖多个职业领域，设定了明确的技能标准和学习路径，确保各级别的教育与行业需求相适应，通过这一框架，学生可以获得从初级技能证书到高级文凭的多层次职业资质，资质的层次化设计，使学生能够根据个人的职业目标和行业需求选择相应的学习路径，增强了教育的灵活性和针对性，同时，WSQ的认证机制也保障了教育质量，可帮助雇主识别和招聘符合其需求的人才[1]。

在全球化和科技迅速发展的背景下，新加坡职业院校与民营企业的融合成为提升职业教育质量、增强学生就业能力的重要途径，这种融合不仅有助于培养符合市场需求的专业人才，也推动了教育与经济之间的良性循环。新加坡职业院校与企业的合作得到了政策支持，"SkillsFuture 计划"鼓励终身学习和技能提升，为个人提供财政补贴和培训资金，支持职业培训和进修。《教育与职业培训法》规范了职业教育机构的设立和运营，确保教育质量符合行业标准。《行业技能框架》为各行业制定了技能标准和能力框架，以帮助职业院校和企业更好地对接人才需求。"学徒制计划"通过与企业合作，为年轻人提供在职培训和实习机会，提升他们的就业能力。"未来技能计划"专注于新兴行业和技术领域的技能培训，帮助劳动者适应快速变化的就业市场并鼓励企业参与职业教育，这些政策不仅降低了企业参与成本，还增强了企业的积极性。例如，职业教育和培训基金为企业提供资金支持，帮助开展内部培训，促进员工技能提升。此外，政府设立了职业发展中心，推动学校与企业之间的信息交流与合作，确保教育内容与行业需求的对接。灵活多样的合作模式是长效机制的关键，职业院校与企业建立了包括实习、联合研发、项目合作和课程共建在内的多种合作形式。通过实习，学生可获得真实的工作经验，增强职业素养；企业参与课程设计，可为学校提供行业趋势和技能需求的信息，确保课程内容的及时更新；联合研发项目则使院校与企业共同探索新技术与方法，提升科研水平和实际应用能力，这种双向互动的合作模

---

[1] 徐巧云. 高职教育国际化发展的域外经验及启示——以新加坡为例 [J]. 教育与职业, 2023 (21)：82-88.

式,促进了教育与产业的深度融合①。职业院校根据行业需求不断优化课程内容,确保学生学习的知识和技能能够适应市场变化;定期与行业协会和企业沟通,了解最新行业发展趋势,及时调整课程设置,可帮助学生掌握前沿技术与行业标准,增强市场竞争力。另外,提供实习机会也是长效机制的重要组成部分,职业院校与多家民营企业建立了长期合作关系,为学生提供实习和就业机会,涵盖传统暑期实习和企业合作开发等实际项目,学生在实践中锻炼技能、积累经验,毕业前与企业建立联系,从而提高就业率。

新加坡职业院校与民营企业融合已经形成长效机制,从就业率、学生满意度、课程质量和企业反馈等多个维度可以说明。首先,就业率是衡量职业教育成效的重要指标,新加坡教育部的统计数据显示,2022年,职业院校毕业生的就业率达到了80%以上,高于普通高等院校毕业生的75%,这得益于与企业的密切合作,使学生在学习期间获得宝贵的实习经历,例如,某职业院校与新加坡航空公司合作,为学生提供实习机会,结果显示,80%的实习生在毕业前获得了该公司的全职工作邀请。其次,学生满意度也是评估融合效能的重要因素,调查显示,许多职业院校的学生对实习经历表示高度满意,其中一项针对200名学生的调查中,92%的学生认为实习让他们获得了丰富的知识和技能,此外,企业在实习期间对学生的指导和培训也得到了认可,某校的反馈数据显示,85%的学生认为企业导师的指导对他们的职业发展至关重要。再次,职业院校通过收集学生反馈,持续改进课程设置和教学方法,以提升整体教育质量和学生满意度,课程质量的提高同样是融合效能的重要表现。职业院校通过与企业的合作,不仅能及时更新课程内容,还能引入企业资源和专家,提升教学水平,例如,某职业院校邀请新加坡的IT行业领军企业如新加坡电信的高级工程师授课,分享最新的行业动态和技能需求,使学生在学习中接触前沿知识,这种与行业紧密结合的课程设计确保了学生的学习与市场需求的高度一致,相关数据显示,参与这些项目的学生毕业后的就业率提高了15%。最后,企业反馈也是评估融合效能的重要依据,许多企业在招聘时表示,职业院校培养的学生具备良好的职业素养和实际操作能力,能够迅速适应工作环境,一家大型IT公司的招聘经理反馈,他们认为80%的

---

① 韩骏. 新加坡职业教育发展与中新职教交流合作展望[J]. 教育国际交流,2024(04):11-15.

职业院校实习生表现出色，能够迅速掌握工作要求且适应性强，这种良性反馈循环促进了职业院校与企业之间的长期合作，推动了教育质量的持续提升，具体而言，与企业合作的院校在教育质量评估中，平均获得的评分比其他院校高出10%。这些数据和案例进一步表明，职业院校与民营企业的融合不仅提升了学生的就业能力，也促进了教育与产业的深度融合。

## 四、日本"官产学"模式

日本的职业教育"官产学"模式是一个涵盖政府、产业和学术界三者的系统性框架，旨在提高职业教育的质量和适应性。首先，政府在这一模式中扮演着核心角色，通过《职业能力开发促进法》和《高等职业教育法》等政策法规，为职业教育提供了必要的政策支持和资金保障，这些法律不仅确保了教育体系的规范性，还促使教育内容与市场需求相符，避免了课程与实际工作的脱节[1]。此外，政府还负责制定职业教育的总体方向和战略，确保职业院校能够在快速变化的社会中保持灵活性与应变能力，在资质框架中，行业认证体系也是一个关键组成部分，日本各个行业的行业协会或相关部门设定了严格的认证标准，确保职业院校的课程和学生所学技能符合行业需求，这种认证体系不仅提高了教育质量，也增强了毕业生的就业竞争力，学生在完成学业后，获得的认证证明了他们具备相应的专业能力，使他们在求职市场中更具吸引力。其次，行业的参与和反馈也促使职业院校不断优化课程设置，以更好地应对不断变化的市场需求，这种动态的调整机制，使职业教育能够持续适应经济和技术发展的变化。"官产学"模式的内在逻辑则强调协同发展，政府、产业和学术界三者相辅相成，相互依赖，共同推动职业教育的进步。政府提供政策和资金支持，确保教育体系的稳定性，产业则提供实际的需求和就业机会，通过与职业院校的合作，为学生提供实践平台，这种协作模式确保了教育内容与行业需求的高度契合，使学生在学习过程中能够掌握最新的行业动态和技能要求，从而提升他们的就业能力。最后，学术界负责知识的传授与技术的创新，通过研究和开发新课程，为行业培养高素质

---

[1] 闫飞龙. 日本专门职大学创办动因、实践路径及启示[J]. 职业技术教育，2023，44（24）：75-80.

的人才，在这一模式中，实践导向是一个重要特征。日本的职业教育特别强调实践与理论的结合，实习和实践课程被视为教育过程的重要组成部分，许多职业院校与企业建立了长期合作关系，为学生提供真实的工作环境，让他们在实践中学习和应用所学技能，这种实践导向不仅增强了学生的动手能力，也让他们更深入地理解所学知识在实际工作中的应用，通过这种实习机会，学生可以积累丰富的经验，为未来的就业打下坚实的基础，从而在激烈的就业市场中脱颖而出。

终身学习的理念贯穿于"官产学"模式中，强调个人在职场中的持续发展，政府和企业共同推动继续教育和职业培训，鼓励在职人员不断提升自己的技能以适应快速变化的市场需求，这种机制不仅使个人在职业生涯中保持竞争力，也帮助企业不断提升整体素质，保持市场优势，通过提供灵活的学习机会和资源支持，终身学习不仅成为个人职业发展的重要组成部分，也推动了整个社会的技术进步和经济发展①。质量保障是"官产学"模式成功的关键因素，通过行业认证和课程标准化，确保了职业教育的高质量，这些质量保障措施让学生在完成学业后能够具备良好的职业素养和实际操作能力，行业的参与和反馈机制也促使职业院校不断改进教学方法和课程设置，以满足社会对人才的需求，这种良性循环使职业教育能够在激烈的全球竞争中不断提升其影响力和适应性，为日本的经济发展和社会进步提供了有力的人才支持。

日本的职业教育与民营企业之间的融合发展是通过建立长效机制来实现的，这种机制以政府的政策支持为基础，强调教育内容与产业需求的紧密对接。在这一过程中，政府、企业和教育机构共同发挥作用，形成了一个多方合作的网络，首先，政府通过《职业能力开发促进法》等政策，鼓励企业参与职业教育，提供财政补贴和税收优惠，以降低企业的参与成本，这些政策不仅为企业提供了激励机制，还使其认识到职业教育对提升员工素质的重要性，通过参与职业教育，企业能够更好地培养符合自身需求的人才，从而提升整体竞争力。其次，职业院校在这一机制中承担着关键角色，学校与企业建立了长期合作关系，共同开发课程和培训项目，确保教育内容与行业需求

---

① 方晓田等. 多元化与职业性：日本高等职业教育入学制度的特征与启示［J］. 广东技术师范大学学报，2023，44（02）：65 - 72 + 112.

相符，许多职业院校设立了企业顾问委员会，由行业专家参与课程设计和评估，保证课程能够及时反映行业的变化和发展，这种合作不仅帮助学生掌握实用技能，也让企业能够直接影响职业教育的方向，使其更具实用性和前瞻性。此外，职业院校还通过实习和实践课程，将理论知识与实际操作结合，使学生在真实工作环境中积累经验，从而增强其就业能力。最后，在长效机制的实施中，企业的反馈也扮演着至关重要的角色，企业在招聘过程中会优先考虑与其有实习合作的学生，这不仅提高了职业院校毕业生的就业率，也促进了企业与学校之间的良性互动，企业会定期向职业院校提供反馈，评估毕业生的表现，从而推动学校不断优化教育质量，这种反馈机制为职业院校提供了宝贵的数据支持，可帮助他们识别不足之处，并进行改进。

  日本的职业教育在多个方面取得了显著的成绩，具体案例和数据支撑了这一论点，显示出其在提升国家竞争力和满足市场需求方面的成功。首先，政府政策的有效实施为职业教育的发展提供了强有力的支持，日本文部科学省的数据显示，职业教育在过去十年内的入学率稳步增长，尤其是高等职业学校的入学人数从2010年的约18万人增加到2022年的超过23万人，增幅达28%。这一增长得益于《职业能力开发促进法》等政策的实施，政府通过财政补贴和税收优惠措施，鼓励企业参与职业教育[①]。例如，2019年推出的"企业职业培训补助计划"中，政府投入约500亿日元，以支持企业和职业院校的合作，该计划不仅提升了职业教育的质量，也使企业能够培养符合自身需求的人才，从而在市场竞争中占据优势。其次，职业院校与企业之间的紧密合作显著提高了教育质量与学生就业率，以东京某职业学院为例，该学院与丰田汽车公司建立了长期合作关系，共同开发汽车工程课程，数据显示，参与该合作项目的学生毕业后的就业率高达92%，远高于全国平均水平的75%。企业顾问委员会的设立使行业专家直接参与课程设计与评估，确保课程与实际需求的高度匹配。这种动态调整机制使职业教育不断适应行业变化，从而培养出更具竞争力的毕业生。企业反馈方面的数据也表明了职业教育的有效性，根据日本就业服务中心的调查，82%的企业在招聘时表示优先考虑有实习经历的毕业生，而78%的企业认为与职业院校的合作提升了员工的工

---

① 王梦怡等. 地方振兴背景下日本专门职大学的发展实践与借鉴［J］. 职教论坛，2024，40（08）：107-117.

作能力。某大型电子公司在与职业院校合作后，新员工的培训成本降低了30%，适应速度提升了40%，这种有效的反馈循环不仅提高了职业院校的教育质量，也促进了企业与学校之间的良性互动。最后，日本职业教育的国际化拓展为其取得的成就增添了新的维度，近年来，越来越多的职业院校与海外教育机构建立合作关系，例如，东京一所职业学院与新加坡技术学院签署学生交流协议，使两国学生相互学习，拓展国际视野，参与国际交流项目的学生在就业后的满意度提高了15%。综上所述，日本职业教育在政策支持、院校与企业合作、企业反馈机制和国际化拓展等多个方面取得了显著成绩，这些成就不仅提升了学生的就业能力，也为国家的经济发展注入了新的动力，展现了日本职业教育的成功与潜力。

## 五、美国能力本位模式

美国职业教育的资质框架旨在确保职业教育与产业需求相匹配，从而提高学生的就业能力和职业素养。首先，政府在这一框架中扮演着关键角色，通过立法和政策制定设定职业教育的标准和指导方针，例如，职业教育法为职业教育提供资金支持，并要求各州制定相应计划，以确保教育与经济需求相符。2020年的数据显示，联邦和州政府每年为职业教育提供约13亿美元的资金，这为学校和学生提供了重要的财政支持。其次，行业参与在这一框架中也至关重要，各行业协会和企业通过参与课程设计、实习项目和职业认证，直接影响职业教育的方向，许多职业院校与行业领军企业建立了紧密合作关系，共同开发符合市场需求的课程，使学生能够接触最新技术和行业标准，提高就业竞争力，在这一过程中，美国的社区学院发挥了重要作用，提供了多样化的职业培训课程①。根据全国社区学院协会的数据，社区学院每年为超过600万名学生提供职业教育，帮助他们获得实用技能并提升就业能力，社区学院通常依据行业需求调整课程内容，确保学生掌握实用技能，这些院校的灵活性使他们能够迅速响应市场变化，以加州社区学院为例，其提供的短期培训项目可让学生在几个月内获得认证，帮助他们快速进入就业市

---

① 郑爽. 国际比较视野下我国职业教育社会认同度的提升策略研究［J］. 职业教育，2024，23（09）：38-43.

场。最后，反馈机制使职业院校能够收集企业对毕业生的评价，及时调整教育内容，促进教育的持续改进，社区学院还提供便捷的转学机制，允许学生在完成职业培训后，继续攻读更高学位，从而增强其职业发展潜力。

职业教育的资质框架强调终身学习和职业发展，随着科技的迅速发展和市场需求的变化，继续教育和职业培训变得尤为重要，美国职业教育体系通过提供灵活的学习途径，支持在职人员不断提升技能。根据教育统计中心的数据，约有60%的成年教育者参与了某种形式的继续教育，这表明终身学习已成为职场人士提升竞争力的必要途径，许多社区学院和在线教育平台可提供短期课程和认证项目，帮助职场人士根据自身需求选择学习内容，这些项目通常能在六个月内提供快速的就业路径。美国职业教育的资质框架通过政府、行业和教育机构的协同合作，特别是社区学院的灵活机制，形成了一个高效、灵活的系统，政府的资金支持和行业的参与确保了教育内容的实用性，而社区学院则为学生提供了多样化的学习路径，为学生的职业发展提供了强有力的支持，提升了职业教育的整体水平，为国家经济发展和社会进步奠定了坚实的基础①。

美国职业教育与民营经济融合发展建立在多方合作和相互依赖的基础之上，旨在应对快速变化的经济环境和日益增长的人才需求。首先，这一机制依赖于政府的政策支持，如《美国工作法》，加强了公共就业服务与职业教育之间的联系，确保求职者能够获得职业培训和教育资源，以提高就业能力，"职业技能发展计划"旨在通过建立技能培训和教育项目来提高劳动者的技能，以适应快速变化的经济环境。"社区学院增值计划"为社区学院提供资金支持，鼓励学院与企业合作，开发与地方经济需求相匹配的职业培训课程。《成人教育和继续教育法》为成人教育和继续教育提供资金支持，促进成人学习和职业技能培训，帮助劳动者提升其技能以适应就业市场②。这些政策法规共同为职业教育的发展提供了强有力的支持，促进了教育与产业的紧密结合，以确保职业教育与行业需求紧密对接。其次，行业参与则是机制的核心，技术公司IBM推出的"IBM Skills Academy"项目，帮助学生学习云计算

---

① 贾旻.美国联邦、州、地方政府三级职业教育治理体系与运行机制［J］.当代职业教育，2022（06）：91-101.

② 周英文.美国非营利组织参与职业教育评价：动因、路径与特征［J］.职教通讯，2023（08）：21-28.

和人工智能等前沿技术，参与该项目的学生毕业后就业率高达85%。此外，实习和学徒制在此机制中扮演重要角色，加州州立大学与企业的合作项目让70%的参与学生获得正式工作邀请。企业反馈机制也促进了学校与企业的良性互动，例如，西屋电气公司定期向职业院校提供毕业生表现反馈，帮助学校不断改进教育质量。最后，终身学习理念通过亚马逊与社区学院合作的"Amazon Career Choice"计划得以实践，该计划提供高达90%的学费补助，帮助员工在职场中持续提升技能，整体而言，这种机制提升了职业教育的质量和相关性，为经济可持续发展提供了重要人才支持。

## 第三节　国内职业教育与民营经济融合发展研究现状

### 一、国内职业教育研究现状

党的二十大对中国职业教育的发展指明了方向，强调了其在国家经济社会发展中的关键作用，明确提出要加快构建以服务经济社会发展为导向的现代职业教育体系，要求职业教育加强与行业的紧密结合，推动校企合作，以提高人才培养的针对性和实用性；要求深化教育改革，增强职业教育的吸引力和影响力，并推动职业教育的标准化建设，确保教育内容与市场需求高度契合，提出了要加强政策支持和鼓励社会力量参与职业教育的建设与发展，促进多元化的职业教育生态系统形成，这些方针政策为职业教育的未来发展奠定了坚实的基础，确保其在推动经济高质量发展和社会进步中发挥重要作用。

#### （一）国内职业教育体系构建研究

中国职业教育体系既要借鉴国外成功的教育模式，又要结合我国特有的市场需求与经济结构。根据国际劳工组织的数据，全球技术技能人才缺口已达到2900万人，这一现象促使我国必须调整职业教育发展模式，以应对日益增长的人才需求，必须意识到国内职业教育的发展模式不能简单复制国外经验，而是要结合我国的经济特征和市场需求进行量身定制。根据教育部发布的数据,中国目前每年需要新增 2000 万技术技能型人才,这一庞大的需求迫使职业教育必须快速适应市场变化,进行不断的改革与演进。

职业教育体系的构建是一个多层次、多维度的复杂过程,涵盖政策制定、教育资源配置、教育模式创新等多个方面。其中,政策在职业教育体系构建中发挥着至关重要的作用,政府通过出台一系列政策,如《国家职业教育改革实施方案》和《中华人民共和国职业教育法》,明确职业教育的发展方向和目标,为其提供制度保障,这些政策不仅涉及职业教育的法律法规、发展规划和资金投入,还强调了行业与院校的合作,旨在构建完善的职业教育体系,提高教育质量与效益。例如,2020 年国家财政对职业教育的投入达到 300 亿元,显示出政府在资源配置上的重视,这种政策导向为职业教育的持续发展奠定了基础,并为学校提供了必要的资金支持,确保了教育质量的不断提升,通过这样的政策推动,我国的职业教育将会更有效地满足经济社会发展的需要,培养出符合市场需求的高素质人才。

职业教育体系构建的核心是教育模式的创新,传统职业教育模式过于重视理论而忽视实践,难以满足现代经济社会快速发展的需求。教育部的数据显示,超过 70% 的雇主表示新员工缺乏必要的实践技能。因此,探索与实践相结合的教育模式,如产教融合和校企合作,显得尤为重要。例如,浙江省的"职业教育+产业园区"模式,通过将职业院校与地方产业园区对接,成功实现了学生的实习与就业,提升了毕业生的就业率,研究表明,参与校企合作的学生在就业率上比未参与的学生高出 30%。教育资源的配置是职业教育体系构建的基础,包括师资、设施和教材等多个方面的投入。在师资方面,教师的实践经验直接影响教学质量,职业教育教师的专业素养和教学能力亟须提升,统计显示,约有 60% 的职业教育教师缺乏行业实践经验,因此需要加强师资队伍建设,建议通过引入行业专家和加强在职培训来提高教师的实际教学能力。在设施方面,建设现代化的职业教育实训基地是关键。根据中国职业技术教育学会的报告,当前全国职业教育实训基地数量不足,无法满足学生实践锻炼的需求。在教材方面,开发适应职业教育需求的专业教材和教学资源,可为学生提供更为实用的学习材料。例如,某些职业院校已与行业龙头企业合作,开发针对特定职业的教材,显著提高了学生的实际操作能力和就业竞争力,此外,构建职业教育体系时,还需考虑区域协调发展的问题,不同地区的经济发展水平和产业结构差异明显,对职业教育的需求各有不同。例如，沿海地区对技术型人才的需求高于内陆地区，因此，需根据区域特点制定差异化的职业教育政策和发展规划，促进职业教育与区域经济的协调发展。区域职业教育应与地方经济、社会需求紧密对接，以实现资源的最优配置，为确保职业教育的质量和效益，还需建立完善的质量保障和评估机制，这包括对职业教育机构、教学过程和学生成果进行定期评估和监测。研究显示，建立数据驱动的评估机制可以有效提高职业教育的教学质量。例如，某职业院校通过建立数据分析平台，对教学效果进行实时监测，最终使教学质量提升，同时，建立职业教育信息服务平台，整合各类数据，提供决策支持，可为职业教育的发展提供有力保障。根据全国职业教育信息服务平台的数据，相关信息的共享和利用能够有效提升职业教育的资源配置效率，推动整个体系的优化与升级。

现阶段，我国职业教育资质框架的构建和体制改革必须因地制宜，充分结合各地区经济发展的特征，通过精准的量化绩效考核，不断提升职业教育的办学质量，实现从"增量"向"增质"的转变。随着经济结构的转型升级，职业教育体系需要持续探索新的产教融合模式，如混合所有制和校企合作等。这些模式通过增强企业在职业教育中的参与度，提升毕业生的职业技能和综合素质，从而提高职业教育的社会认可度，最终形成具有中国特色的职业教育发展理念和模式。李明杰（2021）探讨了职业教育与区域经济协调发展的问题。他指出，职业教育的发展与区域经济的关联性极强，尤其是在中西部地区，职业教育的供给能力尚无法满足当地经济转型对技能型人才的需求。李明杰进一步强调，职业教育在欠发达地区的发展模式仍然存在供需不匹配的现象，职业院校的设置与地方产业的实际需求脱节较为严重，需要根据当地的经济特点调整专业设置和培养方向，才能有效促进区域经济发展[①]。王芳（2019）则分析了职业教育与新兴产业结合过程中面临的挑战，她指出，在新兴产业快速发展的背景下，职业教育的传统培养模式已无法跟上技术变革的步伐，技能型人才的培养模式亟须创新，特别是在人工智能和智能制造等领域，职业教育与产业的对接还不够紧密。王芳的研究表明，虽然一些职业院校开始尝试与新兴行业企业合作，但总体上产教融合的深度和

---

① 李明杰. 职业教育与区域经济协调发展的现状与对策［J］. 中国高等教育，2021（12）：89–93.

广度仍需提高,职业教育必须更加灵活地适应快速变化的产业需求①。张伟(2020)分析了职业教育与现代服务业之间的合作现状,他指出,现代服务业的快速发展对技能型人才提出了更高的要求,但目前职业教育在服务业人才培养方面尚存在较大的供需缺口。张伟进一步指出,尽管部分职业院校已经开始与服务业企业建立合作关系,但合作的广度和深度不足,难以全面满足行业需求。因此,职业教育必须加快培养模式的创新,增强与服务业的紧密联系,推动人才培养质量的提升②。刘志强(2021)则探讨了职业教育与制造业的对接问题。他指出,中国制造业正向智能化、自动化方向转型,然而职业教育在培养符合这一转型需求的人才方面显得滞后。刘志强的研究表明,职业教育与制造业的产教融合模式仍然在初级阶段,许多院校在专业设置上未能跟上制造业升级的步伐。因此,职业教育亟须加快与智能制造企业的合作,增强技术应用型人才的培养,以适应制造业转型的需求③。

### (二)国内职业教育发展模式研究

国内职业教育发展模式研究主要聚焦于政策支持、教育模式创新、区域经济差异及新兴产业融合等方面。政府通过政策引导和法律保障推动职业教育的发展,同时强调产教融合、校企合作等新型模式的探索,以提升学生的实践能力和就业竞争力。区域经济的差异性要求职业教育因地制宜,制定差异化培养方案,而民营经济和新兴产业的崛起则促使职业教育不断更新课程内容和教学方式,以适应技术变革与产业需求,最终构建具有中国特色的现代职业教育体系。王强(2019)探讨了职业教育中资金投入不足的问题,他指出,我国职业教育的资金来源过于单一,主要依赖于政府财政拨款,而社会资本的引入较少,导致职业院校的基础设施建设滞后,设备更新慢,无法满足现代职业教育的发展需求。王强进一步强调了社会资本对于职业教育发展的重要性,呼吁通过引入混合所有制、加强校企合

---

① 王芳. 新兴产业发展背景下职业教育产教融合的挑战与对策 [J]. 教育现代化,2019(08):55-58.

② 张伟. 现代服务业背景下职业教育与企业合作的现状与路径 [J]. 职业教育研究,2020(09):34-38.

③ 刘志强. 制造业转型背景下职业教育产教融合的路径分析 [J]. 中国职业技术教育,2021(10):21-25.

作等方式增加资金来源，以提升职业院校的硬件和教学资源[①]。张丽（2021）在研究中提到职业教育的办学自主权问题，她指出，尽管近年来国家对职业教育的政策支持不断加强，但许多高职院校在实际操作中仍面临着办学自主权不足的问题，尤其是在课程设置、师资引进以及校企合作等方面，受到地方政府和行业管理部门的诸多限制。张丽的研究表明，赋予职业院校更多的办学自主权，能够更好地满足市场需求，推动职业教育的灵活发展[②]。李晓明（2020）分析了职业教育师资队伍建设的现状，他指出，目前我国职业院校的教师队伍整体素质偏低，很多教师缺乏企业工作经验，难以有效实施产教融合的教学模式。同时，高职院校的教师职称评定制度过于依赖科研成果，忽视了实践教学的能力。李晓明建议，通过加强校企"双师型"教师的培养，提高教师队伍的实践教学能力，从而提升职业教育的整体水平[③]。陈建国（2018）研究了职业教育与科技创新的关系，他指出，在现代化建设过程中，职业教育与科技创新的结合不够紧密，职业院校在科研投入和创新能力培养上存在短板，无法为社会提供足够的高素质技能型人才。陈建国认为，职业院校应加大对科技创新的支持力度，培养学生的创新能力，并通过与科研机构和企业的合作，推动职业教育与科技创新的深度融合[④]。

研究表明，职业教育正在深入推进产教融合，首先，通过优化专业设置与产业需求的对接，实现教学内容与实际生产活动的紧密结合。这一模式转变旨在将职业教育更好地融入社会经济发展中，提高其针对性和实效性，使学生能够更快适应行业需求。其次，信息化技术在职业教育中的应用日益广泛，通过创新教学方式与方法，提升了教学质量与效率。再次，数字化教学资源建设也在不断强化，可帮助学生获得更丰富多样的学习体验，拓宽学习渠道。最后，职业教育的国际化进程也在不断推进，通过加强与国际先进教育理念及模式的交流与合作，引进高质量的国际教育资源，提升了职业教育的全球竞争力，这种国际化趋势有助于培养具备全球视野和跨文化交流能力

---

[①] 王强. 职业教育资金投入不足与应对策略 [J]. 职业教育论坛，2019（05）：45 – 48.
[②] 张丽. 职业教育办学自主权问题研究 [J]. 中国职业技术教育，2021（06）：38 – 41.
[③] 李晓明. 职业教育师资队伍建设的挑战与对策 [J]. 职教论坛，2020（07）：51 – 54.
[④] 陈建国. 职业教育与科技创新的结合路径研究 [J]. 中国职业技术教育，2018（12）：22 – 26.

的人才,为参与国际竞争奠定坚实基础。在研究方面,学者们对职业教育发展模式展开了深入探讨,提出了多种可操作的改革方案。例如,推广"订单式"人才培养和"现代学徒制"模式,进一步强化校企合作;同时,加强师资队伍建设,提升教师的专业能力和实践教学水平;健全就业公共服务体系,帮助学生提高职业规划能力和就业竞争力等。

### (三) 国内职业教育产教融合研究

国内职业教育的产教融合研究旨在探索如何有效整合教育与产业资源,以提高职业教育的质量和针对性。随着经济结构的转型升级,产教融合成为实现职业教育与经济发展深度结合的关键路径,其核心在于建立校企合作机制,通过深度合作促进教育资源与产业需求的对接。研究表明,传统职业教育存在理论与实践脱节的问题,而产教融合模式强调在教学中引入企业参与,共同设计课程,确保教育内容与行业需求一致,这种合作不仅提升了学生的实践能力,也增强了就业竞争力,同时,信息化和数字化技术在产教融合中发挥了重要作用,通过在线学习平台和虚拟实训室,学生可以在真实或模拟环境中实践学习,由于产教融合的实施面临企业参与度不足和职业院校资源短缺等挑战,政府需出台相关政策和措施以提供支持。研究者提出了如订单式人才培养和现代学徒制等多种实施模式,强调根据企业需求进行定向培养,以解决毕业生就业难和企业用人难的矛盾。王磊(2021)指出,在推进产教融合的过程中,职业院校与企业的合作模式仍显不足,许多企业对参与职业教育的积极性不高,导致教育内容与行业需求之间脱节,严重影响了学生的职业素养和就业能力[1]。张丽(2022)提到,职业教育的产教融合需要依靠信息化手段的提升,当前很多院校尚未充分利用大数据、云计算等技术,导致教育资源的配置和利用效率低下,这对人才培养质量造成了直接影响[2]。刘刚(2020)认为,我国职业教育的课程设置亟须与行业标准接轨,但在实际操作中,很多院校的课程更新滞后,未能及时反映行业需求,导致学生在毕业后面临"学非所用"的窘境[3]。赵敏(2019)强调,在产教融合的过程

---

[1] 王磊. 产教融合背景下的校企合作模式探讨 [J]. 职业教育研究, 2021 (08): 22-26.
[2] 张丽. 信息技术推动职业教育产教融合的新路径 [J]. 职业教育论坛, 2022 (05): 50-53.
[3] 刘刚. 产教融合视角下职业教育课程改革的探索 [J]. 中国职业技术教育, 2020 (10): 14-17.

中，职业院校需要不断加强师资队伍建设，提升教师的实践能力和行业背景，以确保教育质量能够跟上产业发展的步伐，从而培养出更符合市场需求的高素质技术人才[①]。综上所述，产教融合为提升职业教育质量提供了新思路，通过校企合作、信息技术应用及多元化实施模式，为学生职业发展和经济持续健康发展注入了新活力，未来需继续深化产教融合，解决现存挑战，以实现职业教育的更高质量发展。

近年来，国家及相关职能部门出台了大量政策，以推动高等职业教育的产教融合，并为其提供了制度保障。然而，在实际操作中，仍然面临政策边界不明确、主体责任缺失、制度不健全以及政策落实不到位等问题。此外，高职院校在产教融合方面也存在不足，主要体现在以下几个方面：首先，校企合作的深度不足。当前，部分高职院校与企业的合作多停留在表面，缺乏深入的合作模式和机制，导致学校无法及时了解企业的实际需求，企业在人才培养中的参与度也较低。其次，产教融合缺乏长效机制，由于缺乏有效的制度保障和政策支持，产教融合难以形成持续有效的机制，使学校在推进产教融合时面临诸多挑战，如资金短缺和师资力量不足等。最后，人才培养质量参差不齐。由于不同高职院校产教融合的程度不同，其人才培养质量存在差异，一些院校的人才培养方案未能与市场需求对接，导致毕业生的就业竞争力较弱。

未来，深化产教融合、促进教学改革，是高等职业教育发展的必由之路。根据《国家职业教育改革实施方案》，到 2035 年，我国将实现高水平的职业教育，培养出一大批高素质的技术技能人才，因此，高职院校应加强与企业的深度合作，推动教学改革，使教学内容更加贴近市场需求，提高人才培养质量。数据显示，近年来，企业对高技能人才的需求年均增长超过 15%，而现有职业院校的培养能力尚未完全满足这一需求。在推动教学改革的过程中，需要重点提升教师素质，加大对教师的培训和培养力度，以提高教师的专业素养和实践能力。根据教育部的数据，目前我国高职院校的专任教师中，仅有不到 40% 具备相关行业背景，因此，提升教师的实践能力至关重要，同时，学校将加强技术创新，为产业界提供更多更好的技术支持，以促进产业转型升级。研究表明，产教融合的成功实施能提升企业的技术创新能力，约

---

① 赵敏. 职业教育中产教融合的师资建设策略［J］. 职业教育研究，2019（12）：30-34.

有70%的参与企业表示，校企合作能显著提高其研发投入和创新产出。为了实现这些目标，努力构建产教融合的长效机制是必不可少的，这包括加强与企业的沟通与合作，共同推动产业的升级和发展，根据相关调查，70%的企业希望能够参与到人才培养方案的制定中，以便更好地满足行业需求，此外，在国际化的背景下，拓展国际合作与交流，尤其是与国外职业教育机构的合作，可为我国职业教育的产教融合带来新的视角与经验，借鉴国际先进经验，有助于推动产教融合的不断发展。

职业教育的产教融合是提高人才培养质量、促进经济社会发展的重要途径。尽管目前仍存在一些问题，如政策落实不到位、校企合作深度不足等，但随着政策的不断完善和学校的持续努力，相信未来产教融合将会取得更加显著的成果。根据预计，到2025年，参与产教融合的职业院校数量将达到60%以上，这有助于进一步推动高职院校的健康发展。

## 二、国内民营经济研究现状

党的十八大以来，以习近平同志为核心的党中央高度重视民营经济发展，多次重申坚持基本经济制度。王霞（2023）指出，民营经济在迈向社会主义现代化进程中将发挥重要作用，政府也将坚定不移地为民营经济的发展创造良好的条件，积极引导其参与国有企业的体制改革。国家一系列政策的实施，极大地激发了各类经营主体的活力，推动了经济的全面发展。根据国家统计局的数据，2022年我国民营企业的营业收入占全国企业总营业收入的比例超过60%，显示出其在国民经济中的重要地位。随着民营经济在国家经济发展中的地位和作用不断提升，学者们开始对民营经济的发展理论进行深入研究，研究的热度持续增加，领域不断拓展，方法不断创新，成果丰硕，实践应用价值高，体现了当前学术界对这一议题的高度关注。近年来，关于民营经济与创新、转型升级的研究数量显著上升，特别是在信息技术、绿色经济等新兴领域，学者们通过定量分析和案例研究探讨了民营企业在科技创新和可持续发展方面的作用。同时，研究内容日益深入，涉及融资难题、政策环境、市场竞争力等。数据显示，在2022年，约有70%的民营企业反映融资困难，这一问题的解决对民营经济的健康发展至关重要。关于如何优化民营经济发展的政策建议也不断涌现，许多学者呼吁建立更加灵活的融资体系，改善税收政策，以增强民营企业的竞争力和可持续发展能力。因此，在国家经济结构转型和高质量发展的背景下，对民营经济的研究不仅有助于理解其发展动态，也为政策制定和企业实践提供了重要的理论支持，可以预见，随着研究的不断深化，民营经济在推动社会经济发展、创造就业机会和提升国民经济整体素质方面将发挥更加积极的作用。

### （一）民营经济研究概述

民营经济是我国稳发展、拓新局的重要力量。在当前国际环境复杂严峻、国内经济下行压力加大的背景下，我国民营企业展现出持续的韧性。根据《中国民营经济发展报告（2022）》，民营企业在中国经济中占据了70%的就业和超过60%的GDP，体现出其在经济稳定和增长中的关键作用。近年来，民营企业凭借高质量的产品、灵活的商业模式等，表现出强劲的发展活力，为稳住外贸基本盘、稳定国际市场份额、推动高水平对外开放发挥了重要作用。2022年，我国民营企业出口总额达到6.2万亿元，占全国出口总额的52.6%。这表明民营企业不仅在国内市场中扮演重要角色，更在国际市场中发挥了不可或缺的作用。同时，民营经济加快了我国国际合作和竞争新优势的培育，推动了我国由贸易大国向贸易强国迈进。根据国家统计局的数据，民营企业在技术创新和管理创新方面的投资持续增长，2022年民营企业的研发投入增幅达到15%，在促进对外贸易转型升级方面起到了至关重要的作用。这些企业通过技术革新和管理创新，不断优化出口结构，积极开拓国际市场，成为促进我国对外贸易转型升级的重要力量。例如，某民营企业通过研发新型环保材料，不仅提升了产品的附加值，还成功打开了欧美市场，取得了显著的经济效益，得到了市场认可。推动民营经济发展壮大，必将为高质量发展注入强劲动力，为社会主义现代化建设提供有力支撑。目前，国内民营经济研究领域不断拓展，不仅包括民营经济发展战略、政策、与社会发展的关系，还涉及民营经济与数字经济、全球化等新兴领域。根据2023年中国民营经济研究综述，近年来，学者们已发表超过500篇相关论文，涉及的研究内容从政策分析到实证研究，反映出学术界对民营经济的高度关注和深入探讨。

随着研究领域的拓展，国内对于民营经济的研究方法也在不断创新，学者们开始采用多学科、跨学科的方法，如经济学、管理学和社会学等，对民营经济进行全方位、多角度的研究，同时，定量研究方法也得到了广泛应用，包括数据分析和模型构建等。研究方法的多样性使研究成果更加丰富和深入，这些成果不仅为民营经济发展提供了理论支持，也为政府决策和企业经营提供了有益的参考。例如，研究成果可以为政府制定民营经济发展政策提供科学依据，在企业经营层面，则能帮助企业了解市场和行业趋势，从而制定合理的发展战略，促进经济的健康可持续发展。李华（2023）在研究中指出，当前，我国民营经济在数字化转型过程中面临诸多挑战。虽然一些民营企业已在数字化方面取得了一定成果，但整体水平依然较低，缺乏系统性和规模化的数字化布局。要想提升民营企业的核心竞争力，必须加大对数字技术的投入，同时加强企业数字化人才的培养，以便在全球竞争中抢占先机[1]。周强（2023）在分析中提到，民营经济在我国经济发展中占据重要地位，但其融资难的问题依然突出。银行对民营企业的信贷支持力度不足，导致许多优质民营企业在发展中受到资金制约。政府应加大对民营企业的金融支持，探索多元化的融资渠道，尤其是通过引导社会资本参与，推动民营企业的可持续发展[2]。陈伟（2023）在研究中指出，随着全球经济一体化进程的加快，我国民营企业的国际化步伐也在加速。然而，目前民营企业在国际市场上的竞争力仍然不足，主要表现在品牌影响力、技术创新和市场拓展等方面。为提升国际竞争力，民营企业需要注重自主品牌建设，加强国际市场的调研和布局，以提高其在全球市场中的话语权[3]。张敏（2023）在研究中提到，民营经济在推动创新和促进就业方面发挥了重要作用，但同时也面临着环保压力和可持续发展的挑战。越来越多的民营企业开始重视绿色转型，通过技术创新和管理改进，推动资源的高效利用和环境保护。政府应为民营企业的绿色转型提供政策支持和技术指导，以确保其在可持续发展方面走得更远[4]。

### （二）民营经济的区域协调发展研究

近年来，我国经济的发展逐渐表现出区域性差异，这种差异不仅影响了

---

[1] 李华. 民营经济数字化转型的现状与对策 [J]. 商业研究，2023（15）：52-55.
[2] 周强. 解决民营企业融资难的对策研究 [J]. 经济观察，2023（11）：34-37.
[3] 陈伟. 民营企业国际化发展的策略研究 [J]. 国际经济与贸易研究，2023（08）：45-48.
[4] 张敏. 民营经济绿色转型路径研究 [J]. 生态经济，2023（14）：60-62.

经济的整体协调发展，也对民营经济的蓬勃成长提出了更高的要求，区域协调发展对于提升民营经济整体实力、优化资源配置、促进经济可持续发展具有重要意义。根据不同区域的特点，采取相应的政策和措施，以推动民营经济的协调发展是当前急需解决的问题，首先，民营经济在不同区域的表现差异明显。李刚（2023）指出，东部地区由于经济基础雄厚、政策支持力度大，民营企业的发展相对成熟，而中西部地区则因资源禀赋和政策环境的不同，民营经济发展相对滞后。这种差异导致了地区经济发展的不平衡①。因此，推动区域协调发展应当以促进中西部民营经济的快速发展为重点。其次，政策支持是实现区域协调发展的关键。王海（2023）提到，国家和地方政府应制定更具针对性的政策，以支持中西部和偏远地区民营企业的发展。这包括税收优惠、融资便利和技术支持等一系列政策，帮助这些地区的民营企业克服发展障碍②。这些政策不仅能为民营企业提供资金和技术支持，还能鼓励企业加大对本地区市场的开发力度，促进当地经济的全面发展。再次，区域协调发展也离不开民营企业的自主创新。周磊（2023）指出，民营企业要在区域协调发展中发挥作用，必须加强自主创新，提升核心竞争力。特别是在技术、产品和管理创新方面，民营企业需要不断提高自身的研发能力和市场反应速度③。通过创新，民营企业不仅能增强市场竞争力，还能促进区域产业结构的优化和升级。最后，加强区域间的合作与交流，也是推动民营经济区域协调发展的重要途径。张伟（2023）在其研究中提到，区域间的经济合作和资源共享，可以实现优势互补，促进民营企业的共同发展。特别是在信息技术和人力资源等领域，区域间的合作将为民营企业创造更多的发展机会④。通过合作，民营企业可以拓宽市场，提高竞争力，最终实现区域经济的协调发展。综上所述，推动民营经济的区域协调发展需要综合考虑多方面因素，包括政策支持、企业创新和区域合作等，只有通过这些措施，才能促进我国民营经济的全面、协调和可持续发展，为实现经济的高质量发展奠定坚实的基础。

政府在促进民营经济区域协调发展方面采取了一系列政策和措施，包括

---

① 李刚. 区域经济差异与民营企业发展关系研究 [J]. 经济问题探索, 2023（03）: 34 - 37.
② 王海. 民营经济政策支持的优化路径 [J]. 中国政策研究, 2023（02）: 22 - 25.
③ 周磊. 民营企业创新驱动发展战略研究 [J]. 管理科学与工程, 2023（09）: 48 - 51.
④ 张伟. 区域合作对民营经济发展的影响研究 [J]. 经济与管理评论, 2023（07）: 53 - 56.

优化营商环境、加大财政金融支持力度、推动产业转型升级、加强区域合作等。这些政策在一定程度上促进了民营经济的区域协调发展，但仍需进一步完善和落实。数据显示，2022年国家对民营经济的支持政策数量达到120项，涵盖财政、税收、金融等多个领域，促进了民营经济在各区域的增长。然而，实现区域间经济的均衡和可持续发展仍面临挑战，需关注地区经济、社会和环境的协调共进。区域协调发展强调资源的合理配置、产业结构的优化升级及区域间的合作与共赢。对于民营经济而言，实现区域协调发展有助于优化产业布局，提高整体竞争力，但也面临诸多挑战，如政策环境、市场条件、资源禀赋和人力资源等因素。政策的连续性和稳定性对民营经济发展至关重要，市场条件的成熟程度决定了民营企业的竞争力和发展空间，资源的差异性会影响民营经济的产业结构和发展方向，而人力资源的丰富程度则直接关系到民营企业的创新能力和发展潜力。因此，深入研究民营经济的区域协调发展具有重要的理论和实践意义。从理论上看，民营经济的灵活性和创新性使其能够快速适应市场变化，捕捉市场机遇，推动区域协调发展。此外，民营经济的发展有助于促进城乡经济一体化，缩小地区间的发展差距，实现资源的均衡利用，从而增强社会的公平感和稳定性。国内外在促进民营经济区域协调发展方面积累了丰富的经验，东部沿海地区通过发展产业集群、优化产业结构实现了民营经济的快速发展，中西部地区则通过加大基础设施建设和优化政策环境推动了民营经济的跨越式发展。在实践层面，许多地区已开始探索民营经济与区域协调发展的新模式，部分地区通过建立产业协作机制、加强政策协同、优化营商环境等方式，推动民营经济与区域经济的深度融合。例如，2023年某省市通过促进民营企业与高校的合作，推动技术创新，不仅提升了民营经济的竞争力，也为区域经济的协调发展注入了新活力。展望未来，随着政策环境的不断优化和市场条件的成熟，我国民营经济区域协调发展将迎来更广阔的空间和机遇，各方需共同努力，以确保民营经济的可持续增长和区域的整体协调发展。

### （三）民营经济的发展环境研究

近年来，民营经济在中国经济发展中扮演着越来越重要的角色，成为推动经济增长、促进就业和创新的重要力量。随着市场经济体制的不断完善，民营经济的发展环境也在不断变化，研究民营经济的发展环境不仅有助于了解其成长与发展的根本原因,还能够为政府和企业制定相应的政策与策略提供理论依据。自改革开放以来,中国政府逐步放宽了对民营经济的限制,出台了一系列政策来促进民营经济的发展,包括简化行政审批程序、减轻税负、提供金融支持等。《中华人民共和国循环经济促进法》明确提出要保障民营企业的合法权益,促进民营经济健康发展。尽管政策环境不断改善,但部分地方政府在执行过程中仍存在政策不落实、政策透明度不足等问题,影响了民营企业的发展,因此,进一步完善政策环境,增强政策的可预见性和稳定性,是促进民营经济健康发展的重要任务。市场环境的成熟程度直接决定了民营企业的竞争能力和发展空间,在中国,虽然市场经济体制不断完善,但市场竞争也越加激烈,许多民营企业仍面临着市场信息不对称、市场准入障碍等问题,许多小型民营企业在市场开拓过程中缺乏足够的市场调研与分析能力,导致其产品和服务无法满足市场需求。此外,市场上也存在一些不公平竞争行为,如价格恶性竞争和不正当商业行为,这不仅损害了民营企业的合法权益,也影响了市场的整体健康发展,因此,加强市场监管、维护公平竞争的市场环境,将会对民营经济的发展起到积极的推动作用。

融资环境对民营经济的发展起着至关重要的作用。融资难一直是制约民营经济发展的一大瓶颈,相关数据显示,民营企业的融资成本普遍高于国有企业,且融资渠道较为狭窄,尤其是在缺乏抵押物的情况下,民营企业更难获得银行的贷款支持,尽管近年来政府采取了多种措施来缓解这一问题,如设立专项贷款、引导金融机构增加对民营企业的信贷投放等,但实际成效仍有限,因此,进一步推动金融体系改革,拓宽民营企业的融资渠道,加强对民营企业的信贷支持显得尤为重要。

社会环境对民营经济的发展也具有重要影响,社会对民营企业的认知、态度和支持程度直接关系到民营企业的生存和发展,近年来,随着民营经济的快速发展,社会对民营企业的认可度逐渐提高,但在一些地方,仍然存在对民营企业的不信任和歧视现象。部分民营企业在获得政府支持和社会资源时,面临较大的困难。同时,社会对民营企业家的形象和行为的认知也在逐渐改善,但仍需加大宣传力度,提高公众对民营企业的理解和支持,营造良好的社会氛围,以激励更多的创业者参与到民营经济的发展中。技术环境的变化也为民营经济的发展带来了新的机遇与挑战,在当前全球经济数字化转型的背景下,技术创新已成为推动民营经济发展的重要驱动力,许多民营企业通过技术创新和管理创新,不断提高自身的竞争力和市场地位。然而,技术创新的高风险和高成本,往往使许多中小型民营企业在这方面缺乏足够的投入。此外,技术人才的短缺也是制约民营经济发展的重要因素,为此,政府和社会应加大对技术创新的支持力度,鼓励民营企业加大研发投入,培养和引进高端技术人才,以提升民营经济的整体竞争力。

民营经济的发展环境是一个多维度、多层次的系统,涵盖政策、市场、融资、社会和技术等多个方面,要促进民营经济的健康发展,各方需共同努力,创造一个良好的发展环境。政府应进一步完善相关政策,加强市场监管,推动金融改革,提高社会对民营经济的认知与支持。同时,民营企业也应积极适应市场环境的变化,增强自身的创新能力和竞争意识,从而在新的经济形势下,实现持续发展。

## 三、研究综述

全球范围内,职业教育的改革与发展现状不一,特征各异,从发展阶段来看,各国的职业教育历程差异显著,一些国家,如德国和瑞士,已经进入了相对成熟的阶段,构建了完备的职业教育体系,涵盖中等职业教育、高等职业教育及成人职业教育等多个层次,并建立了系统的法律法规和政策框架,形成了政府、行业、企业、学校和社会等多方协同参与的职业教育网络。相对而言,部分非洲和亚洲国家仍处于初级阶段,职业教育发展滞后,缺乏完善的资质框架、发展模式和法律支撑,政府的支持力度不足,社会对职业教育的认可度较低,存在较大的发展潜力。从发展模式来看,各国的职业教育办学模式与体制机制各具特色。一些国家采取政府主导的模式,政府通过制定近期及中长期职业教育发展规划,并通过立法与责任主体的落实来推动高质量发展,例如法国和荷兰。而另一些国家则采取行业企业主导的模式,依靠行业企业的参与支持来推动职业教育进步,如德国和瑞士。还有一些国家则采取市场主导的模式,利用市场机制的调节作用来促进职业教育的发展,例如美国和英国。从发展趋势来看,各国职业教育的未来发展方向也存在差异,一些国家将进一步加强对职业教育的投入与支持,致力于将经济发展与职业教育紧密结合,创新两者之间的合作模式。另一些国家则注重职业教育的改革与创新,推动其向多元化、灵活化和个性化方向演变。同时,还有一些国家将进一步加强国际交流与合作，促进职业教育的国际化发展。全球范围内职业教育的改革与发展呈现出不同的发展阶段、模式和趋势，各国应根据自身国情及经济发展的需求，整合职业教育资源，以更好地服务于经济发展，推动职业教育健康成长。

随着全球化进程的加速，全球民营经济的规模正日益扩大。民营企业的数量也在持续增加，覆盖的行业领域不断扩展，伴随科技的进步与市场环境的变化，国际民营企业的创新能力显著增强，许多企业开始重视科技创新和研发投入，推出一系列具有竞争力的新产品与服务。此外，传统行业的民营企业也逐步向高技术领域转型，从而提升核心竞争力。在"一带一路"等经济带的推动下，民营企业的国际化进程明显加快，许多企业走出国门，在海外投资设厂、收购兼并，拓展国际市场，同时，跨国公司也与国内民营企业展开合作，共同开拓中国市场，助推国际化进程。随着市场经济的发展和竞争的加剧，国际民营企业的资本结构逐渐多元化，一些民营企业开始通过上市、发行债券等方式进行融资，以扩大资本规模并提升竞争力。同时，部分家族式企业也引入职业经理人，实施现代企业管理制度，实现所有权与经营权的分离；而新兴产业的民营企业则注重产业链的完善与升级，以提升竞争力和盈利能力。尽管国际民营企业的融资环境有所改善，但融资难问题依然突出。一方面，许多民营企业缺乏规范的财务报表及透明的信息披露制度，导致投资者信任度不足，资金支持困难；另一方面，部分传统行业的民营企业在银行贷款审批上面临严格要求及高融资成本。因此，解决融资难题已成为国际民营企业发展与生存的主要挑战。随着人口老龄化加剧和出生率降低，民营企业在技术技能型人才方面的短缺问题越发明显，许多企业缺乏自主研发能力及核心技术人才，难以在激烈的市场竞争中占据优势。因此，加强技术创新与人才引进，提升自身竞争力与盈利能力，成为国际民营企业发展的关键所在。

此外，国际化风险问题也日益显现，许多民营企业面临海外投资风险、汇率波动风险及国际贸易摩擦等挑战，这为企业发展带来了不确定性。因此，强化风险管理、降低国际化风险已成为国际民营企业实现可持续发展的重要课题。在此背景下，政府和行业协会应积极采取措施，为民营企业的创新与发展创造良好的外部环境，以提升其国际竞争力，实现更高质量的发展。近年来，我国一些城市积极探索职业教育与民营经济的深度融合发展，取得了初步成效。以深圳、苏州和无锡等城市为例，这些地方通过出台相关政策文件，加强政府的统筹规划，构建市域产教融合体，致力于打造具有地域经济特征的职业教育集团化品牌。这一战略不仅推动了职业教育的创新发展，也为地方经济的转型升级提供了有力支持。还有一些城市积极探索创新的产教融合模式，通过加强学校与企业的合作、共建实训基地等举措，实现人才培养与企业需求的无缝对接。这种深度融合为培养高素质技能人才、促进民营经济发展提供了重要保障，进一步推动了区域经济的高质量发展。

中国职业教育的发展层次正在逐年提升，但面临诸多困难与挑战。例如，部分城市在职业教育政策法规支持、资源有效整合、师资队伍建设等方面仍显不足。同时，一些企业对职业教育的认识和参与度不足，缺乏对技能人才的重视和需求。这表明职业教育在服务民营经济发展过程中存在显著缺陷与不足：首先，由于社会主义经济结构的特殊性，民营经济的社会地位仍然偏低；其次，民营经济面临信任赤字问题，这使民营企业与职业院校之间的合作遭遇障碍；再次，民营经济与职业教育之间缺乏紧密合作的纽带，导致民营经济举办职业教育的动力不足；最后，职业教育对民营经济的服务路径不够清晰，缺乏系统化。因此，厘清职业教育服务民营经济发展的逻辑路径、形成可复制的模式经验，实现技术技能型人才供给的"市场导向"和"政府有限干预"之间的平衡，已成为职业教育与民营经济发展进程中的必然选择[①]。

## 第四节 研究内容

1. 职业教育与民营经济融合的基本理论。鉴于国内外职业教育与民营经济融合研究成果不断推陈出新，本书通过引入 CiteSpace 文献计量分析方法对国内外职业教育与民营经济融合的研究内容、热点及趋势进行量化分析，有助于为本书研究提供良好的文献参考依据。

---

① 黎昌晋. 推动民营经济高质量发展 [N]. 光明日报，2020-11-16 (06).

2. 职业教育与民营经济融合发展的效能评价指标设计依据。（1）理论基础：围绕政府、职业院校、民营企业、学生等各方利益相关者的认知差异和价值取向，回答职业教育与民营经济融合发展"是怎样的融合？为什么要融合？怎么融合"的理论问题。（2）实践依据：基于职业教育类型特征，研究分析当前职业教育与民营经济融合发展的现实基础及面临的机遇与挑战。（3）设置原则：基于职业教育自身发展内在诉求的驱动，加之浙江独特的民营经济环境，从平台、资源、人才、师资、成果等五个方面系统性考量各级指标。

3. 职业教育与民营经济融合发展的效能评价体系。（1）围绕"平台共建"建设，如何构建民企参与办学的效能评价体系。（2）围绕"资源共用"，如构建产教深度融合效能评价体系，设计评价指标。（3）围绕"人才共育"，如何构建人才培养的效能评价体系。（4）围绕"师资共培"，如何构建校企双师培育的效能评价体系。（5）围绕"成果共享"，如何构建技术技能融合评价体系。

4. 职业教育与民营经济融合发展的评价模型。首次通过引入 TOPSIS 与灰色关联系数相结合的方法对职业教育与民营经济融合综合评价指标体系进行定量分析，有效地拓展了职业教育与民营经济融合评价指标体系领域的研究内容，并使用绝对和相对差异方法对职业教育与民营经济融合效能差异及其变化特征进行定量刻画。

（1）采用改进熵值法对新发展格局下职业教育与民营经济融合评价体系的指标权重进行测算。指标信息熵值越小，系统结构越均衡有序，指标有效信息量越大，指标权重也越大，第 $j$ 项指标第 $i$ 个评价对象的指标权重计算如下：

$$z_{ij} = \frac{x_{ij} - \min_i\{x_{ij}\}}{\max_i\{x_{ij}\} - \min_i\{x_{ij}\}}, \quad e_j = -\frac{1}{\ln m}\sum_{i=1}^{m} p_{ij}\ln p_{ij}$$

$$\gamma_j = 1 - e_j, \quad \omega_j = \frac{\gamma_j}{\sum_{i=1}^{m}\gamma_i}$$

（2）采用 TOPSIS 与灰色关联系数相结合的方法定量测度评价指标体系，测算原理如下：

$$r_{ij}^+ = \frac{\min_i \min_j |z_j^+ - z_{ij}| + \rho \max_i \max_j |z_j^+ - z_{ij}|}{|z_j^+ - z_{ij}| + \rho \max_i \max_j |z_j^+ - z_{ij}|}$$

$$r_{ij}^- = \frac{\min_i \min_j |z_j^- - z_{ij}| + \rho \max_i \max_j |z_j^- - z_{ij}|}{|z_j^- - z_{ij}| + \rho \max_i \max_j |z_j^- - z_{ij}|}$$

$$D_i^+ = \frac{d_i^+}{\max_i(d_i^+)}, D_i^- = \frac{d_i^-}{\max_i(d_i^-)}, R_i^+ = \frac{r_i^+}{\max_i(r_i^+)}, R_i^- = \frac{r_i^-}{\max_i(r_i^-)},$$

$$S_i^+ = \alpha D_i^- + \beta R_i^+, \quad S_i^- = \alpha D_i^+ + \beta R_i^-$$

$r_i^+$ 和 $r_i^-$ 为第 $i$ 个评价对象与正、负理想解的灰色关联系数。$\rho \in (0, 1)$，称为分项系数。对欧式距离和灰色关联度进行无量钢化，将无量钢化处理后的欧式距离和灰色关联度进行合并。假定 $S_i^+ = \alpha D_i^- + \beta R_i^+$，$S_i^- = \alpha D_i^+ + \beta R_i^-$，$\alpha$ 和 $\beta$ 反映出决策者对位置和形状的偏好倾向，并且满足 $\alpha + \beta = 1$。

（3）采用 Dagum 基尼系数、核密度估计和马尔可夫模型对结果空间差异及动态变化进行刻画，如下：

$$G = G_w + G_{nb} + G_t$$

$$G_{jj} = \frac{1}{2\bar{C}n_j^2} \sum_{i=1}^{n_j} \sum_{r=1}^{n_j} |C_{ji} - C_{jr}|$$

$$G_w = \sum_{j=1}^{k} G_{jj} P_j S_j$$

$$G_{jh} = \frac{1}{n_j n_h (\bar{C}_j + \bar{C}_h)} \sum_{i=1}^{n_j} \sum_{r=1}^{n_h} |C_{ji} - C_{hr}|$$

$$G_{nb} = \sum_{j=1}^{k} \sum_{h=1}^{j-1} G_{jh} (P_j S_h + P_h S_j) D_{jh}$$

$$G_t = \sum_{j=1}^{k} \sum_{h=1}^{j-1} G_{jh} (P_j S_h + P_h S_j)(1 - D_{jh}),$$

$$f(x) = \frac{1}{n} \sum_{i=1}^{n} \frac{1}{h} K\left(\frac{x - x_i}{h}\right) = \frac{1}{nh} \sum_{i=1}^{n} K\left(\frac{x - x_i}{h}\right)$$

$$P(S_{n+1} = s_i | S_n = s_j, S_{n-1} = s_k, \cdots, S_1 = s_l) = P(S_{n+1} = s_i | S_n = s_j)$$

式中，$G$ 表示总体基尼系数，$x_i$ 为独立同分布的观测值，$h$ 为带宽，$K(\cdot)$ 为核函数，$P$ 表示条件概率，$s_i$，$s_j$，$s_k$ 等表示具体的状态。

职业教育与民营经济融合发展的长效机制。（1）从宏观层面：如何完善职业教育与民营经济融合发展的政策制度体系，激活民企办学新动能，建立融合发展政策长效机制。（2）从中观层面：如何完善职业教育与民营经济融合发展的利益共享体系，打造校企互动新引擎，建立融合发展动力长效机制。

（3）从微观层面，如何完善职业教育与民营经济融合发展的模式创新体系，构建人才培养新模式，建立融合发展路径长效机制。结合以上三个维度，探索构建职业教育与民营经济可持续发展的共融共生生态系统，形成融合发展长效机制。

## 第五节 拟突破的重点难点问题

### 一、拟突破的重点问题

一是构建适应区域经济社会发展的职业教育与民营经济融合发展的效能评价体系，丰富和完善职业教育服务民营经济的理论和实践体系。以社会、政治和文化需求为导向，从职业教育和民营经济各自角度分析其特有的类型特征、价值取向和基本范式，丰富和完善中国特色职业教育理论体系和民营经济高质量发展实践体系。二是以"活力温台"为实践样本，从政策、动力、路径三个维度优化职业教育与民营经济融合发展的实践路径，探索构建职业教育与民营经济融合发展的长效机制，提炼形成可复制、可推广、可借鉴的模式。

### 二、拟突破的难点问题

一是如何正确把握研究思路，多角度保证研究的理论价值和实践价值。如何涵盖职业教育与民营经济所有的利益相关者，从增强职业教育供给与民营经济发展的匹配度，最终归结到两者融合发展的效能评价上，保证研究既有理论意义，又有现实价值，破解代表性不足等问题。二是如何精准获取数据，科学找准职业教育与民营经济融合发展的效能评价指标。运用评价模型，结合理论研究的成果和实践探索的经验，形成职业教育与民营经济融合发展长效机制，为构建职业教育与民营经济共融共生生态体系，提供科学的理论和实践支撑。

## 第六节　研究思路和研究方法

　　本书围绕职业教育与民营经济融合的理论梳理、指标设计、评价体系、评价模型、长效机制等问题，通过文献量化法、归纳演绎法、扎根理论法、现场调查法、问卷调查法、焦点团队访谈法、比较分析法、个案研究法，引入数量模型定量测度、统计模型计量回归等手段，层次递进地对职业教育与民营经济融合发展的基本理论、评价指标设计依据、效能评价体系、评价模型及长效机制进行系统性设计研究。

# 第二章　职业教育与民营经济融合发展的基本理论研究

2023年11月,教育部、浙江省人民政府印发《关于加快职业教育提级赋能服务共同富裕示范区建设实施方案》,该文件指出要"紧密围绕共同富裕示范区建设需求,加快推进现代职业教育高质量发展"。浙江温州、台州两地作为民营经济较为发达的地方,民营经济在当地的经济体系中占据重要的地位。为此,教育部以省部共建的形式在温台两地开展国家职业教育改革创新高地建设试点,出台了《关于推进职业教育与民营经济融合发展 助力"活力温台"建设的意见》,以制度创新推进温台职业教育与民营经济融合发展。激发企业参与职业教育新动能、创新产教融合校企合作方式、提升技术技能人才培养能级,助推民营经济走上新台阶,是职业教育必须要面对的问题。因此,加强职业教育与民营经济融合发展的理论体系研究具有重要意义。本章通过梳理职业教育与民营经济融合发展过程中的常用理论,选取特定理论视角展开职业教育与民营经济融合发展的逻辑分析,有助于理解和探寻职业教育与民营经济融合发展的路径,助力区域经济高质量发展和共同富裕示范区建设。

## 第一节　相关概念界定

### 一、职业教育

职业教育是一种特殊类型的教育活动,其概念认知存在多样性。从广义上看,为职业做准备和服务的教育及培训都可称为职业教育。《教育大辞典》中对职业教育的解释为"是普通教育中的职业教育和包括职前与职后的各种职业与技术教育的总体称谓,偏重理论的应用和实践技能、实际工作能力的培养。"[1] 有学者认为不管是什么性质和层次的教育,其实质都是以受教育者从事的职业为核心,根据其职业需要进行相应的职业准备教育或职业后教育[2]。从狭义上看,职业教育的概念多重视教育的目的和内容。《中华人民共和国教育法全书》将职业教育定义为"是给予学生从事某种职业或生产劳动所需要的知识和技能的教育。"[3] 有学者认为职业教育区别于普通学术教育是因为其目标指向职业领域,以技术教育为手段,以培养专门技术人员为目标,以学校教育与培训为主要形式[4]。综合来看,职业教育作为一种教育类型,以培养高素质技术技能人才为主要目标。从职业教育层次体系看,职业教育包括学校职业教育和社会职业培训两部分。本书中的职业教育主要指学校职业教育,包括中、高等职业教育,以及这些教育体系内学校组织的相关培训。

## 二、民营经济

广义的民营经济一般是对除国有经济以外的多种所有制经济的统称,包括个体经济、私营经济、港澳台资企业和外资企业。狭义的民营经济主要指个体经济和私营经济[5]。还有学者认为只要是国民办的或者是控股的就属于民营经济的范畴[6]。

# 第二节 职业教育与民营经济融合发展的常用理论

## 一、人力资本理论

20 世纪 60 年代,美国经济学家舒尔茨(Theodore W. Schultz)和贝克尔

---

[1] 顾明远. 教育大辞典(第三卷)[M]. 上海:上海教育出版社,1991:227.
[2] 吕育康. 职业教育新论——广义职业教育论与中国教育大转变 [M]. 北京:经济科学出版社,2001:9.
[3] 郭齐家. 中华人民共和国教育法全书 [M]. 北京:北京广播学院出版社,1995:136.
[4] 王清连,张社字. 职业教育社会学 [M]. 北京:教育科学出版社,2008:3-4.
[5] 林剑. 成都市工商联促进民营经济发展的问题与对策研究 [D]. 电子科技大学,2022.
[6] 孙海仁. 青海省民营经济高质量发展的制度创新研究 [D]. 青海师范大学,2023.

(Gary S. Becker) 提出了人力资本理论（Human Capital Theory）。1960年，舒尔茨在美国经济学年会首次发表《人力资本投资》（Human Capital Investment），分析了人力资本的形成及作用，奠定了人力资本理论的基础框架，之后在《教育的经济价值》（The Economics of Education）一书中进一步阐述了人力资本与其经济效益的关系，从而完整地创立了人力资本理论，贝克尔则在《人力资本》（Human Capital）中从微观经济学的角度运用成本-收益法对教育投资进行了分析。

舒尔茨最早在农业领域注意到人力资本的问题，并认为通过教育可以提高农民的知识技能水平，从而使农业人力资本增加，提高农业生产效率。人力资本理论将资本分为两种，即物质资本和人力资本，前者指物质产品，包括所拥有的原材料、场地厂房、机器设备、资金等；后者指人身上所蕴含的资本，即人作为生产者时的教育及职业培训等支出，表现为人所拥有的各种生产劳动知识及管理技能的总和。该理论将人的能力也分为两种：先天能力和后天能力。先天能力是人生来就有的，呈正态分布趋势，大体相似；后天能力则因人所接受的教育不同而产生差别。强调劳动者在自我投资方面要注重教育的投入，这样既可以在将来获得更多的收入，所形成的人力资本也是促进经济增长及社会发展的重要因素。舒尔茨还认为以提高生产者的学习能力、生产技术水平，帮助其获取新技能为目的的职业培训是人力资本投资的一种常见形式，其侧重点在于劳动者能较快掌握实际生产知识、提高实践操作技能等[1]。在该理论中，"人力资本"是国家经济增长的关键动力之一，技能型人力资本需要具备经过长期的投资和培训才能获得的高度专业化知识和技能，这种资本能够为企业带来更高的生产效率和创新能力，是现代技能社会所紧缺的、难以被替代的，具有更高的经济价值。

人力资本对国家经济发展潜力的释放有着重要影响，人在高人力资本环境中比在低人力资本环境中有更多的生产力，因此要注重该人力资本的有效积累[2]。这也就对现代职业教育体系提出了更高的要求：技能型人力资本的专一性较高，每种技能对应不同工作岗位的需求，职业教育的办学需要提供

---

[1] Schultz T W. Reflections on investment in Man [J]. Journal of Political Economy, 1962, 70 (5, Part 2): 1–8.

[2] Schultz T W. The economic importance of human capital in modernization [J]. Education Economics, 1993, 1 (01): 13–19.

有针对性的、与时俱进的、多样化的技能培训。在人力资本理论的视角下，对职业教育体系的完善与建设可视为一种投资活动，并且通过该投资活动能够使社会经济得到相应的发展，这也是职业教育发展的目的所在[①]。

## 二、新公共服务理论

在职业教育服务经济发展的同时，政府常作为重要的参与者，发挥着不可或缺的作用。20世纪初，传统公共管理理论在官僚制的基础上强调组织的权威性和决策权，在这种理论的指引下政府效率十分低下；20世纪70年代，为了克服政府效率低下的弊端，公共管理理论引入私营部门的管理理念，形成新公共管理理论，认为政府应该像企业一样运作，追求高效率、经济性和竞争性，但过度强调市场化，而忽视了公共服务的社会性；随后20世纪80年代末90年代初，在对新公共管理理论的批判和反思基础上，兴起了新公共服务理论。

新公共服务理论（The New Public Service Theory）中最具有代表性的观点由美国公共行政学家罗伯特·登哈特（Robert B. Denhardt）和珍妮特·登哈特（Janet V. Denhardt）夫妇提出，认为政府的职责在于带领公民实现共同追求的目标，保持民主性和开放性，重视公民需求，提供高质量的公共服务，共享公共利益，强调公共利益并非个人利益的简单相加，政府的主要功能是服务而不是掌舵或控制[②]。政府行政人员要提倡和发扬为公民服务的意识，在工作中强调"人本精神"，重视提供服务的公共性和社会性在社会建立起集体公共利益的社会观念。

在地方经济的发展中，政府往往作为发起者及主要推动力量对经济结构进行调整，为更好地促进公共利益的实现，政府更偏向于利用地区要素优势制定该地区的相关产业政策，确定优势产业，以此获得高速发展。教育是政府提供给公民生存与发展的基础资源，是提高全民族素质的稳固根基，需要囊括全体社会成员的基本需求，因此，可以将职业教育纳入向社会提供的公

---

[①] 兰金林，石伟平. 职业教育助推技能型社会建设的机理、挑战与对策[J]. 教育与经济，2023，39（03）：28-34+44.

[②] [美]罗伯特·登哈特，珍妮特·登哈特. 新公共服务：服务，而不是掌舵[M]. 丁煌，译. 北京：中国人民大学出版社，2010.

共产品范围内。职业教育的开展与产业发展关系密切,政府应引导地方依托地区产业特色,结合优势产业建立产业学院,目的是服务于区域内的产业发展及技能人才培育,作为完成区域经济转型、优化人才培养供给侧的重要路径①。新公共服务理论强调服务理念以及公共服务和责任的重要性,职业教育应强化服务理念,关注市场需求,优化教育资源,提高教育的针对性和实用性,为公民提供学习专业性、技术性知识的途径,为经济发展提供有用的人才支持。

## 三、企业生命周期理论

1959年,马森·海尔瑞(Mason Haire)最早提出"企业生命周期理论"(Enterprise Life cycle Theory),他把企业的发展过程看作生物学中的"生命周期",认为企业的发展符合生物学中从出生到消亡的成长曲线。之后,约翰·威廉·加德纳(John W. Gardner)在1965年又提出企业的生命周期有其相对于生物学生命周期的特殊性,企业生命周期理论得到了进一步的发展与完善,此后,越来越多的学者开始关注研究企业生命周期理论。其中美国学者伊查克·爱迪思(Ichak Adizes)的研究最具代表性,他在1989年出版的《企业生命周期》(Enterprise Life cycle)一书中将企业生命周期分为成长阶段和老化阶段,形象地描述了企业整个生命周期的形态变化,并依次将各个具体阶段分为孕育期、婴儿期、学步期、青春期、盛年期、稳定期、贵族期、官僚期和死亡期。在西方企业生命周期研究成果的基础上,我国学者陈佳贵(1998)把企业的生命周期重新划分为求生存期、高速发展期、成熟期、衰退期和蜕变期五个阶段。在此基础上,我国学者李业(2000)提出了企业生命周期的修正模型,按照企业的销售额把企业发展分为初生、成长、成熟和衰退四个阶段②。

进入21世纪,我国学者结合国内企业发展的实际情况,进一步将企业的生命周期阶段划分进行了优化,分为创业阶段、成长阶段、成熟阶段与可持续发展阶段。企业生命周期理论旨在更加全面客观地展现企业生命周期的表

---

① 余闯,施星君,杨晓珍,等.高职教育与民营经济融合发展的逻辑与路向[J].中国高教研究,2023(4):95-101.

② 李业.企业生命周期的修正模型及思考[J].南方经济,2000(02):47-50.

现形态，它的主要观点是把企业看作一个有机体，在企业的发展过程中，存在不同的生命周期阶段，在不同的生命周期阶段，企业应选择有针对性的发展战略度过当前生命周期阶段，延长企业的生命周期。创业阶段是企业生命周期的第一个阶段，企业创始人在经过细致的准备后，企业就如婴儿一般诞生了。成长阶段是企业需要迅速发展，扩大生产规模的阶段，这个阶段也是企业的危险期，一旦经营不当，将会给企业带来致命的打击，大多数企业在成长期后就会直接步入衰退期，因此需要企业运用合理的经营策略，以顺利度过成长期。在成熟阶段，企业主要业务已经稳定，企业管理已经走上了正规化的轨道，各项制度也比较完善，此阶段需要企业高层领导时刻保持进取，采取创新发展战略，及时适应时代的变化。顺利度过前三个阶段之后到达可持续发展阶段的企业，已经可以在生产管理、经营模式等方面进行创新，实现企业的可持续发展，同时回馈社会，促进二次就业。

## 四、共生理论

1879年，德国真菌学家德贝里（Anton de Bary）最早提出共生概念，描述了生物学领域不同种属的生物基于一定的物质联系共同生活的状态[1]。"共生"为生物体之间一种特殊的生存方式，指不同种类的生物在一起生存，形成相互需要、彼此受益、共同生存、协同进化，并产生生物永久性关联的共生关系[2]。90%以上的物种都存在共生行为，体现在不同物种之间通过共生方式获取食物、保护、清洁等。1884年，德贝里进一步描述了几种生物之间的共生方式并区分了共生与非共生、寄生与共生的关系，强调短期共存的情况不能视为共生关系，逐步奠定共生理论（Symbiosis Theory）的开端[3]。共生是两个或多个主体在共同活动中达成的平衡状态，带有计划和目标导向，共生主体会主观能动地维持或改变现有的共生关系[4]。根据共生受益方不同，也可分为互利共生和偏利共生两类，互利共生指共生系统中的每个个体都能

---

[1] Ahmadjian V. Symbiosis: An introduction to biological association [M]. New England: University Press of New England, 1986: 1 – 10.
[2] Douglas A E. Symbiotic Interactions [M]. Oxford University Press, 1994.
[3] 洪黎民. 共生概念发展的历史、现状及展望 [J]. 中国微生态学杂志, 1996, 8 (04): 5.
[4] Rhijn PVV, Vanderleyden J. The Rhizobium – plant symbiosis [J]. Microbiological Reviews, 1995, 59 (01): 124.

从共生关系中受益,而偏利共生则指只有某一个体能受益,而对其余个体无益无害[①]。

共生理论在生物学领域获得了广泛运用,并逐渐延伸到社会学、教育学、管理学等其他学科。在社会学中,人类社会目前虽没有发现和生物共生一样严密的共生规律,但共生常被视作研究个人或组织社会依存关系的基本单元[②]。20 世纪 70 年代,共生理论被运用到管理学领域中,产生了组织生态理论,即论述组织和环境的适应性理论[③]。共生理论在教育学中的应用则集中于校企合作、复合型人才培养、产教融合、协同育人等方面。

## 五、利益相关者理论

美国经济学家爱德华·弗里曼(R. Edward Freeman)于 1984 年出版《战略管理:利益相关者方法》(*Strategic Management*: *A Stakeholder Approach*)一书,提出了利益相关者理论(Stakeholder Theory)。该理论将利益相关者定义为可以影响组织目标实现的一切个体或群体,或者是受产品或服务影响的任何人和组织,认为企业不仅需要保障股东的利益,更应该考虑利益相关者的诉求,包括员工、客户、供应商等,倡导追求利益相关者的整体利益,需要调动各利益相关者的积极性,共同取得利益最大化[④]。在一定的组织中,涉及的相关者利益皆由彼此履行相应的义务进行保障,每个利益相关者责任的履行都在维护其他利益相关者获得的利益,共同承担风险,体现权利与义务的高度一致性,通过利益相关者理论,可以平衡不同利益相关者的需求和期望,以此实现可持续发展。

利益相关者理论的发展可大致分为三个阶段:"影响""参与"以及"共同治理"。首先是"影响"阶段,组织初步认识到利益相关者群体,但组织

---

① Silvertown J, Charlesworth D. Introduction to Plant Population Biology, 4th Edition [M]. Wiley - Blackwell, 2003.

② Stringer P F, Pearce P L. Toward a symbiosis of social psychology and tourism studies [J]. Annals of Tourism Research, 1984, 11 (01): 5 - 17.

③ Hannan MT, Freeman J. Structural inertia in organisational change [J]. American Sociological review, 1984, 49 (02): 149 - 164.

④ (美)爱德华·弗里曼. 战略管理:利益相关者方法 [M]. 王彦华,梁豪,译. 上海:上海译文出版社,2006.

的决策权仍掌握在管理层的手中,其他利益相关者只能间接对组织治理以及决策活动产生影响;其次是"参与"阶段,在这个阶段中,利益相关者的诉求能逐步被管理者考虑,其观点和想法纳入组织管理考虑的范围中[1];最后是"共同治理"阶段,利益相关者开始被当作与管理者平等的主体,共同参与组织治理[2]。

根据利益相关者理论的观点,职业教育与民营经济可视为两个利益相关者,民营企业是促进经济发展的主体,作为通过生产具体产品或提供一定服务获利的经济组织,其最核心的诉求是实现利益最大化。职业教育院校需要提升学生的核心竞争力,在市场导向下明确培养的标准、方式及目标等[3]。

## 六、嵌入性理论

"嵌入"源于新经济社会学,由卡尔·波兰尼(K. Polanyi)提出,他认为嵌入性概念分析应考虑经济行为与社会体系的关系问题。嵌入性理论主要用于理解及解释社会经济行动和社会关系的背景及环境,认为个体和行为均嵌入在社会和组织结构中而非孤立存在。

嵌入性理论缘起于格兰诺维特(Grannovetter)的"弱关系"理论,弱关系指社交网络中不太密切的联系,而这种弱联系对于信息传播、机会发现和资源获取等比强关系(密切的联系)更具优势[4]。之后,祖金(Zukin)和迪马吉奥(Dimaggio)对嵌入性概念进行延伸,将嵌入性细分为结构嵌入性、认知嵌入性、文化嵌入性及政治嵌入性[5]。随着时代发展,嵌入性理论应用发展出多种框架,主要有以网络联系视角划分的"结构—关系嵌入性";理

---

[1] Dill W R. Public participation in corporate planning—strategic management in a Kibitzer's world [J]. Long Range Planning, 1975, 8(01): 57-63.

[2] Blair, Margaret M. Ownership and control: Rethinking corporate governance for the 21st century [M]. Washington D. C.: Brookings institute, 1995.

[3] 郭梓华,黄巨臣. 职业教育数字化转型中的企业参与探究——基于利益相关者理论的视角 [J]. 职业技术教育, 2023, 44(22): 19-25.

[4] Granovetter. The strength of weak tie [J]. American Journal of Sociology, 1973(06): 1360-1380.

[5] Zukin S, Dimaggio P. Structures of capital: The social organization of economy [M]. Cambridge MA: Cambridge University Press, 1990: 3.

性指向视角的"文化—政治—结构—认知嵌入性";从宏观到微观视角的"环境—组织间—双边嵌入性"等①。

近年来,嵌入性理论被广泛应用于职业教育领域,多用于探讨职业教育如何服务乡村振兴、县域经济发展等。职业教育的发展涉及政治、经济、文化等多个领域。从嵌入性理论视角看,职业教育的高质量发展并非由职业教育本身的属性决定,而是受其所处的政治、经济、文化等环境的影响②。

## 七、松散耦合理论

耦合(Coupling)作为物理学概念,是指两个或两个以上的系统或运动方式之间,通过各种相互作用而彼此影响以致联合起来的现象,是在各子系统间的良性互动下,相互依赖、相互协调、相互促进的动态关联关系③。

根据系统与各要素关联程度可以将耦合划分为三种类型:紧密耦合、非耦合和松散耦合。紧密耦合指系统变化表现与各要素的特征呈现高度一致;非耦合指各要素的特征与系统表现特征不相关;松散耦合是指系统的变化表现和各要素的特征共存,二者在核心趋势上一致④。松散耦合思想首先运用于心理学方面,20世纪70年代由美国学者维克(K. E. Weick)运用到教育组织管理学领域用于解释教育组织功能中的复杂多样性,松散耦合理论应运而生⑤。松散耦合理论认为系统中各个要素间既相互独立又相互联系,耦合变量之间的联系是有限的,造成的影响较弱,当其中有变量受到干扰时,这种干扰会被限制而非扩散,即使扩散对其他变量的影响也很微弱⑥。

在松散耦合理论的视角下,政府、学校、行业企业等分属于不同的系统,

---

① 杨玉波,李备友,李守伟. 嵌入性理论研究综述:基于普遍联系的视角[J]. 山东社会科学,2014(03):172-176.
② 庞世俊,缑文玉. 嵌入性理论下县域职业教育高质量发展的逻辑与路径[J]. 职业技术教育,2024,45(04):57-63.
③ 周宏. 现代汉语辞海[M]. 北京:光明日报出版社,2003:820-821.
④ 张首魁,党兴华,李莉. 松散耦合系统:技术创新网络组织结构研究[J]. 中国软科学,2006(09):122-129.
⑤ 张新平. 教育组织范式论[M]. 南京:江苏教育出版社,2001:207.
⑥ 卡尔·维克. 组织社会心理学[M]. 贾柠瑞,高隽,译. 北京:中国人民大学出版社,2009:84+103.

但彼此之间既相互独立又交叉合作。政府以社会关系为导向,搭建平台监督引导;学校以育人为导向,开展公益性人才培养活动;行业企业以营利为导向,开展经营性活动。三者的行为目标虽不一致但可以通过共同方式聚合在一起达成共同的目标[1]。目前,松散耦合理论多应用于产教融合及人才培养等方面,用于探讨解决市场行业发展需求与人才发展需求的共同方式。

## 八、三螺旋理论

"三螺旋"概念最早出现于20世纪50年代的生物学领域中,三螺旋结构只在特定的生物学过程中出现,并不是普遍存在于所有生物体中。在三螺旋结构中,三条DNA单链相互交织,其中,两条DNA单链反向平行,而第三条DNA单链则与前两条DNA单链相互结合,形成一个稳定的三链结构。

20世纪80年代,美国社会学家亨利·埃茨科威兹(Henry Etzkowitz)开始研究产业、大学和政府三者关系,努力推动三者间的理论创新[2]。荷兰学者罗伊特·雷德斯多夫(Loet Leydesdorff)基于复杂动态系统理论提出产业、大学和政府三系统超循环体系[3]。两位学者均为三螺旋理论模型的提出奠定了理论基础,并于1995年合作发表《大学·产业·政府的三螺旋关系:知识为基础的经济发展实验》一文,建构了三螺旋结构模型[4]。1996年,埃茨科威兹发表《大学·产业·政府的三螺旋关系:超越资本主义与社会主义的发展模式》一文,提出了著名的三螺旋理论(Triple Helix Theory),详细论述了政府、产业、院校三大主体之间交叉影响的三螺旋关系[5]。政府是契约的源头,保证互动的稳定;产业是生产的场所、经济发展的驱动力;院校是新知

---

[1] 许悦,邵泽斌.基于松散耦合理论的职业教育产教联合体建构研究[J].教育发展研究,2024,44(01):49-57.

[2] Etzkowitz H. Entrepreneurial scientists and entrepreneurial universities in American academic science [J]. Minerva, 1983, 21 (2-3): 198-233.

[3] Leydesdorff L, Van den Besselaar P. Evolutionary economics and chaos theory: New directions in technology studies [J]. London and New York: Pinter, 1994.

[4] Etzkowitz H, Leydesdorff L A. The triple helix university industry government relations: A laboratory for knowledge based economic development [J]. EASST Review, 1995, 14 (01): 9-14.

[5] Etzkowitz H. A triple helix of academic-industry-government relations: Development models beyond capitalism versus socialism [J]. Current Science, 1996, 70 (08): 690-693.

识和新技术的源泉,三者平等互惠①。三螺旋理论中三大创新主体在知识活动中扮演着不同的角色,在各自的范围内活动,但与此同时,三大主体也在技术创新体系中相互联动、交织上行,共同呈现出典型的螺旋特征。当三者间的融合程度越深时,越有利于新知识、新技术的创造。三者在市场的推动下,遵循供需关系,对各类生产要素进行重新组合,形成螺旋式上升的动力,进而推动技术创新。

在三螺旋理论视角下,强调政府、企业和职业院校之间的互动合作,政府为企业和职业院校的协同合作提供政策支撑和保障、引导产业发展,职业院校为社会持续输送高适应性的技能型人才促进科技创新和经济发展,企业则给予政府和职业院校所需的产品和服务,通过商业模式推动产业升级,三者互相渗透,深化合作机制,建立良性生态,共同谋求创新,为实现经济高速发展赋能②。三螺旋理论为指导以知识为基础的经济和社会发展提供了一个灵活的框架。

## 第三节 职业教育与民营经济融合发展的理论逻辑

### 一、共生理论下职业教育与民营经济融合发展的逻辑内涵

在共生理论中,存在三个关键要素:共生单元、共生模式、共生环境。其中,共生单元是基础,共生模式是要素,共生环境是条件,任一共生关系都不是三个要素简单的叠加,而是共生单元、共生模式、共生环境协同作用与影响的结果。

#### (一)职业教育与民营经济融合发展的共生单元

共生单元是构成共生关系的基本单位,是构成共生体系能量交换的物质

---

① Etzkowitz H. Innovation in innovation: The triple helix of university - industry - government relations [J]. Social Science Information, 2003, 42 (03): 293-337.
② 赵浩宇. 职业教育区域联动的理论溯源、运行机制与实践策略 [J]. 中国职业技术教育, 2023 (24): 42-49.

基础，是组成整个共生体的最基本条件。在职业教育与民营经济融合发展这个共生体系下，地方政府、职业院校和民营企业都是相对独立的利益主体，即共生单元。而共生单元彼此通过物质、信息、能量的交换建立共生的主体关系，为共生系统提供能量保障[1]。共生单元之间存在一定的关联度，任何共生单元都会优先选择能力强、匹配性好的候选共生单元作为共生对象[2]。因此，各利益主体之间须存在某种兼容关系，才能构成紧密的共生体系。而各主体的本质与利益的差异性，决定了职业教育与民营经济融合发展共生关系的复杂性，地方政府作为共生体系中的行政管理主体，能够为整个共生系统提供法律与制度保障，注入政策、资金等支持，是职业院校与民营企业合作的中介与桥梁。职业院校作为人才、知识、技术等重要资源的集成，拥有系统的理论知识与丰富的教学经验，能够根据民营企业实际需求调整专业设置和人才培养方案，为民营企业提供源源不断的要素支持。民营企业作为民营经济的主体，大部分属于中小微企业，在企业生命周期中大多处于创业阶段与成长阶段，地方政府与职业院校应在人才、土地、政策、资金等方面给予大力支持，帮助民营企业度过创业与成长阶段，顺利进入成熟与可持续发展阶段，民营企业在达到可持续发展阶段的过程中，又可以把市场的变化信息及时回馈给职业院校，为职业院校提供实习场所、师资力量与就业岗位。

综上所述，地方政府、职业院校和民营企业通过各自的优势形成互补，人才、土地、政策、资金在三个共生单元之间流动，通过"吸收—循环—演化"逐渐形成闭环，发展成一个可持续的共生体系。

## （二）职业教育与民营经济融合发展的共生模式

共生模式是在共生环境的影响下，共生单元之间彼此作用的方式和程度，共生模式可分为共生组织模式和共生行为模式。共生组织模式包括点共生、间歇共生、连续性共生与一体化共生模式；共生行为模式包括寄生、偏利共生和互惠共生三种模式。任何共生模式都是跟随外在共生环境与内在共生单元的变化而变化[3]。职业教育与民营经济融合发展的共生模式随着国家政策、

---

[1] 冷志明，易夫. 基于共生理论的城市圈经济一体化机理 [J]. 经济地理，2008 (03)：433 - 436.

[2] 冷志明，张合平. 基于共生理论的区域经济合作机理 [J]. 经济纵横，2007 (07)：32 - 33.

[3] 袁纯清. 共生理论——兼论小型经济 [M]. 北京：经济科学出版社，1998.

经济发展水平、资源环境等共生环境变化而不断优化进步。因此，本章将基于共生行为模式和共生组织模式，分析在时间演绎下职业教育与民营经济融合发展的共生模式演化历程。

1. 共生行为模式分析

（1）点共生模式。点共生模式是指共生单元的交互只发生在共生过程中的某一个时刻，在时间上具有一次性的特征。在此模式下，地方政府、职业院校、民营企业三个主体之间的交流合作是松散的、随机的、不稳定的。三方之间并未建立起实质性的共生关系，三方之间的合作也缺少共生意识。这种模式常出现在三方合作的初期，比如，企业在学校开展的招聘会、论坛讲座；地方政府出台的阶段性政策等。这些合作通常周期短、稳定性差，具有一次性与注重短期效益的特点。

（2）间歇式共生模式。间歇式共生模式是指共生单元的交互发生在共生过程中的一组不连续时刻，不同于点共生模式之处在于，它不是简单的次数积累，而是呈现一定规律的集合。在此模式下，地方政府、职业院校、民营企业三方之间的合作会趋于稳定，随机性下降，合作内容更加丰富，比如，企业为学校提供顶岗实习的岗位，地方政府为学校和企业双方搭建交流平台等。但这种合作从长远来看，仍然缺乏长效性与稳定性。

（3）连续性共生模式。连续性共生模式是指共生单元的交互发生在共生过程中一组连续的较长时间段内，共生关系相对稳定且具有必然性。在此模式下，地方政府、职业院校、民营企业三方将进行持续性的合作与交流，双方的合作不断深化发展，具有常态性。比如，民营企业与职业院校开展订单班人才培养、职业院校派教师深入民营企业进行专业理论培训、民营企业工程师聘入职业院校开展技能实训等。这种模式的合作具有长效性与连续性，但地方政府并未真正参与到三方的合作中，合作仅靠校企双方签订协议，缺乏一定的规范性。

（4）一体化共生模式。一体化共生模式是指共生单元间的交互，在理论上可在无限的时间内一直产生，使共生单元成为长期的共生体。这是共生组织模式的最高形态，在这个模式下，地方政府、职业院校、民营企业三方进行全方位的合作，三方之间的共生关系稳定且必然，比如，校企共建协同创新中心、产业学院等合作模式就是典型的一体化共生。同时，共生单元三方权责明确，其中，地方政府负责统筹规划、宏观调控，做好职业院校与民营企业的桥梁，为职业院校与民营企业提供制度与资金保障。职业院校及时把握市场需求，更新人才培养方案，为政府与企业输送优秀技术技能人才。民营企业发挥自身优势，为职业院校提供实训设备、实践基地、专业师资与就业岗位。共生单元三方各自发挥自身的优势，推动人才、政策、资金在各单元间充分交流与深度融合。因此，一体化共生是职业教育服务民营企业最理想的共生组织模式。

2. 共生组织模式分析

（1）寄生模式。寄生模式是指在整个共生模式中不产生新能量，而是一方提供能量，另一方获得能量，属于单向的能量流动。在此模式下，地方政府、职业院校和民营企业三方主体各自独立，相互隔离，只存在单向的输出与接受。比如，民营企业在毕业季在职业院校开展的招聘会。

（2）偏利共生模式。偏利共生模式会产生新的共生能量，存在双向流动但仅对其中一方有利。在此模式下，地方政府、职业院校和民营企业三方之间的合作会产生新的能量，但只会有其中一方受益。比如，一些校企合作班能帮助职业院校解决就业问题，但可能对参与其中的民营企业没有任何获利。这会导致共生单元参与感不高，失去主动性与内驱力。

（3）非对称型互惠共生模式。非对称性互惠共生模式是互惠共生模式的初级阶段，共生单元之间以分工为基础产生新能量，不同单元均能从中获利。在此模式下，地方政府、职业院校和民营企业三方通过各自的优势分工进行合作，但其付出和收益并不完全一致。比如产业学院、职业教育集团等，职业院校在参与过程中付出相对较多，而地方政府与民营企业收益相对更多。

（4）对称性互惠共生模式。对称性互惠共生模式是互惠共生模式的高级阶段，它是非对称性互惠共生模式的进一步发展，共生单元产生的新能量将在共生单元间公平分配。在此模式下，地方政府、职业院校和民营企业三方的利益分配比较平均，能有效体现互惠性与共享性，促进共生单元积极参与。比如建立合资企业、创建科技城等。它体现了共生理论中最重要的原则，即互惠互利，只有共生单元之间能够互惠互利，整个共生体系才能有效、完整、持续地运行下去。因此，对称性互惠共生模式是职业教育服务民营企业最理想的共生行为模式。

综上所述，"一体化对称性互惠共生模式"是共生体系中最理想的共生模式，也是职业教育服务民营企业这一共生体系进化的方向与终极目标。

### (三) 职业教育与民营经济融合发展的共生环境

"五螺旋理论"中提到过,"环境"作为一个新的要素加入"四螺旋理论"构成了"五螺旋理论"。无论是在生态学还是其他学科领域,环境都是开展实践活动的基本条件,共生环境是指共生单元外的一切影响因素的总和,任何共生体都会面临三种可能的外在环境,即正向环境、中性环境和反向环境。共生环境相对于共生单元与共生模式来说是外在的,具有很大的波动性和不确定性。职业教育与民营经济融合发展需要一个适宜的共生环境,这个共生环境包括政策环境、经济环境、资源环境和空间环境(见图2-1)。

(1) 政策环境。一个良好的政策环境在整个共生体系中将起到极为重要的宏观调控作用,但目前,产教融合领域的政策法规还缺乏系统化、标准化的指导。作为政策的制定者,地方政府在共生体系中起到整体统筹的作用。地方政府在制定政策的过程中,应聚焦各共生单元的急难愁盼问题,优化政策体系,完善相关法律法规,对各共生单元提供必要的人力、物力和财力支持,推动建立"上下衔接""内外配套""左右协调"的政策环境。

(2) 经济环境。在数字化转型的时代背景下,我国各产业加速结构升级,先进装备制造、生物材料、电子信息、大数据等战略性新兴产业出现高端化、规模化、集聚化的发展态势,需要更多的技术技能型人才支撑,这些都为职业院校培养复合型人才提供了方向,可促进其优化调整相关专业和人才培养模式,为整个共生体系输送更多的人才资源。

(3) 资源环境。资源环境是整个职业教育与民营经济融合发展共生体系中最重要的物质保障。地方政府、职业院校和民营企业三方在合作过程中,需要人才、资金、政策等资源的相互流通,以促进整个共生体系持续稳定地运行。

(4) 空间环境。在共生理论中,空间环境指的是不同公式单元的分布密度与区域面积。在单位区域内,共生单元分布密度越高,越容易形成共生关系,且形成的共生关系也更加稳定[①]。比如,在政府资金和政策支持下建立

---

① 闫建璋,李静. 高校与地方政府、中小学协同培养教师新机制形成机理探析——基于共生理论的视角 [J]. 当代教育科学,2018 (07):49-55.

的科技城、大学城就充分利用了空间环境,大学城内的职业院校与周边的民营企业能够充分利用空间资源建立共生关系,同时又能获得政府强有力的资金与政策保障,形成稳定、可持续的共生体系。

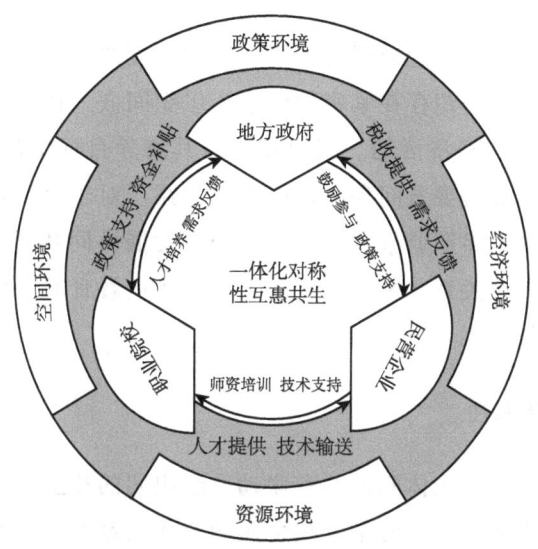

图 2-1 职业教育与民营经济融合发展的共生体系示意图

## 二、嵌入性理论下职业教育与民营经济融合发展的逻辑内涵

嵌入性理论中,职业教育与民营经济融合发展的逻辑内涵可以嵌入进"环境—组织间—双边嵌入性"的三层次框架中,其中,从宏观到微观可分别归类为职业教育行为选择受特定产业环境、行业企业组织间的背景及民营经济发展各利益相关者间的双边关系影响度。

### (一) 环境嵌入性

嵌入区域民营经济发展策略营造职业教育与民营经济共存环境。区域战略调整和产业发展环境及特性将影响组织经济活动,职业教育嵌入民营经济发展战略,既是助力民营经济实现高质量发展的重要路径,也是推动职业教育实现高质量发展的重要手段。实现职业教育与民营经济融合发展的关键是要形成一套共生系统,建立协同成员共同认可的规范体系,统筹协同体间的技术、知识、人才等的联动，保障职业教育与民营经济融合发展过程中相关利益主体的利益生产、分配等，激发各方的能动性。

### （二）组织间嵌入性

推动产教融合，建立产教联合体，形成共存模式。在经济活动中，组织与所处环境中的其他组织存在紧密的联系。组织间嵌入性主要指组织所处的社会关系网络影响其经济活动。职业教育就其培养目标定位，与区域产业、政府机构、行业企业等要素间存在协同共存关系。对于民营企业占据当地企业九成以上的地区，将职业教育嵌入民营经济发展协同共存模式，搭建共存载体，形成互惠共存关系，激发内在动力，是职业教育服务区域经济发展在行动上的必然选择。

### （三）双边嵌入性

加强学校与各行为主体间的共存联动。组织间的相互关系会影响各方的组织行为。双边嵌入性是指两个组织之间的合作关系影响其组织活动。职业院校、政府机构、企业行业等主体间相互联结，形成共生互惠的网络系统[①]。职业院校具备为民营企业提供人才培养、工匠精神传播、技术技能创新研发等优势，而民营经济发展过程中物质资源、信息资源、人力资源等又将推动职业院校在人才培养和社会服务能力方面的提升。

因此，嵌入性理论视角下职业教育与民营经济融合发展需要职业院校、政府、民营企业等协同参与，以尊重各方差异性为前提，以产教联合体、共同体等平台为载体，通过共同认可的方式达成共同目标。

## 三、三螺旋理论下职业教育与民营经济融合发展的逻辑内涵

三螺旋理论下，职业教育与民营经济融合发展的逻辑内涵可以概括为"三三交互"协同体系，即"三重螺旋、三个支撑、三种模式"。

---

① 陈建明，张理剑. 职业教育嵌入乡村振兴共生发展的研究［J］. 教育与职业，2022（14）：103－107.

## (一) 三重螺旋

三重螺旋是指政府、企业和学校三者通过协同创新和资源配合，基于共同利益交织成螺旋状结构，形成彼此联系、相互促进的动态组织模式，三方通过横向和纵向合作与交流，促进创新资源、教育资源和社会资源的不断整合。

三重螺旋中的政府是职业院校和民营企业发展的"定位器"，通过政策支持与引导，为职业院校、民营企业以及经济社会发展提供坚实保障。在三重螺旋的体系中，由于存在利益诉求和价值观的冲突，需要政府对职业院校与民营企业的发展进行评估规划，通过方向引导、资源配置等管理手段，引导职业院校和民营企业的未来走向，化解螺旋体内部的利益矛盾，从而实现"政府—民营企业—职业院校"间的良性循环。民营企业既是三方螺旋的推动者，也是受益者和利益分配者。民营企业在政府的调控下，以政策指导为前提，通过生产需求与市场投入，准确地向职业院校传递人才与技术等需求信息，决定了职业院校的专业设置、人才培养模式与办学走向。职业院校通过知识生产和创造形成知识协同，提供技术、人才与文化保障。一方面，职业院校以政府政策作为发展指导，是教育政策的执行者；另一方面，职业院校根据民营企业的发展需求，优化专业建设与培养方案，为民营企业提供技术技能人才供应保障。

## (二) 三个支撑

### 1. 创业型学院

创业型学院最早可以追溯到 1998 年美国学者伯顿·克拉克在其著作《建立创业型大学：组织上转型的途径》中的描述。如今认为创业型学院是为了培养创业型人才，实现创新教育的组织机构。创业型学院的建设和运行离不开多元主体的共同参与，几乎在所有高科技起源地都可以发现三螺旋模型中的创业型学院[1]。创业型学院发挥服务社会经济发展的技术潜力，不仅提供人力资源和研究资源，而且主动将知识运用于实际。目前，我国的创业型学

---

[1] Etzkowitz, Klofsten. The innovating region: Toward a theory of knowledge – based regional development [J]. R&D Management, 2005, 35 (03).

院以职业院校为主,通过培养创业型师资与学生,促进学术成果资本化等措施,与政府、民企互利合作,在三螺旋体系下,构建集教学、服务、创业于一体的创业型职业院校。

2. 知识型企业

三螺旋内的企业是以知识为基础的创新企业,这种知识型企业是横向价值链与纵向价值链相互作用的产物,人力资本、物质以及组织等相关因素是其存在的必备条件①。知识型企业与传统企业最大的区别在于把知识作为企业生产过程中最为重要的生产要素,对知识管理和体系的建设要求较高。对于民营企业而言,只有在发展的前期阶段就重视知识体系的建设,全面提升企业的知识管理水平,才能保证企业长久的生命力。

3. 创新型政府

传统的政府以自上而下的组织方式体现绝对权威,企业和学校只是政府的配角。但在三螺旋体系中,创新型政府最大的特点就是简政放权,即避免过度干预,给职业院校与民营企业让出空间,以间接创新的形式,构建激励创新的机制,营造保护创新的环境。创新型政府在实施过程中需要强调无为之手,尊重经济发展规律;善用帮助之手,减轻企业与院校的压力;约束掠夺之手,弱化行政干预职能。在三螺旋体系中,为民营企业与职业院校间人才的边界流动提供支持保障,促进跨领域创新模式的成型。

(三)三种模式

1. 知识主导型

知识主导型模式是职业院校基于专业群优势,形成以学校为主导,政府、企业多方协同的螺旋体系。这种模式有三个特点:一是体系以学校为主导;二是强调人才培养与专业建设;三是监督体系现代化。在知识主导型的初级阶段,职业院校通过对接民营企业发展,开展企业所需的技能培训、技术开发等活动,打下协同办学的知识基础;中级阶段,职业院校通过丰富的专业群知识,与民营企业、政府一起协同发展,解决存在的问题,逐渐打破各维度的界限,知识主导型的三螺旋体系开始形成;高级阶段,职业院校根据民

---

① 孙云志. 多元共治视域下我国高职院校产教融合发展研究[D]. 南京师范大学,2021.

营企业对人才和技术的反馈，调整人才与专业培养模式，政府也根据最新的发展情况更新保障手段，最终形成以知识为主导的螺旋体系。

2. 生产主导型

生产主导型是以企业为主导，通过与政府、学校间存在的技能供需和利益分配关系，构成紧密联系的螺旋共同体。它保障了民营企业的主导地位，提升了民营企业话语权，增强了企业参与合作的主动性。此模式的初级阶段和中级阶段，需要民营企业与职业院校之间有长久的合作历史和深厚的合作基础，职业院校能够为民营企业提供较为丰富的知识与创新基础。高级阶段，由于校企政三方的利益分配关系，需要构建共同平台实现人才与技术的共享，职业院校和民营企业通过共同平台实现人才、技术、文化的转移与交流，政府居中协调串联，如以大型民营企业为主导的产业学院，能将学校的技术与人才转移到企业，服务于企业新技术的研发，并能充分运用大型民企拥有的技术工艺、财力资本等资源，保证企业的参与性，实现校企政三方权利的平等分配，形成生产主导型的三螺旋体系。

3. 政策主导型

政策主导型是以政府为主导协同办学，企业和学校共同参与，形成多方参与、民主集中的三螺旋体系。此模式的初级阶段，政府应带动职业院校与民营企业达成办学共识，为三方合作提供场所，制订计划以应对冲突或危机；中级阶段，政府需要保障职业院校与民营企业的职责权利，明确职业院校与民营企业的功能定位：职业院校根据合作企业调整专业设置方向和人才培养模式，民营企业通过优化组织结构提高知识的转化效率；高级阶段，政府应构建与完善法律保护，介入职业院校与民营企业的内部治理，协调处理双方的利益冲突，保证体系结构的稳定性。

因此，三螺旋理论下职业教育与民营经济融合发展的逻辑内涵需要政府、职业院校和民营企业协同作用，将以政府为主导的政策链、职业院校为主导的知识链、民营企业为主导的产业链有机地螺旋耦合起来。政府、职业院校、民营企业多元参与主体，在发挥各自职责功能的同时协同共进，打破各自边界壁垒，通过初级、中级、高级三个阶段不断地升华发展，构筑"企业研究—政府扶持—学校培养"的职业教育与民营经济融合发展新格局，形成"政府—职业院校—民营企业"协同耦合三三交互的三螺旋人才培养模式，使职业教育与民营经济融合发展的螺旋体系不断上升,向更高形态演化,最终形成"1+1+1>3"的协同态势(见图2-2)。

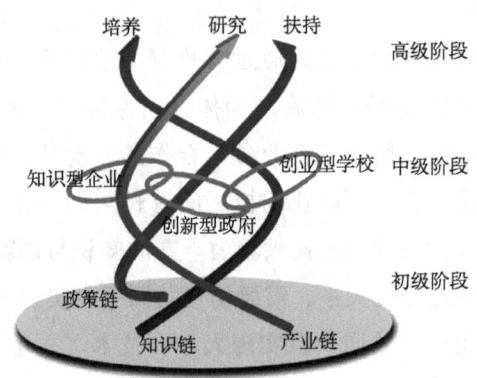

图2-2 职业教育与民营经济融合发展的三三交互模式基本架构

## 四、主要结论

在共生理论、嵌入性理论和三螺旋理论中,职业教育与民营经济融合发展都离不开政府、职业院校和行业企业间的相互联动共同发展。职业教育的发展脱离不了"职业性""区域性"的标签,民营企业的发展离不开人才、技术的支持,因此,政府要发挥沟通、监督保障作用,营造职业教育与民营经济融合发展的环境,助力经济发展,推进共同富裕。

### (一)政府层面

1. 发挥引领和规范作用,营造融合发展环境。一是要发挥政府"指挥棒"作用,充分意识到职业教育与地方经济的关联,职业教育与产业的相互衔接有助于产业的调整与转型,一定程度上也促进了产业价值提升与创新。二是要发挥"纽带"作用,构建校企合作的评价保障体系,以政策为引领,统筹协调,实现各方利益的平衡,提高职业教育与民营经济的耦合度。

2. 营造正确的舆论导向。目前,社会大众对职业教育的认识仍存在片面化,普遍认为职业教育较普通教育地位低,职业发展前景有限,薪资待遇较差。因此,应支持职业院校开展职业教育咨询活动,加强学生和家长对职业教育的认知和了解。同时，鼓励在职业教育中融入本地文化相关内容，提高学生对本地文化的认同感，融入本地生活，留住人才。

### （二）职业院校层面

1. 优化专业布局，健全评价机制。围绕区域优势产业与新兴专业动态调整专业布局，适应当地发展对人才的需求。构建多元开放的评价机制，在保障教学质量的基础上提倡引入外部评价、企业评价等，通过数字化管理收集数据动态监管分析，最后形成客观、开放、多角度的反馈。

2. 积极开展校企合作，推进产教融合。一是要积极推进实训基地建设，创造实践教学环境，满足学生实训学习和企业员工技能培训需要。二是要鼓励学校与企业师资人才互通。鼓励教师到企业中实践锻炼；聘用企业能工巧匠到学校传授技能，校企应明确下企教师与兼职教师流动过程中的薪酬管理，增强校企互动积极性。三是邀请企业共同参与到人才培养中，通过人才需求和企业需求的双视角共同开发教学课程、教材等。

### （三）企业层面

1. 积极参与举办职业教育。民营企业参与职业教育办学既是一种前置投资，也是社会责任感的体现，还是人文情怀的延伸。民营企业参与职业教育中，既可以彰显自身品牌和技术，也可以通过职业院校培养企业发展所需要的高素质技术技能人才。与学校共建共管共享产业学院，选派技术人才常驻产业学院，通过实训与生产相结合的方式，完成人才培养与生产的共赢。

2. 深度参与校企合作。民营企业要积极参与产教联盟、产教联合体的构建。一方面，企业深度参与校企合作是对职业院校办学与改革的有力支持，是产教融合发展型城市的重要体现；另一方面，企业深度参与校企合作可以增强人才吸引力，同时便于开展员工培训从而提升员工整体素质。

总之，职业教育与民营经济融合发展是一个复杂的过程，既需要适应所处环境，也需要在尊重各方差异的基础上共寻目标及解决方式。因此，营造职业教育与民营经济共生环境，促进各主体间的松散耦合和联动，有利于不断深化职业教育与民营经济融合发展。

# 第三章　职业教育与民营经济融合发展的效能评价指标设计依据

## 第一节　职业教育与民营经济融合发展的理论基础

### 一、职业教育与民营经济融合发展的价值取向

#### （一）职业教育与民营经济融合发展的性质及其价值属性

开展职业教育与民营经济融合发展的价值探讨，首要任务是明确这两者融合发展的本质，并解读其背后的价值特征。

1. 职业教育与民营经济融合发展的性质

民营经济是中国经济增长的关键驱动力，也是推动经济高质量发展及构建中国特色现代化的关键组成部分。习近平强调，民营经济是我们党长期执政、团结带领全国人民实现"两个一百年"的奋斗目标和中华民族伟大复兴中国梦的重要力量[①]。在当下经济格局中，民营企业在各个领域展现出强大活力，从科技创新前沿到传统制造业升级，从新兴服务业态崛起至乡村振兴产业发展，民营经济的身影无处不在，为国家经济增长注入源源不断动力。

而职业教育是最直接地联系经济的教育形式，特别是在民营领域中，它不仅向民营企业提供了大量的科技技能人员，而且对于国家产业结构优化起到至关重要的影响。职业教育与民营经济的关联始于职业教育与民营经济的

---

① 徐丹丹. 民营经济是推进中国式现代化的生力军[N]. 经济日报，2024-01-02.

诞生之时，并在随后的成长过程中逐渐演变。

职业教育的特性可被划分成四个等级。首先是最基本的社会属性的层次，这是指职业教育的范围，它扎根于社会需求的土壤，广泛覆盖不同行业领域，为社会经济发展提供全方位的人才支撑。其次是在具体体现职业教育核心冲突的层面，包括了生产的实用性、职业化及行业特征，职业教育需要在满足企业当下生产实际需求的同时，兼顾学生长期职业发展，还要紧跟行业动态变化。再次就是关于它的效用和功用的层次，这涉及适应性、中立性和多元性，职业教育需要灵活适应不同地区、不同产业、不同企业的多样化需求，且在人才培养过程中保持客观中立，提供多元的发展路径。最后则是它起始和终结的地方，也就是公众和平民化的特点，职业教育面向大众开放，致力于提升全民职业素养，促进社会公平与阶层流动。

由于社会的变迁、教学条件的不同，职业教育与民营经济之间的关系也在不断地变动，处于不同的级别上，并且显示出从一级向四级逐步提升的现象。例如，早期职业教育可能更多停留在满足企业基础用工需求的社会属性层面，随着社会发展，逐渐深入到与企业共同制订人才培养方案，体现生产实用性、职业化及行业特征。至此，职业教育与民营经济的结合应该包含着职业教育的一级到四级的各种特质，而且更加丰富和复杂。这种结合还应该是内在的，源于职业教育逻辑发展的实际需求和必要性，主要是为了减少对职业教育效果和功能产生不利影响的因素，诸如教育与产业需求脱节、人才培养质量无法满足企业期待等。

职业教育与民营经济的深入整合，不能由单一的参与者来决定或挑选。因此，要实现职业教育与民营经济的深层次融合，就需要多个参与者的积极配合和支持，并按照它们的发展规律去执行，这样才可以在满足职业教育逻辑发展的范围内有效地推进。以温台地区为例，当地政府积极搭建平台，促进职业院校与企业深度合作，成立温台产教融合联盟，院校依据企业需求调整专业设置、优化课程内容，企业则为院校提供实习实训基地、参与教学过程，实现了两地职业教育资源互利、共享，切实提升了温台地区职业教育综合发展实力，为推动产业转型升级、经济高质量发展贡献了力量，这正是多方协同推进融合发展的生动实践。

2. 职业教育与民营经济融合发展的价值属性

职业教育与民营经济的结合，并非只是职业教育被动地参与到民办企业的发展过程中去，而是一种主观价值观的具体实践行为——这种理念通过实际操作与规范的形式展现出职业教育与民营经济的力量来推动这一过程的发生、演变乃至深化。

事实上，自职业教育起源以来，就已经形成了"产业－教学"之间的联系纽带，伴随着民营经济的持续壮大并在市场的角逐中日益崛起，两者间的关联开始逐步加深细化，同时它们的内核也在不断地发生着转变[①]。当前，在职业教育和民营经济融合发展的过程中，形成了主体的多元化，也带来了行为取向的多样。所以，在职业教育的整合发展中，它的多层次价值观有着丰富的内涵。其中两种主要的价值观分别是基于公益性和非公益性的选择，这反映了它们在实际应用中的特殊属性，它们既是对抗又是互补的关系。

公益性始终被视为教育界的主要价值观，也被认为是在产业界更高层面的社会价值和社会目标，同时，也是产业界实现非公益性价值的基础和前提。职业教育通过培养大量高素质技能人才，提升了整个社会的劳动生产率，促进了产业结构优化升级，推动了区域经济协调发展，这体现了其公益性价值。例如，一些职业院校为贫困地区学生提供免费技能培训，帮助他们掌握一技之长，实现脱贫致富，从根本上提升社会整体福祉。而企业参与职业教育，在一定程度上也是为了履行社会责任，提升企业社会形象。

非公益性价值则更多体现在企业追求经济效益的过程中。企业通过与职业教育合作，获得符合自身需求的定制化人才，减少人才招聘与培训成本，从而提高生产效率，增强市场竞争力。职业院校也能通过与企业合作，获取资金、设备、技术等资源，改善办学条件，提升教育质量，促进自身发展。比如，企业与院校共建产业学院，企业投入资金与设备，院校提供教学场地与师资，共同开展人才培养与技术研发，实现互利共赢。

它们的对抗在于它们有不同的性质，总是会产生矛盾和冲突；然而，它们的协调则源于尽管它们的起始点有所区别，但在推进职业教育高质量发展的过程中，它们却是紧密相连的，并且在目标和方向上有一定的共通之处。所以在职业教育和民营经济的融合发展中，对于这种双重的价值观念，我们

---

① 李青山. 推动职业院校与民营企业深度融合发展研究［J］. 教育与职业，2022（24）：26－32.

需要根据其特定的价值特性及其历史演变规律来作出正确的决策,以确保两者能够和谐地共同前进。

## (二) 职业教育与民营经济融合发展过程中主体的公益性行为取向

有效地解决职业教育和民营经济融合发展过程中各利益相关者之间的复杂利害关系,建立更高层次的"产业－教育"联合体,确定各方利益相关的行动权力和相应的保护机制及策略,向各个利益相关者提供理性的行动指导,减少利益纷争的可能性,确保工作流程有条不紊,这是现代职业教育体系改革的重要内容。

### 1. 职业教育与民营经济融合发展的公益性价值

教育的公益性体现在它的全民性和共享特性上,这使它成为一项对所有人都有益的服务(即公共物品或服务),并具备整体性、普遍性、公平性和公共属性等特点。职业教育作为教育体系的重要组成部分,本质上就代表着社会福利。当职业教育和民营经济结合时,由于参与者众多,其行动的利益导向必然是多元且复杂的。但推进职业教育与民营经济融合发展是职业教育范畴中的行为,它不可能完全脱离职业教育公益性要求。从长远角度看,该举措能促进职业教育公益性价值的产生。因此,公益性是职业教育与民营经济融合发展所处环境的原始要求。在现代职业教育中,我们需要理解和处理复杂的利益关系以及多元化的需求。同时,我们也需要明确主体行为的公益责任和义务,并不断优化融合发展的制度规范,以便使主体行为目标的选择和追求能够达到最高水平。

职业教育与民营经济融合发展的公益性价值具有多方面体现。一方面,它有助于提升社会劳动力素质,促进就业公平。通过融合发展,职业教育能够为不同阶层、不同背景的人群提供平等接受职业技能培训的机会,使他们掌握一技之长,从而在就业市场上获得更多公平竞争的机会,减少因教育资源不均衡导致的就业差距,推动社会就业结构的优化与公平。另一方面,这种融合对产业结构优化升级有着积极的推动作用。职业教育能够紧密对接民营经济中各产业的需求,为其输送大量适配的专业技术人才,加速产业从传统模式向高端化、智能化、绿色化转型,提升产业整体竞争力,促进区域经济协调发展,从宏观层面实现社会资源的合理配置与高效利用,这无疑是公益性价值在经济领域的重要彰显。

## 2. 主体的公益性行为及其制度保障

政府、职业院校、行业组织和民营企业等主体是职业教育与民营经济融合发展的关键参与者。

一是政府。自始至终,政府一直在主动地为职业教育中的产教融合工作努力。在计划经济时期,政府负责统筹安排学校设施并保证各类学校的平等使用权限;同时实行人才分派式的工作方式以满足社会需求。然而,随着市场的形成及经济发展模式的变化,这种完全依赖公家力量的教育形式已不再适用。为了顺应当前的社会变迁和社会进步的需求,民营经济也加入这个领域中来共同合作完成这一任务。此时,政府除了继续担任领导者的角色之外,还需主动引导非政府部门参与职业教育办学。为此,政府通过出台相应的法律法规、管理制度、保障制度和教育制度等,如《国家职业教育改革实施方案》《关于推动现代职业教育高质量发展的意见》《中华人民共和国职业教育法》《关于深化现代职业教育体系建设改革的意见》等,确保各方参与主体的权力。随着经济结构转型和产业结构升级,职业教育中产教融合关系受到了各界的关注,尤其是职业教育与民营经济的融合发展,对政府在其中的作用提出了更高的要求。此时,政府主要为应对双方在融合发展过程中出现的问题开展工作,为制定行而有效的职业教育与民营经济融合发展的政策而不断努力。

政府的公益性行为还体现在资金投入与资源调配方面。政府持续加大对职业教育的财政投入,改善职业院校的办学条件,建设现代化的实训基地、更新教学设备等,为学生提供优质的学习环境。同时,通过政策引导,促使公共资源向职业教育与民营经济融合发展的项目倾斜,例如,协调科研机构与职业院校、民营企业开展联合科研攻关,共享科研成果,提升产业技术创新能力,这一系列举措都充分体现了政府以公共利益为出发点,服务于职业教育与民营经济发展的需要。

二是职业院校。作为职业教育的核心机构,职业院校的主要任务在于培养满足社会需求的技术技能型人才,这无疑具有显著的社会效益,体现了公益性。在与民营经济融合发展的过程中,职业院校对于关系的优劣反应最为敏锐,并有着强烈推动产教深度融合的需求。为了使两者之间的联系更加紧密,职业院校主动担负起推动产教关系前进的责任,积极开展校企合作、工学结合等多种活动,在专业设置、课程体系建设、人才培养模式等方面与民营企业展开合作。

职业院校在融入民营经济领域的过程中展现出责任担当、服务意识、需求导向和主动作为的鲜明特质。它们的主要使命和责任是在用好国家政策的前提下，维护与民营企业的友好关系，搭建好"两翼"平台，为双方的融合发展提供重要的实现载体。例如，许多职业院校根据民营企业的岗位需求，动态调整专业设置，开设新兴产业相关专业，淘汰落后专业，确保专业设置与市场需求紧密对接；在课程体系建设上，引入企业实际项目案例，将企业的新技术、新工艺、新规范融入课程内容，使学生所学知识与技能能够直接应用于企业生产实践；在人才培养模式上，推行现代学徒制、订单班等培养模式，学生在学校学习理论知识，在企业进行实践操作，实现学习与就业的无缝衔接。通过这些措施，职业院校不仅为民营企业输送了大量高素质技术技能人才，也为社会培养了适应经济发展需求的应用型人才，有力地推动了社会经济的发展，彰显了其公益性价值。

三是行业协会。行业协会一般为非营利机构，与职业教育始终存在着千丝万缕的联系。自职业教育诞生之时，行业协会便致力于推动技术领域的专业知识以满足产业的需求变化。早在 2002 年，《国务院关于大力发展职业教育的决定》中，就明确规定了行业协会活动范围，如参与制订行业特有工种职业资格标准、职业技能鉴定和证书颁发工作，参与制订培训机构资质标准和从业人员资格标准，参与国家对职业院校的教育教学评估和相关管理工作。

行业协会在促进职业教育与民营经济深度合作方面发挥着独特的公益性作用。它们凭借对行业的深入了解和广泛的企业资源，搭建起职业院校与民营企业沟通交流的桥梁。通过组织行业研讨会、技能竞赛、人才供需对接会等活动，促进行业内信息共享与经验交流，推动企业与院校在人才培养、技术研发等方面的合作。在制订行业标准过程中，行业协会充分考虑职业教育的人才培养规格，将行业最新技术要求和职业素养标准融入其中，引导职业院校调整教学内容和人才培养方向，确保培养出的学生能够符合行业发展需求，为行业的可持续发展提供人才支撑，其行为的公益性取向显而易见。

四是民营企业。民营企业在职业教育中扮演着重要的角色，既是举办者、投资者、消费者、服务者、合作者，在这一过程中，缓解了政府投资压力，提供了就业和机会，推动了职业教育的发展，促进了生产力和竞争力的提高，也为教学内容的更新提供了支持。随着市场经济的建立，民营企业得以发展和壮大，其社会责任感和回馈社会的意识也逐渐增强，愿意作为投资者和合作者积极参与职业教育办学，为职业教育与民营经济融合发展提供较好的产业环境。

一些大型民营企业通过设立教育基金，资助职业院校贫困学生完成学业，为优秀学生提供奖学金，激励他们努力学习专业技能；通过与职业院校共建产业学院、实训基地，投入资金、设备与技术，参与院校的人才培养全过程，从专业规划、课程开发、教学实施到实习就业，全方位深度参与，使院校培养的人才更贴合企业实际需求，同时也为学生提供了更多实习与就业机会；还有部分民营企业积极参与职业教育师资培训，安排企业技术骨干到院校授课，分享企业实际工作经验与最新技术应用，提升教师实践教学能力，助力职业院校师资队伍建设。这些行为不仅有助于企业自身的人才储备与长远发展，更对整个职业教育生态的优化和社会人才培养体系的完善起到了积极的推动作用，充分体现了民营企业在职业教育与民营经济融合发展中的公益性贡献。

### （三）职业教育与民营经济融合发展过程中主体的非公益性行为取向

在职业教育和民营经济融合发展的过程中，主体行为不仅具备内在的公益性，也包含满足自身发展需求或者过程性行动所带来的非公益性。其中，以营利为目标的民营企业的非公益性表现最为突出。

#### 1. 主体非公益性行为的内涵

相对于公益性而言，非公益性是一个对应的概念。通常情况下，公益性行为旨在产生广泛的社会效果，往往覆盖较大的领域，具有较大影响力，持续时间久，且深度影响着人们的生活。相比之下，非公益性行为的涵盖范围小，影响力也相应减弱。总的来看，任何违背公益性导向的行为都可以被视为非公益性行为。

在职业教育与民营经济融合发展的过程中，各个参与者会根据他们所处的社会网络地位及主要责任来选择最佳的工作方法。例如，由于受到某种环境因素的约束，政府或职业院校可能会采用它们自认的最合适的策略，忽略或无视原本应该承担的社会义务和社会角色，从而使公益性行为在整合中受到削弱，或者使最终的结果与其初始目标产生误差，进而放慢融合的发展步伐，同时降低活动的效益和品质。所有这些都会对行为的公益性结果造成影响，甚至导致公益性的缺失，因此应当将其归类于非公益性范围。

以某地区政府为例，在推动职业教育与民营经济融合发展项目时，为了追求短期政绩，将大量资金投入建设豪华的职业教育园区外观上，却忽视了对园区内教学设备更新、师资队伍建设等关键环节的投入，导致职业院校培养出的学生无法满足民营企业实际需求，未能实现提升区域职业教育质量、促进产业升级的初衷，这一行为便偏离了公益性导向，属于非公益性行为。

此外，由于以营利为目的的民营企业是产业链的重要组成部分，它们的生存和发展是促进产业发展的重要基础。本质而言，它们没有责任和义务去承担职业教育的工作，它们的主要行为取向并非出于公益性，而是为了追求利润。当职业教育与民营经济融合发展时，民营企业可能为了满足自身的某种需求而与职业教育展开合作，这种旨在实现自身或团体利益的互动应该被视为非公益性行为。比如，部分民营企业与职业院校合作开展订单班，表面上是为院校提供实习岗位、参与教学，但其主要目的是以较低成本获取一批熟练劳动力，解决企业短期用工荒问题，而对于学生长期职业发展规划、综合素质提升等方面投入较少，这明显体现了其非公益性行为特征。

2. 主体非公益性行为的合理性及其制度保障

如果在职业教育与民营经济融合发展过程中主体的非公益性行为无法被消除，就说明其存在有一定的合理性。首先，政府所有的行为都应是公益性的，然而实际操作和预期目标之间会存在一定差距。如教育质量是职业教育公益性价值的核心内容，政府提倡职业教育与民营经济融合发展的主要目的也是提高职业教育的质量。但在融合发展过程中，政府所要扮演的规划、监督、管理服务、投资等角色却并没有到位，其中有政府自身的原因，也有受职业教育历史发展逻辑影响的原因。政府真正角色的转换不仅依赖于自我能力的改进，还需要社会各界的大力支持协作。其次，民营企业作为经济活动的主体，企业的经济利益是最重要的，大多数民营企业参与职业教育办学也是以此为基础。所以在这个背景下很难完全规避民营企业的非公益性行为。例如，一些小型民营企业自身资金有限，在参与职业教育合作时，首要考虑的是如何通过合作降低企业人力成本、获取即时可用的技术人才，以维持企业生存与发展，这种基于经济利益驱动的非公益性行为在一定程度上是符合企业发展逻辑的。

在我国体制框架内，市场本位的政策为职业教育与民营经济融合发展过程中主体的非公益行为提供了合乎逻辑的依据。伴随着《中国教育改革和发展纲要》的发布，国家政策层面上明确地转向教育系统内的市场或非公益性行为取向。随后，《中华人民共和国职业教育法》的实施使教育领域的市场导向变得具有合法性，政府、职业院校及民营企业的关系及合作方式也发生了重大转变。政府对职业教育的投资有所下降，而民营企业对于职业教育发展的公益性价值逐渐被弱化、非公益性价值逐渐彰显。此外，《中华人民共和国职业教育法》积极引入市场机制，使职业教育相关主体的非公益性行为得到合理且合法的支持。同时也在职业教育实践中出现了越来越多的旨在营利的办学行为，这些非公益性行为在法律许可的范围之内都会受到保护。例如，一些民办职业培训机构在法律允许的范围内，以市场化运营模式，通过收取学费、提供特定技能培训服务来获取利润，为企业和社会输送专业人才，这种办学行为虽然具有非公益性的营利目的，但在法律框架内是被认可的，并且在一定程度上补充了职业教育资源，满足了市场多样化的职业技能培训需求。

## 二、职业教育与民营经济融合发展的理论研究

### (一) 职业教育与民营经济融合发展的特点

国内外已经形成了一系列关于产教结合、校企合作的典型。国外比较成功的有：德国的双元制，在这种模式下，学生一部分时间在企业进行实践操作培训，另一部分时间在职业学校学习理论知识，企业与学校紧密协作，共同培养出适应产业需求的专业人才；美国的"合作教育"策略，强调学校与企业合作，学生通过交替进行课堂学习与企业实习，将理论知识应用于实践；英国的工学交替，学生在学校学习和企业工作之间交替进行，实现理论与实践的有机结合。而在我国，也有诸如"学院 + 科技园""专业 + 大型公司""专业 + 领军企业 + 产业联盟""专业 + 学校创办的企业""专业 + 行业协会"等多种形式的校企合作实践。

尽管这些案例都有助于推动职业教育的进步发展并深化产教融合，但主要侧重于产、学结合，结合的内容既没有达到"产教融合"的广度，也没有

体现职业教育的高度和校企合作的深度,自然不能达到"产教融合"的理想效果,其成功经验也不易被广泛应用或复用。为适应市场经济中产业结构的不断调整和变化,职业教育与民营经济的融合发展势不可挡,且必须是多方主体活动特点的融合和体现,并具有新的特质和功能。

1. 多功能复合型的融合

多元化发展是民营经济的主要趋势。为了适应民营经济的发展需求,多元融合成为职业教育与民营经济融合发展的一种重要发展战略。这种融合超越了传统的一对一或者双向协作的限制,从产、学、研等多个方面进行全面、深入的合作,整合后的组织兼具生产、教学及研发的特性,不仅自身是生产的主体,具有民营企业创造经济效益的功能,而且能提供产业发展需要的专业技术人才,为产业的可持续发展提供源源不断的智力支持。

以某职业院校与一家民营科技企业合作建立的产业学院为例,该产业学院一方面依托企业的先进技术和设备,开展实际产品的生产制造,创造经济价值;另一方面,学院根据企业岗位需求设置专业课程,安排教师授课,培养符合企业需求的专业技术人才。同时,学院还组建科研团队,针对企业生产过程中的技术难题以及行业前沿技术进行研究,研发成果既应用于企业生产,提升企业竞争力,又为学校教育内容的更新提供最前沿的信息资源,保证了教育与时俱进。教学为生产和研发提供人才储备,生产为教学和研发提供实践场景和资金支持,研发则推动教学内容更新和生产技术升级,三者融合在一起,形成一个良性的循环体系,开展教学、科研、生产等服务活动,在促进内部发展的同时,不断向外辐射,发挥其更大的社会效应和作用。

2. 需求导向的融合

在职业教育与民营经济融合发展的过程中,搞形式、走过场、学校"一头热"的现象并不少见。这些问题的根源在于,许多民营企业迫于政策的压力或是学校的单方意愿,在未找到彼此合作的需求点时,就开始盲目地实施形式化的校企合作,结果是双方都未能从中得到想要的效果,反而是花费了大量的时间、精力,这种形式合作最后的结果往往是"轰轰烈烈开始、冷冷清清闲置"。

例如,某职业院校为了响应政策号召,与多家民营企业签订合作协议,但在合作过程中,没有深入了解企业的实际需求,只是简单地安排学生去企业实习，企业也没有投入过多精力对学生进行指导和培养，导致学生实习效果不佳，企业也没有从合作中获得合适的人才，最终合作无疾而终。

真正意义上实现职业教育与民营经济的融合发展，需求是其开展活动的重要影响因素。它必须以民营企业、职业院校和相关合作部门的需求为前提，即依据市场动态发展趋势，明确市场的供需状况，确定各自的实际需求，寻求利益结合点开展相关合作。在满足自身需求的同时，能为市场的供需平衡作出一定贡献，并且也能根据供需平衡的变化，调整自己的需求发展战略。这样不仅解决了合作的随意性、被动性问题，同时也提高了合作主体的积极性、主动性。

3. 多主体管理的融合

市场主体是指在市场中执行经济活动，享有权益和承担责任的个人或机构。具体来说，这些个人或机构拥有自身的经济利益和财产，并且能够享受民事权益和承担民事责任，可以进行市场交易。职业教育与民营经济的融合就是一个重新确立组织主体地位的过程，也是在市场经济条件下产教对接活动获得法治保障的基础。

在职业教育与民营经济融合发展中，职业院校、民营企业、政府、行业协会等分工合作，共同管理。在开展任何活动之前，都应明确各自的权利和义务，并对其后果承担最终的法律责任。例如，政府在政策制定、资金支持、宏观规划等方面发挥主导作用；职业院校负责人才培养方案的制订、教学实施以及学生管理等工作；民营企业提供实践岗位、参与教学内容设计、反馈行业需求等；行业协会则在行业标准制订、企业与院校沟通协调、行业信息共享等方面发挥桥梁作用。

这样不仅可以增强企事业单位对此项工作的责任意识，发挥其主人翁作用，也可以让学校和合作的民营企业在此项活动中的管理工作更为合法、有序，避免管理工作的零乱性。

4. 产业化的融合

产业化指的是一种商业模式，是在市场经济条件下，以行业需求为导向，以实现效益为目标，依靠专业服务、质量管理，形成的系列化、品牌化的经营方式和组织形式。它的主要特点包括：对市场有针对性地适应；利用行业优势；规模经营；专业分工；相关行业配合；龙头企业引领；实行市场化的运行机制。

因此,产业化的产教融合是一种面向市场需求的融合,致力于新质生产力发展,通过产、学、研三方的做大做强、分工合作,创造出良好的市场发展前景,强化竞争优势,塑造自身品牌。例如,在某地区的新能源汽车产业中,职业院校与多家民营企业以及相关科研机构合作,形成了从人才培养、技术研发到产品生产的完整产业链。职业院校根据企业需求开设新能源汽车相关专业,培养专业技术人才;企业加大研发投入,提升产品性能和质量;科研机构则专注于前沿技术研究,为产业发展提供技术支撑。各方通过紧密合作,形成规模效应,吸引了更多的企业和院校加入,构建了产教融合生态圈,形成良性循环。

而对于不符合市场需求的项目,如某些传统专业和落后技术,遵循市场进退机制,及时终止不必要的投入,避免融合发展过程中机制的片面性。

### (二)职业教育与民营经济融合发展的意义

坚定不移地走产教融合、校企合作之路,加快构建职业教育与民营经济相互促进、同频共振的命运共同体是新时代赋予我们的新使命、新任务。

**1. 职业教育与民营经济的融合发展是新质生产力发展的需要**

产业转型对促进经济高质量发展至关重要。作为民营经济大省的浙江省全面落实中央经济工作会议精神,坚持"两个毫不动摇",不断优化民营企业发展环境、促进民营经济发展壮大。近年来,浙江先后出台《浙江省促进中小微企业发展条例》《浙江省优化营商环境条例》等一系列相关法律法规,开展涉营商环境法规制度"立改废释"等工作,废止、修改规章20件,清理规范行政规范性文件2379件,努力为民营企业发展创造稳定、公平、透明、可预期的环境。

民营经济不仅是浙江的最大特色、最大优势和最大资源,还是浙江经济发展的主力军。截至2023年年底,民营经济创造了67.2%的生产总值、71.7%的税收、80.2%的进出口、87.5%的就业机会和96.9%的市场经营主体。浙江民营企业500强数量连续25年居全国首位。

面对浙江"中国式现代化的先行者"新定位、"谱写中国式现代化浙江新篇章"新使命,全省民营企业聚焦先进制造业、数字经济、现代服务业、现代农业,深化改革、扩大开放,积极探索科技创新、产业创新、发展方式创新、体制机制创新、人才工作机制创新有效路径，全力打造发展新质生产力最优生态。

推动职业院校和民营企业深化产教融合、校企合作，从微观上说，可以紧盯民营企业产业链条、市场信号、技术前沿、人才需求，将新技术、新工艺、新规范等产业最新元素纳入教学标准和教学内容，使生产与教学相融合，让教育界、企业界为推动技能养成与产业发展而进行合作实践。例如，在杭州的数字经济产业中，职业院校与众多互联网企业合作，根据企业对人工智能、大数据等领域的人才需求，及时调整课程设置，引入企业实际项目进行教学，培养出一批批适应行业发展的专业人才。

从宏观上说，可以围绕产业和区域发展战略，紧密对接产业升级和技术变革趋势，统筹职业教育资源布局和专业设置，促使区域产业系统与区域教育系统相互融合，形成紧密对接产业链、创新链的专业体系，做到以产业引导专业建设、以专业建设服务行业发展。如在宁波的制造业产业集群中，当地职业院校根据产业发展需求，重点建设了智能制造、新能源汽车制造等专业群，为当地制造业的转型升级提供了有力的人才支撑。

2. 职业教育与民营经济的融合发展是民营企业技能人才供给的需要

技术技能人才是民营企业发展的重要支撑，职业院校是高素质技术技能人才培养的"新高地"。习近平总书记在党的二十大报告中明确"教育、科技、人才是全面建设社会主义现代化国家的基础性、战略性支撑"。

浙江省在加快培养高素质技能人才方面加大力度，提出到2035年，浙江高技能人才数量、结构与经济社会发展需求基本匹配，高技能人才总量达800万以上，占技能人才比例超过40%，基本建成社会崇尚技能、人人享有技能的技能型社会。

然而，伴随着民营企业在高端装备制造、数字经济、新能源汽车等战略性新兴产业的发展壮大和传统产业的转型升级，其对技术技能人才的整体数量和质量需求显著增加，目前，高素质技术技能人才培养总体上还不能完全满足浙江经济快速增长以及新质生产力发展的要求。

围绕"立德树人"与"高素质技术技能人才"的契合点，只有走民营企业与职业院校产教融合、校企合作的发展之路，积极开展订单式培养、菜单式培训、校中厂、厂中校、中国特色学徒制、现场工程师培养、县域产业学院等，职业院校才能为民营企业提供源源不断的人力资源，职业院校学生才能通过这些实践活动掌握一线技能,从而提高岗位适应能力;民营企业才能招到真正有用的人才,从而实现技术传承和技术创新,最终使整个社会营造出"人人学习技能、人人拥有技能"的良好氛围。

例如,在嘉兴的一家高端装备制造企业,通过与当地职业院校开展订单式培养,企业参与学校人才培养方案的制订,学生在校期间不仅学习理论知识,还定期到企业进行实习实训,毕业后直接进入企业工作,实现了人才培养与企业需求的无缝对接。企业通过这种方式,获得了大量高素质技术技能人才,推动了企业的技术创新和发展;学生也通过实践锻炼,提升了自身的职业技能和就业竞争力。

3. 职业教育与民营经济的融合发展是职业教育高质量发展的需要

产教融合、校企合作是职业院校的基本办学模式,只有解决好产教融合、校企合作问题,才能真正破解职业教育改革发展的难题。习近平总书记曾多次强调,要坚持产教融合、校企合作,以促进中国特色职业教育体系的建设。

党的十八大以来,国家陆续出台了许多重要政策,不断优化完善产教融合顶层设计。《中华人民共和国职业教育法》将"职业教育坚持产教融合、校企合作"写入总则,让产教融合"有法可依",加强了职业教育的整体性和系统性政策供给,产教融合已然成为国家战略。

浙江省委、省政府积极贯彻落实习近平总书记关于职业教育工作的重要指示,将职业教育作为重要的发展工程和民生工程来抓,推动浙江职教事业不断取得新进展、新成效。作为中国民营经济发祥地、股份合作经济发源地的浙江台州,全市的民营企业占据了企业总数的99.5%,曾被评为中国民营经济最具活力城市、中国民营经济最具影响力城市。

近年来,台州开展了混合所有制办学试点32个,形成了"政府+民营企业""二级学院+民营企业""学校+民营企业"等多元办学"台州样本";共建共享20多个产业学院产学研合作平台,年承接技术服务项目400多项、科技成果转化450项以上、科技服务实际到款额6000万元以上,实现了产业与专业共舞、企业与学校双赢的目标。通过这些实践,台州的职业院校与民营企业紧密合作,学校根据企业需求优化专业设置,提升教学质量,企业从学校获得大量高素质人才和技术支持,推动了区域经济的发展,也为职业教育高质量发展提供了宝贵经验。

总之,职业教育与民营经济的融合发展具有多方面的特点和重要意义,对于推动经济发展、满足企业人才需求以及提升职业教育质量都起着关键作用，需要各方共同努力，不断探索创新融合发展的模式和路径。

## 第二节 职业教育与民营经济融合发展的实践依据

### 一、职业教育与民营经济融合发展的现实基础

职业教育与民营经济的融合现状，从基本表征来看，主要体现在以下几个方面。

#### （一）合作机制的逐步建立

国家高度重视产教融合，将其视为推动经济转型升级、提升职业教育质量的关键路径。中央层面在政策制定过程中起到了引领作用，国务院发布的《关于加快发展现代职业教育的决定》，明确了产教融合的重要性，并制定了促进校企合作的法规与激励政策[①]。党的二十大进一步明确了"产教融合，科教融汇"的发展方向。各部委纷纷采取行动，出台了一系列具体政策文件，如国务院办公厅的《关于深化产教融合的若干意见》以及教育部等六部委联合印发的《职业学校校企合作促进办法》，为职业教育与民营经济的融合提供了制度保障。

在地方层面，各省区市和各级政府充分结合本地实际，精心制订了切实可行的实施方案，为职业教育与民营经济的深度合作铺设了坚实的道路，创造了优良的环境。以浙江为例，2020 年 12 月，教育部与浙江省人民政府携手出台了《关于推进职业教育与民营经济融合发展 助力"活力温台"建设的意见》，明确将浙江温州、台州地区选定为国家职业教育高地建设试点，以制度创新推进温台职业教育与民营经济融合发展。在这一政策推动下，温州、台州地区积极探索，建立了一系列配套机制，如设立专项资金，用于支

---

① 周晶，王斯迪. 职业教育产教融合效能评价：概念基础、价值遵循与指标选择 [J]. 现代教育管理，2021（10）：106–112.

持职业院校与民营企业开展合作项目,包括共建实训基地、联合研发新技术等。同时,搭建了校企合作信息服务平台,及时发布企业需求和院校资源信息,促进双方高效对接,有力地推动了区域内职业教育与民营经济的融合发展。

### (二) 融合模式的不断创新

当前,产教融合发展正呈现出蓬勃发展的态势,其模式的不断创新也体现了职业教育与民营经济融合的不断深化。在这一过程中,我们主要借鉴了德国的双元制模式,并在此基础上创新性地发展出了"双三元"等多元融合模式。这些模式不仅深化了校企合作,还实现了教育资源与产业资源的优化配置,为双方发展注入了新的活力[①]。由"政校企"办学模式和"行校企"人才培养模式组成的"双三元"职教模式的核心在于,学校、政府、行业、企业这四个生态要素共同参与职业教育,形成了教育主体多元、办学形式灵活开放的新格局。

随着时代的进步和产业的发展,校企合作模式也在不断创新。现代学徒制的实施,使学生在学校与企业之间无缝切换,更好地适应了市场需求。例如,一家制造企业与当地职业院校合作开展现代学徒制项目,学生在学校学习理论知识的同时,定期到企业跟随师傅进行实践操作,师傅不仅传授技能,还指导学生如何将理论知识应用于实际工作中。通过这种方式,学生毕业后能够迅速适应企业岗位要求,成为企业的技术骨干。同时,通过顶岗实习的方式,学生能在真实的工作环境中深入理解和掌握岗位技能,深刻领略企业文化,从而培养出更适应企业需求的高素质技术人才。

此外,产教融合理念的深入实践也推动了职业教育与民营经济的深度融合。产业学院的诞生,作为教育资源和企业资源的有效整合平台,推动了人才培养、科研创新和技术应用的同步发展。例如,某职业院校与当地一家大型汽车制造企业共建了汽车产业学院,学院根据企业需求设置专业课程,企业工程师参与教学,同时,学院的科研团队与企业研发部门合作开展技术攻关,研发成果直接应用于企业生产,提升了企业的竞争力。随着订单式培养

---

① 张旭刚. 乡村振兴视阈下农村职业教育产教融合生态圈构建 [J]. 职业技术教育,2019 (28): 59-65.

的兴起，民营企业可以根据自身需求来量身定制人才培养计划，确保人才培养的针对性和实用性①。同时，行业产教融合共同体、市域产教联合体作为重要的组织形式，在促进职业教育与民营经济融合方面发挥着越来越重要的作用。它促进了学校与行业、学校与企业之间的合作，通过资源整合、信息共享、合作研发，推动双方在人才培养、科技创新和成果转化等领域展开深度合作。这些融合模式的不断创新，不仅加强了职业教育与民营经济的紧密联系，更为双方提供了更广阔的发展空间和合作机遇。它们共同推动着教育与经济的繁荣与发展，为社会的持续进步注入了新的动力。

### （三）服务能力的持续提升

职业教育与民营经济的融合，既提升了职业教育的市场适应性和服务产业发展的能力，也展现了民营企业在职业教育中的显著作用。通过校企合作，双方共同制订人才培养标准，确保人才培养与市场需求紧密对接。民营企业积极参与人才培养过程，提供实习实训岗位和专业技能培训，大幅提升了毕业生的职业素养和技能水平。这种合作模式使越来越多的职业院校毕业生成为民营企业的中坚力量，为企业发展注入了新活力。

在技术服务方面，职业院校还利用自身的教育资源优势，为民营企业提供技术咨询、员工培训等服务，帮助企业提升技术水平和创新能力。双方在技术研发、产品创新、成果转化等方面也开展了产学研合作，为地方经济的转型升级提供了有力支撑。同时，民营经济的繁荣为职业教育提供了坚实的支撑。其灵活的体制、敏锐的市场洞察力和不断的创新活力，为职业教育注入了源源不断的实践动力。在全国1500多所高职院校中，无论是实习实训、就业创业实践，还是课堂教学和技术研发，都可见民营企业的积极参与。企业的专业师资、前沿技术、丰富资源和先进设备，为职业教育提供了宝贵的资源和平台。据教育部及相关省份教育厅公布的数据显示，在教育部推行的现代学徒制试点项目中，高职院校的合作伙伴中民营企业占据多数；而在产教融合型企业的名单中，民营企业更是占据了高达62%的比例。这些数据充分证明了民营经济在职业教育发展中的重要作用

---

① 余闯，施星君，杨晓珍，等．高职教育与民营经济融合发展的逻辑与路向［J］．中国高教研究，2023（04）：95－101．

和广泛影响。

## 二、职业教育与民营经济融合发展的实践困境

### （一）合作层次与深度不足

职业教育与民营经济的合作目前仍处于初级阶段，双方在合作层次与深度上均存在明显不足。当前的合作大多停留在表面，主要集中在短期的、以专业技能培养为主的学生实践层面，缺乏更为全面、深入的实质性合作。例如，一些职业院校与民营企业的合作仅仅是安排学生到企业进行几个月的实习，企业只是简单地给学生分配一些基础工作，没有系统的培训计划和指导，学生难以学到核心技术和管理经验。这种浅层次的合作不仅限制了资源共享的广度和深度，使双方在人才培养、技术创新等核心领域的合作显得力不从心，而且难以形成长期稳定的合作关系和有效的利益分担与分配机制。

由于合作层次较浅，毕业生更多是面向整个就业市场，而非特定的合作企业，这降低了合作企业对校企关系的依赖度，使"搭便车"现象逐渐增多[1]。同时，校企合作还呈现出"两极化"倾向，要么过分强调毕业生的市场价值，将其置于低端工作岗位，忽视了教育的本质；要么过于坚守教育原则，未能充分考虑企业的实际需求，导致实习实训与市场需求脱节。例如，部分职业院校在安排学生实习时，只注重学生的实习时长，而不关注实习岗位是否与学生所学专业匹配，学生在实习中无法提升专业技能，企业也未能从实习学生中获得实际价值。这些不足都严重影响了校企合作的整体效果，使毕业生的技术技能优势未能得到充分发挥，也阻碍了校企双方在合作中实现共赢的可能性。

### （二）治理目标与实践效果存在落差

职业教育与民营经济融合发展的核心目标旨在实现资源共享、优势互补和互利共赢，确保人才培养与市场需求紧密对接，从而推动产业升级和经济社会的持续发展。这一目标涵盖了提升职业教育质量、增强民营经济创新竞争力，

---

[1] 刘建明，叶锡勇，冯亚平. 破解产教融合瓶颈 促进卫生职业教育发展［J］. 卫生职业教育，2016（04）：12-13.

并构建深度融合的产教发展格局。尽管政府已出台多项政策推动这一进程，但在实际操作中，由于地方政府配套制度和协调机制尚不完善，政策执行往往难以达到预期效果，导致融合发展的实际效果与既定目标存在显著差距。

地方政府的配套制度和协调机制尚待完善，使产教融合在激励作用方面未能充分发挥其应有效能。由于缺乏明确的细则指导，学校、企业等参与主体在产教融合的具体实施上感到迷茫，无法形成有效的合作机制。例如，一些地方政府虽然出台了鼓励企业参与职业教育的政策，但对于企业参与的具体方式、奖励标准等没有明确规定，企业在参与过程中面临诸多不确定性，导致积极性不高。同时，契约精神的不足也导致参与主体在合作过程中难以形成稳定的信任和合作关系，进一步加大了治理目标与实践效果之间的落差。

此外，企业等社会主体在参与产教融合时，常面临激励政策落实难和资源安全保障问题，这在一定程度上影响了其参与的积极性，形成了"校热企冷"的现象。不同区域的经济社会发展水平、院校科研实力和社会影响力，以及政府对产教融合的支持力度，都使各地在推动产教融合发展时呈现出不同的效果。同时，产教融合项目的复杂性、涉及主体的多样性以及协调机制的完善程度等因素，也直接影响着产教融合的实践成效。例如，在一些经济欠发达地区，由于院校科研实力较弱，企业参与产教融合的意愿较低，即使政府出台了相关政策，也难以有效推动融合发展；而在一些经济发达地区，虽然企业参与积极性高，但由于协调机制不完善，导致在合作过程中出现利益分配不均等问题，影响了合作的持续性。

### （三）资源整合和配置不足

职业教育与民营经济融合发展中的资源配置均衡性问题主要体现在内部资源调配和外部资源投入两个方面。就内部资源调配而言，民营企业资源和职业院校资源存在结构性或时序性错配。在人才培养过程中，民营企业通常在后期阶段如岗位实习、学生就业中发挥主导作用，而在早期阶段如人才需求调研和职业能力开发等，职业院校则扮演主要角色。这种时序性差异可能导致资源配置的不均衡，影响人才培养的连贯性和有效性[①]。例如，某职业

---

① 张金丹. 从层次到类型：职业教育的改革缘由、改革举措及现实困境［J］. 兵团教育学院学报，2022（03）：56-63.

院校在制订人才培养方案时,没有充分与合作企业沟通,导致课程设置与企业实际需求脱节,学生在后期实习时发现所学知识无法应用到实际工作中。

从外部资源投入的角度看,教育资源与产业资源的对接不够紧密,导致教育资源无法有效转化为产业资源。同时,职业教育机构的资金来源单一,缺乏多元化的融资渠道,限制了其在资金和技术方面的投入。而民营企业在技术创新方面的优势也未能得到充分发挥,与职业教育机构的合作缺乏有效的技术支撑。例如,一些职业院校由于资金有限,无法购买先进的教学设备,而企业虽然有先进的技术设备,但由于缺乏合作机制,无法将其技术资源与院校共享。此外,人才流动与共享机制的不健全也是资源配置均衡性问题的一个重要方面。由于人才评价机制不完善、激励机制不足等原因,职业教育与民营经济之间的人才流动和共享受到限制,无法充分发挥人才资源的优势。例如,一些企业的技术骨干由于担心到职业院校兼职会影响自身在企业的发展,不愿意参与院校的教学工作;而职业院校的教师也由于缺乏到企业实践的激励机制,难以深入了解企业的最新技术和生产流程。

## 第三节 职业教育与民营经济融合发展效能评价指标的设置原则

### 一、职业教育与民营经济融合发展效能评价的概念基础

效能作为问题的核心所在,职业教育与民营经济融合发展则是效能的生成域。要准确定位职业教育与民营经济融合发展效能,就需深入理解效能及职业教育与民营经济融合发展效能的指向。从实践层面来看,职业教育与民营经济的融合发展不仅涉及职业教育与民营经济这两个领域,更重要的核心在于"融合",表现为社会、组织、管理、活动、过程等多层次、多点、多面的要素参与。对职业教育与民营经济融合发展效能的解读需要融入多学科视角,以获得更为全面且深远的理解。因此,我们将从管理学、组织学、社会学和生态学的角度出发,以期寻求职业教育与民营经济融合发展效能评价内涵的关键点和解释力。

## （一）管理学视角下职业教育与民营经济融合发展的效能指向

从管理学的角度来看，效能指向"做正确的事"和"以相同的投入做更多的事"，强调效果、效益、目标实现程度与能力并重，效能的取得在更大程度上取决于管理及执行能力。现代管理学之父 Peter Drucker 指出，效率是"以正确的方式做事"，而效能则是"做正确的事"。效率和效能不应偏废，但也不代表效率和效能具有同等地位。当两者不能同时满足时，第一重要的却是效能而非效率，是做正确的事而非正确做事。正如 Peter Drucker 所说："对企业而言，不可缺少的是效能，而非效率。"具体来说，"作出正确的决定"即"确定合适的目标并且实现它们"，这便是效能的表现形式，体现为"设立合理的目标"和"确保目标能够达成"两点。只有目标明确且可以实现才能保证最终的结果，这就是所谓的"结果导向"。总体来讲，效能反映的是工作的结果、目标实现的程度以及取得这些结果的能力。

应该怎样提高效能呢？管理学家 Simon 教授提出，"提高效能必须有政策水平、战略眼光、卓绝的见识和运筹能力"。Michael Mankins 在《哈佛商业评论》发表的文章中提出了新的观点，他主张采用一种不同寻常的企业经营理念——关注效能而不是效率[1]。由此可见，从管理的角度来看，效能通常被理解为在一项固定投资中实现多种目标并产生实际影响的能力，其获取要求具备高层次的策略和管理技巧以及协调技能。

基于此，管理学视角下职业教育与民营经济融合发展的效能指向三个维度：融合发展目标制定的适切性、融合发展多维目标的达成度、融合发展多维目标达成的能力。这也是职业教育与民营经济融合发展效能评价所必须关注的关键点。两者融合发展效能的高低与其治理体系内部诸要素的合理搭配和实体化运行情况密切相关，如目标制定情况、决策能力、组织架构、政策水平、经营机制等。根据这种理论框架，要将职业教育与民营经济融合发展的制度优势更好地转化为产教融合效能，则需要在保持制度内核长期稳定的基础上，优化治理体系的结构与功能，健全与创新运行机制，并提高执行能力。

---

[1] 朱喜祥，程兰诗，王荣辉. 系统共生和对接融合：多学科视角下的产教融合困境与路径[J]. 中国职业技术教育，2021（22）：65-71.

例如，在某职业院校与当地一家民营制造业企业的融合项目中，从目标制定的适切性来看，双方共同调研市场需求和行业发展趋势后，确定了为企业培养具备先进数控技术操作能力的高素质技能人才的目标，该目标既符合企业当下生产扩张对人才的需求，又与职业院校提升人才培养质量、服务地方产业的长期规划相契合。在融合发展多维目标的达成度方面，经过3年的合作，该职业院校输送到企业的毕业生数量逐年递增，且这些毕业生在企业中能够迅速上手工作，为企业产能提升作出了显著贡献，这体现了人才培养数量和质量目标的达成。而在融合发展多维目标达成的能力上，职业院校通过内部教学管理改革，组建了专门的数控技术教学团队，与企业联合开展课程开发和实训基地建设，同时企业也为教师提供实践培训机会，这种协同合作的能力保障了融合目标的顺利实现。

### （二）组织学视角下职业教育与民营经济融合发展的效能指向

从组织学的角度来看，效能指向"绩效"和"功能"，以数量、质量、作用与效率、效益并重为重点，效能的取得更多地取决于组织的架构设计元素、人力资源的管理方式及其外部生态环境的影响力。那么什么样的组织系统才能称为有效能呢？Chester Barnard 提出过这样的标准："组织体系中的成员间配合得很好，并且实现了他们共同的目标。"效能在这里就可以理解为"有价值""有质量""有效率"，也就是"组织做事的效率和能力"。

由此，从组织学视角看，职业教育与民营经济融合发展的效能指向融合过程中的效率与质量及保障质量的能力。因此职业教育与民营经济融合发展的效能评价维度，主要指向两者融合过程中各组织的融合执行水平，如融合的手段，融合过程中形成的规章制度、管理模式、管理举措，管理者风格及管理人员素质等。

以某区域职业教育集团与多家民营企业的融合为例，在融合手段上，该集团采用了共建产业学院的方式，整合各方资源，集中力量开展人才培养和技术研发。在规章制度方面，制定了详细的合作章程，明确了各方的权利和义务，规范了合作流程。在管理模式上，引入企业化管理理念，实行项目化管理，对各项合作任务进行分解和跟踪考核。管理举措包括定期召开校企合作会议，及时沟通解决合作中出现的问题。在管理者风格上，注重开放合作，积极倾听各方意见。在管理人员素质方面，既有具备丰富教育管理经验的院校领导，也有来自企业的具有专业技术和管理能力的骨干，他们的协同合作保障了融合过程的高效与高质量，提升了融合发展的效能。

### （三）社会学视角下职业教育与民营经济融合发展的效能指向

从社会学的角度来看，效能指向一种关系网络的嵌入性建构及运行的顺畅高效，强调的是形成利益和价值的共识并为之展开共同行动，其表征是共同体的建立。在此，我们需要从社会交换理论的角度来理解。通常来说，人们会互相交流互动，因为他们在这种交互过程中能够获得所需的事物。所以，如果交易的一方可以得到另一方同等的回报或特性，那么他们就会有动力去进行资源交换并且这被视为合理的。此外，只有当交换的行为得以实施并且反复出现的时候，才会存在这样的情况。

在职业教育与产业结合的过程中，政府、职业院校、行业、企业以及社会组织都会根据不同规则行事（如行政法则、商业法则或者市场逻辑等），同时也会维持自身的组织角色和性质，这使各方很难在所有的领域达到统一的目标，也不能保证每个领域的平等交换条件和收益。因此，为了使多个参与者之间的协作更加深入持久，我们必须要尊重他们的组织角色，同时也需满足他们的需求，以此方式建构良好的运行机制与体制保障。

分析诸多不同向度的诉求并寻求同一性，可以发现产业、政府、学校等主体能够在育人目标上达成共识，育人目标的同一性能较好地实现各合作主体的组织身份认同和各自利益诉求。因此，我们应把提高人才培养质量视为职业教育与民营经济融合发展共同体的核心价值观连接点。这里要明确的是，我们所述的共同体是一个相对的概念，不同的共同体有不同的目标导向，它们的运作模式与组织结构也各异。每一个共同体的建立都要遵循价值共识和利益一致原则，否则就难以产生合力。

从这个角度来看，职业教育与民营经济融合发展的效能指向基于价值或利益共识的强关系网络的嵌入性建构及高效运行。所以，效能评价维度的选择也将指向职业教育与民营经济融合发展中各方价值和利益达成共识的程度及其为实现这一目标建构起的关系网络的运行情况。

例如，在某地区的职业教育与民营经济融合发展项目中，政府为推动产业升级，出台了一系列鼓励政策，引导职业院校与民营企业合作。职业院校希望通过合作提升人才培养质量，增强自身社会影响力；民营企业则期望获得符合企业需求的高素质人才，提升企业创新能力。各方在人才培养这一核心目标上达成共识，进而构建了紧密的合作关系网络。政府搭建沟通平台，促进院校与企业交流；院校根据企业需求调整专业设置和课程内容；企业为院校提供实习实训基地和兼职教师。这种基于价值和利益共识构建的关系网络运行良好，极大地提升了融合发展的效能，为地区产业发展和人才培养作出了积极贡献。

### （四）生态学视角下职业教育与民营经济融合发展的效能指向

从生态学的角度来看，效能指向良性的、和谐的、共生的状态，强调的是持续的发展能力和健康的关系存在于生态系统内。从其推演，职业教育与民营经济融合发展的效能指向产教融合系统中各系统间形成的"联系"与"共生"的良性循环体系。

而要从生态学的视角增强职业教育与民营经济融合发展的效能，必须营造一种相互联系、相互作用的生态环境，即构建职业教育与民营经济的"产教融合生态圈"，不仅要从长远的可持续发展目标出发，注重生态系统内部要素的和谐良性关系的建构，而且要考察外部环境因素，以系统内部各要素样态及关系模式的变革和创新来主动地、创造性地适应外部环境，寻求内外系统的协同共生。这同样可能会成为职业教育与民营经济融合发展效能评价指标的关键维度。

比如，在某一新兴产业园区，职业院校、民营企业、科研机构以及行业协会等共同构成了一个产教融合生态圈。职业院校根据产业园区的产业布局设置专业，为企业输送人才；企业为院校提供实习实训机会和实践项目，反馈市场需求；科研机构与院校、企业合作开展技术研发，促进科技成果转化；行业协会则发挥桥梁作用，协调各方关系，制订行业标准。在这个生态圈中，各主体相互依存、相互促进，形成了良性循环。同时，随着产业园区的发展和外部市场环境的变化，各主体不断调整自身的发展策略和合作方式，如职业院校及时更新课程内容，企业加大技术创新投入，以适应新的需求，实现了内外系统的协同共生，提升了融合发展的效能。

## 二、职业教育与民营经济融合发展效能评价的指标选择

### (一) 指标的分类与分层

职业教育与民营经济融合发展的效能评价无论是指向结果还是指向过程，对于效能自身而言都应该有一套便于衡量的结构性的指标体系，并且指标之间应具有相依性和相关性，体现出类层特征。

1. 根据目标和手段分类。从功能角度来看，有些指标是衡量融合活动的成果或目标，它们与产教融合的直接目标非常相似，也就是结果性指标；而有些指标则是为了实现融合目标所必需的手段或条件，这就是过程性指标。例如，职业院校毕业生在民营企业的就业率、就业对口率等反映了人才培养与企业需求对接的成果，属于结果性指标；而职业院校与企业共同开发课程的数量、企业参与职业院校教学的课时数等，是实现人才培养目标的手段，属于过程性指标。

2. 根据时间跨度和适用时期分类。按时间范围分类，一些指标反映的是过去职业教育与民营经济融合发展所带来的结果，而另一些则是对现在或未来发展情况的评估。如过去3年职业院校为民营企业输送的技术人才累计数量，是对过去融合发展在人才输出方面的成果体现；而对未来5年内职业院校与民营企业合作开展技术研发项目的预期数量和预期经济效益的评估，则是对未来发展情况的预测指标。

3. 根据可测性和获得性分类。部分衡量指标基于对象的特点、数量或者发生频次计算得出，我们称为"硬指标"，例如，民营企业就业比率、学生技能评级认证比例、"双师型"教师占比等；而其他一些指标则是通过对其行为的性质判断或是通过公众调查的结果来确定的，我们可以将其归类为"软指标"，例如，民营企业参与人才培养的机制完善度、民营企业实践计划科学性、学生实习实训权益保障机制完善度、民营企业导师配置及奖励制度完善度等。硬指标数据相对客观、易于获取和量化，而软指标则更侧重于对融合过程中一些难以直接量化的因素进行评估，两者结合能更全面地反映融合发展的效能。

## （二）指标的逻辑与质量

职业教育与民营经济融合发展效能生成的根本价值逻辑是促进人的全面发展。人的全面发展是多方面的，对于职业教育来说，产教融合效能的关注点在于人才培养规格之于多方面发展的价值最优化。当产业（行业、企业）、政府、学校等组织构成庞大的产教融合场域后，因为各个组织都有自己的制度逻辑，通常情况下，能将这些组织串联起来的主线就是人力资源，即在不同场域中分别发生的人才培养、使用和评价，而在人才培养使用及评价的过程中，又有各自场域中的具体情景，要实现跨组织、跨领域的融合，我们需要以问题和需求作为场域建构的逻辑起点。由此，人成为各层次场域及产教融合具体场域的逻辑线索，人的发展成为场域的核心，人才的培养、使用和再发展成为推动产教融合效能提升的逻辑主线，只有抓住这条主线，产教融合效能生成才有操作的空间和可能。

有质量的指标应能深度嵌入产教融合并且反映产教融合的价值链与目标链。新一轮科技革命中，大量低技能劳动者将面临技能淘汰和技术技能升级的要求。从现实看，在高度复杂和充满不确定的技术变革中，技术技能人才的自主学习能力、创造创新能力、合作沟通能力等变得尤为关键。在这个背景下，人的高阶认识技能的培养、从业者在不同单位之间快速而低成本的转换、雇佣双方技能和信息匹配的效果与效率、产教创新孵化平台的创建、产教创新要素融入机制的建立、企业人员技术技能提升平台和机制的构建等，将成为效能评价需要关注的核心指标。由此，我们既可以从人才的培养、使用、评价和发展中看到效能生成的逻辑，也可以判断什么样的指标可以真正反映效能。

例如，在某职业院校与一家高科技民营企业的融合项目中，为了提升学生的自主学习能力和创新能力，双方共建了产教创新孵化平台。在这个平台上，学生可以参与企业实际的科研项目，与企业技术人员共同开展研发工作。通过这种方式，学生不仅掌握了专业技能，还培养了自主探索和创新的精神。同时，企业也通过这个平台获得了新的创意和技术思路，实现了双赢。这种产教创新孵化平台的建设和运行情况，以及学生在平台上的成长和发展成果，就是能够反映产教融合效能的关键指标。

### (三) 指标的获得与比较

评价指标的设计关系到职业教育与民营经济融合发展的方式和目标的引导。参与融合发展的不同机构具有不同的目标和管理规则,这种差异性大大增加了过程中数据收集和分析的难度。建立职业教育与民营经济融合发展效能基准及各项指标,目的是以评价目标的达成情况来判定相关政策实施的有效性、融合发展载体的有效性及实施效果等。

要提高评价指标的质量和可比性,特别是在职业教育领域,还要考虑到评价方案的异质性、发展目标和融合链条的多样性等问题。评价方案的异质性指由于产教融合具有层次性,且不同组织之间具有管理体制分工职责的巨大差异性,由此导致评价方案是复杂的、多维的。"发展目标的多样性"表示的是产学合作为多种利益体提供了多样的价值观追求;"融合流程的多元性"则是指在教育链、产业链、人才链、创新链交汇的过程中产生了众多复杂的观察视角,既包括时间上的跨越,又涵盖了地域范围内的扩展。

对于上述复杂场域来说,其结构化信息或指标相对容易获取并且相对丰富,但有关职业生涯及贡献度等方面的数据则不容易获取,其本身也相对匮乏。因此,指标的选择必须经过充分的论证,要加强对产教融合实验项目试点前与试点后效果的评估比较,从中析出一些关键指标。

比如,在对某地区职业教育与民营经济融合发展效能评价指标的选取过程中,针对不同类型的企业(如制造业、服务业、高新技术产业等)和不同层次的职业院校(中职、高职等),设计了多样化的评价方案。通过对这些方案的综合分析,结合对该地区过去几年产教融合项目的跟踪调研,对比试点前后企业的人才满意度、职业院校毕业生的就业质量、产业升级的推动效果等数据,最终确定了一系列能够准确反映该地区融合发展效能的关键指标,如企业技术创新投入增长率、职业院校毕业生创业成功率等。

## 三、职业教育与民营经济融合发展效能评价的指标确定

结合管理学、组织学、社会学和生态学的视角,从平台、资源、人才、师资、成果等五个方面系统性考量各级指标。

### (一) 平台共建

科研创新与技术服务是职业院校产教融合评价体系中的重要指标。这一指标主要考察职业院校在产教融合过程中是否发挥了科研创新和技术服务的功能,为产业发展提供有力支持。在科研创新方面,需重点关注职业院校是否构建起完备的科研体系。这不仅涵盖拥有一支由专业教师、行业专家组成的科研团队,还包括搭建如工程技术研究中心、重点实验室等科研平台,以及积极申报并承担国家级、省部级科研项目。例如,深圳职业技术学院与华为等企业合作,共建了5G技术应用研发中心,吸引了一批在通信领域具有丰富经验的教师和企业技术骨干参与科研工作,承担了多项5G应用技术相关的省级科研项目,有力推动了5G技术在智能制造业、物联网等产业的应用研究。

此外,职业院校与企业携手开展技术研发和创新活动,是推动产业升级和转型的关键动力。如江苏某职业院校与当地一家传统机械制造企业合作,针对企业生产效率低下、产品精度不足等问题,共同研发智能化生产设备和先进制造工艺,帮助企业实现了从传统制造向智能制造的转型升级。在技术支持方面,职业院校应具备提供技术转移、技术推广、技术咨询等服务的能力。像浙江的一些职业院校,成立了专门的技术服务团队,为周边地区的民营企业提供技术咨询服务,帮助企业解决在生产过程中遇到的技术难题,推动了区域产业的高质量发展。

### (二) 资源整合

资源整合与产业对接是职业院校产教融合评价体系中的关键指标。在资源整合方面,职业院校要积极与政府、企业、行业组织等多方合作,搭建产教融合平台。以湖南某职业院校为例,该校与当地政府、多家殡葬服务企业以及行业协会合作,共建了殡葬产业学院。通过这个平台,政府提供政策支持和资金扶持,企业提供实践教学场地、设备以及兼职教师,行业协会则参与制订人才培养标准和行业规范,实现了资源的共享与优势互补。这一平台不仅为学校的殡葬专业学生提供了丰富的实践教学资源和广阔的就业渠道,也为企业输送了大量高素质的专业人才,同时还促进了企业的技术创新和管理提升。

在产业对接方面，职业院校需要深入调研产业发展趋势和市场需求，动态调整专业设置和人才培养模式。例如，随着新能源汽车产业的快速崛起，许多职业院校及时增设了新能源汽车技术专业，并与特斯拉、比亚迪等新能源汽车企业合作，共同制订人才培养方案，开展实践教学活动。学校根据企业需求，优化课程设置，增加新能源汽车电池技术、智能驾驶技术等课程内容，确保人才培养与产业需求高度契合。

### （三）人才培养

人才培养与教学模式是职业院校产教融合评价体系中的核心指标。在人才培养方面，职业院校应紧密围绕产业发展趋势和市场需求，设置专业和课程。例如，在电商直播行业兴起后，不少职业院校迅速开设了电子商务（直播电商方向）专业，开设直播运营、短视频制作、主播话术技巧等课程。同时，积极与淘宝、抖音等电商平台以及知名电商企业合作，共同制订人才培养方案和评价标准。企业参与课程设计，将行业最新的运营模式、营销技巧融入教学内容，确保培养出的学生能够满足电商直播行业的用人需求。

在教学模式方面，多元化的教学方法和手段至关重要。项目式教学让学生在完成实际项目的过程中掌握知识和技能，如某职业院校的建筑专业，学生在教师和企业工程师的指导下，参与真实的建筑项目设计与施工，从项目规划、图纸设计到现场施工管理，全面提升专业能力。案例教学通过引入企业实际案例，让学生分析和解决实际问题，增强学生的实践能力和创新思维。实习实训则为学生提供了在真实工作环境中锻炼的机会，使学生能够提前适应企业工作节奏和要求。

### （四）师资队伍建设

"双师型"教师队伍是职业院校培育高质量技能型人才的前提和保障。师资队伍建设是职业院校产教融合评价体系中的决定性指标。在评价师资队伍建设成效时，教师的专业素质是基础，包括扎实的专业知识、先进的教育理念等。例如，一位机械制造专业的教师，不仅要精通机械设计、制造工艺等专业知识，还应了解行业最新的智能制造技术发展趋势。教学能力方面，教师要能够运用多样化的教学方法，激发学生的学习兴趣，提高教学效果。同时，实践经验也不可或缺，教师应定期到企业实践锻炼，掌握企业实际生产流程和技术应用。例如,一位电子信息专业的教师,通过在企业参与电子产品研发项目,将企业的实际项目经验融入课堂教学,可以使教学内容更具实用性。

此外,教师对产业需求的适应能力也极为关键。随着产业的快速发展和技术的不断更新,教师需要不断学习和调整教学内容,以确保学生所学与产业需求相匹配。同时,还应注重教师的专业发展和继续教育,学校和企业应共同为教师提供培训和进修机会,如选派教师参加国内外的行业研讨会、企业内部的技术培训课程等,让教师能够及时掌握行业前沿技术和知识,为学生提供最新的教育教学服务。

### (五)成果输出

社会贡献与影响力是职业院校产教融合评价体系中的综合性指标。在社会贡献方面,职业院校通过产教融合培养了大量优秀技术人才,为地区经济增长注入强大动力。例如,重庆工业职业技术学院通过与当地众多制造业企业合作,每年为企业输送数千名高素质技术技能人才,这些毕业生在企业中发挥了重要作用,推动了企业的发展,进而促进了地区制造业的繁荣。同时,职业院校积极参与社会公益事业和志愿服务活动,如开展职业技能培训下乡活动,为农村劳动力提供技能培训,助力乡村振兴。

在影响力方面,若企业在招聘时优先考虑这些院校的学生,表明学校的人才培养质量得到了企业认可。如美的集团在招聘技术工人时,对顺德职业技术学院的毕业生给予高度评价,并优先录用该校相关专业的学生。同时,政府部门给予相关政策支持,如在科研项目立项、资金扶持等方面向产教融合成效显著的职业院校倾斜,这也体现了学校在社会上的影响力。这些认可和支持进一步提升了职业院校的社会声誉,可形成良性循环,从而促进产教融合工作持续深入发展。

# 第四章　职业教育与民营经济融合发展的效能评价体系

职业教育与民营经济的融合发展已成为职业教育发展的主要方向，其融合效能、融合质量、融合水平值得深入研究。目前的研究多数聚焦于理论分析和总结，基于实证数据的效能评价研究相对较少。本章基于理论研究与实践经验，结合实证研究，运用利益相关者理论探讨职业教育生态系统中各利益相关方的需求与动机，从民企参与办学效能、产教深度融合效能、人才培养效能、双师培育效能、技术技能融合效能等五个维度出发，构建职业教育与民营经济融合发展效能评价体系。

## 第一节　效能评价体系研究概况

产教融合作为职业教育对接产业转型的关键策略，旨在加强教育与产业的互动，提升教育服务产业的能力。但在实际操作中，校企合作往往面临着理念与实践不一致、资源共享不充分等挑战。为了优化职业教育的产教融合效果，解决校企合作中出现的问题，学者们开始研究如何构建一套合适的产教融合质量评价体系。

效能评价体系旨在根据既定的目标框架，考虑各利益相关方的需求，创建一套能够指导和评价职业教育产教融合效能的综合性指标。构建职业教育与民营经济融合发展的效能评价体系，对于指导职业教育与产业合作的全局运作具有重要作用，它对校企合作的目标设定、内容构建、管理体系构建以及未来的发展方向起到了规范、评价、反馈、引导等多重作用。目前，关于产教融合效能的评价体系研究主要集中在评价主体研究、评价指标研究、评价方法研究三个方面。通过这些研究，可以更准确地衡量和提升产教融合的实施效果，确保职业教育与产业发展需求的紧密结合。

## 一、评价主体研究

在评价主体研究方面，主要有以下三种观点：双主体、三主体以及多主体。有学者认为企业与学校是产教深度融合的关键主体（即"双主体"观点），缪学梅等（2021）主要探讨了职业教育产教融合过程中学校和企业协同的有效性评价问题，通过评价指标体系的构建，对校企双方在合作过程中的协同有效性进行了评价[①]。郭湘宇等（2021）探讨了在"双高建设"背景下，高职院校如何通过产教融合和校企合作来培养符合产业和行业需求的高素质技术技能人才，并服务于区域经济的高质量发展，强调了构建"双主体、深融合"的产业学院育人新模式的重要性[②]。

也有学者认为产教融合主要涉及政府、企业和学校三个主体，沈娟等（2021）主要研究了我国职业教育"产教融合"政策的执行进展、存在的问题以及对策。针对产教融合执行过程中碎片化的现象，提出了构建多元主体（即学校、企业、政府）跨界协同治理网络，通过协调与整合的治理路径，促进不同政策主体之间的合作与协同[③]。杨善江（2014）等指出职业教育与产业需求之间存在不匹配问题，关键在于提升政府、企业和院校三方的角色胜任力，并基于"三重螺旋"理论框架，对政府、企业和院校的角色及其相互关系进行了新的探索，分析了三方如何协同工作，共同推动职业教育的发展[④]。

还有些学者则持有"多主体"观点，其中，秦凤梅等（2022）基于

---

[①] 缪学梅. 职业教育产教融合多元利益相关者协同有效性评价研究 [J]. 顺德职业技术学院报，2021（02）：42-50.

[②] 郭湘宇，周海燕，廖海. 产教融合视角下"双主体、深融合"产业学院建设 [J]. 教育与职业，2021（08）：62-65.

[③] 沈娟，王坤. 我国职业教育"产教融合"政策执行进展、问题及对策研究 [J]. 中国职业技术教育，2021（18）：55-64.

[④] 杨善江. "产教融合"的院校、企业、政府角色新探——基于"三重螺旋"理论框架 [J]. 高等农业教育，2014（12）：117-119.

CIPP模型构建了一套评价职业教育产教融合质量的指标体系,指标构建时除了校企双方,还考虑了学生、教师等其他主体[①]。孙亚男等(2022)基于利益相关者理论,分析了学校、企业、社会各方在产教融合中的诉求和责任,并在此基础上构建了一个量化指标体系,旨在衡量和评价高校产教融合的效果,以便更好地理解和提升合作的成效[②]。

## 二、评价指标研究

准确评价职业教育与民营经济融合发展效能的关键是设计科学且行之有效的效能评价指标体系。Bertolettia、Manotungvorapun和Bullar等国外学者认为"技术成果转化"应该成为测评产教融合成效的重点指标[③④⑤]。姜泽许(2018)等讨论了职业教育产教融合质量评价体系的构建问题,并从学校、企业、行业、教师、学生和企业职工等主体出发,构建了包含组织保障、课程和教学、毕业生评价、协调指导、教师发展、基地建设等维度的职业教育质量评价体系[⑥]。陈新民等(2021)从资源整合的视角出发,研究了高职院校产教融合的绩效评价问题,围绕应用型人才培育能力、科学研究综合竞争能力、市场需求直接满足能力三个维度构建评价指标体系,以全面衡量高职院校在产教融合方面的绩效水平[⑦]。陈立民等(2020)主要探讨了职业教育有效供给产教融合度的指标体系构建问题,并以高校科

---

① 秦凤梅,莫堃. 基于CIPP模型的职业教育产教融合质量评价研究 [J]. 西南大学学报(社会科学版), 2022 (03): 194 – 203.

② 孙亚男,陈民伟. 高校产教融合效果评价指标体系构建及实证研究 [J]. 山东高等教育, 2022 (03): 17 – 23.

③ Bullar S S, Nangia V K, Batish A. Research article: The impact of academia – industry collaboration on core academic activities: Assessing the latent dimensions [J]. Technological Forecasting and Social Change, 2019 (145): 1 – 11.

④ Manotungvorapun N, Gerdsri N. University – industry collaboration: Assessing the matching quality between companies and academic partners [J]. IEEE Transactions on Engineering Management, 2019, 68 (05): 1418 – 1435.

⑤ Bertolettia, Johnes G. Efficiency in university – industry collaboration: An analysis of UK higher education institutions [J]. Scientometrics, 2021, 126 (01): 7679 – 7714.

⑥ 姜泽许. 职业教育产教融合质量评价体系的构建 [J]. 职教论坛, 2018 (05): 34 – 39.

⑦ 陈新民,高飞,张朋,王一涛. 资源整合视角下高职学校产教融合绩效评价研究 [J]. 高等工程教育研究, 2021 (02): 155 – 162.

研人员为对象通过问卷调研，结合定性分析与定量分析，从四个维度（即教育链、人才链、创业链、产业链）出发构建评价指标体系，为职业院校提升产教融合度提供了方法路径[①]。

## 三、评价方法研究

许艳丽等（2023）基于"双高计划"背景，采用网络 DEA（数据包络分析）模型，结合产教融合过程中的两个阶段分别选取资源建设阶段指标和成果产出阶段指标，并通过相关数据进行实证分析，对我国"双高计划"院校在资源建设阶段和成果产出阶段的产教融合效率进行了评价[②]。谷丽洁等（2022）采用定性和定量相结合的研究方法，将产教融合型专业及其评价指标体系作为研究对象，基于评价模型初步构建产教融合型专业建设评价指标体系并通过德尔菲法对评价指标进行优化，最后通过层次分析法（AHP）确定了各指标的权重[③]。谢敏等（2018）基于产教融合的视角探讨了职业院校校企合作融合度问题，并采用层次分析法构建评价指标体系，然后利用德尔菲法明确各指标在评价体系中的权重，最后结合三类样本进行实证研究，分析了各职业院校的校企融合度[④]。涂华锦等（2020）基于教育经济效益和利益相关方理论，采用德尔菲法和模糊综合评价方法，构建了一套针对职业院校产教融合绩效的评价体系，并利用 MATLAB 软件计算，从投入、过程和效益三个关键维度对产教融合绩效进行了量化评价[⑤]。霍春光（2016）等深入探讨了模糊数学方法在评价产教融合成效方面的应用，核心步骤包括确立评价集合、构建模糊评价矩阵，并结合各评价指标的权重来综合得出评价结果，展示了模糊数学在处理产教融合评价中不确定性问题上的实用性和

---

① 陈立民，何梦昕，王丽敏，崔莉萍. 职业教育有效供给产教融合度的指标体系构建 [J]. 邢台职业技术学院学报，2020（03）：53-56+60.
② 许艳丽，蔡璇. 基于网络 DEA 模型的"双高计划"院校产教融合建设成效评价研究 [J]. 现代教育管理，2023（02）：1-12.
③ 谷丽洁，蔡小娜，郭海龙. 产教融合型专业建设评价指标体系构建研究 [J]. 职教论坛，2022（12）：107-112.
④ 谢敏，顾军燕. 产教融合视阈下高职学校校企融合度研究与评价实践 [J]. 中国职业技术教育，2018（05）：41-44.
⑤ 涂华锦. 高职学校产教融合绩效评价体系的构建与应用 [J]. 黑龙江生态工程职业学院学报，2020（04）：92-95.

有效性[①]。

纵观当前研究现状,学者们分别从评价主体、评价指标体系构建、评价方法运用等方面展开了研究。不同的研究者结合自身的研究基础、观察角度和采用的技术手段,提出了不同的评价维度和评价指标,但在评价职业教育产教融合的程度方面,尚缺乏一个普遍认可的指标体系。

## 第二节 效能评价体系构建的原则

### 一、职业教育生态系统中利益相关者的角色确定

作为企业管理的新理念,利益相关者理论对传统的以股东利益为核心的企业管理观念构成了显著冲击,并在政治与经济领域获得了广泛应用。随着对该理论探讨的持续深化,鉴于职业院校所具有的典型利益相关者组织特性,其决策过程需在多元利益主体间寻求均衡,以确保各方面利益得到充分考量,故而学者们开始探究其在职业教育领域的应用场景。

目前,学界对于职业教育领域中利益相关者的分类主要有以下三种观点:(1)将职业教育的利益相关者分为核心层、紧密层和关联层。其中,核心层包含了企业和职业院校;紧密层包含了公会、企业主组织;关联层包含了学校与培训机构、相关行政部门(教育主管部门、劳动主管部门等)、慈善机构、就业中介等。(2)将职业教育的利益相关者分为核心层和外延层。在核心层中,包含了职业院校管理者、职业院校教师、学生;在外延层中,包含了政府、企业、社区、社会媒体、独立第三方机构、职业教育联合会等。(3)将职业教育的利益相关者分为核心利益相关者、间接利益相关者和边缘利益相关者。其中,核心利益相关者包含了企业、教师、学生;间接利益相关者包含了政府部门、行业协会;边缘利益相关者包含了家长、校友、社会公众等。

在职业教育与民营经济融合生态系统中(见图4-1)对其利益相关者进

---

① 霍春光. 模糊数学方法在产教融合评价中的应用 [J]. 科技资讯, 2016 (25): 120-121.

行分类需要考虑两个因素,首先是对生态体系中利益相关方的辨识,其次是对利益相关方进行利益分析。基于有无职业教育利益这一特性可以找到职业教育的利益相关者包含了学校、企业、政府相关部门等组织,以及教师、学生、家长、校友等社会群体。再结合所受利益的大小,可以将职业教育的利益相关者分为核心利益相关者、重要利益相关者、次要利益相关者、边缘利益相关者。作为具备一定自治性的教育机构,职业院校为教师提供了生活与精神的依托,其运营状况直接影响到教师的个人生活和职业前景,以及学生的成长、职业发展和未来的就业机会,是利益相关者中的核心利益相关者。民营企业作为合作办学者,一方面其经济利益与学校的创新和进步紧密相连,另一方面作为投资方其对职业院校的发展与改革也会产生重要影响,是利益相关者中的重要利益相关者。职业教育的直接受益者,主要是支付相关费用以获取教育服务的学生,他们的利益同样依赖于职业院校的改革成效与质量提升,也是利益相关者中的重要利益相关者。

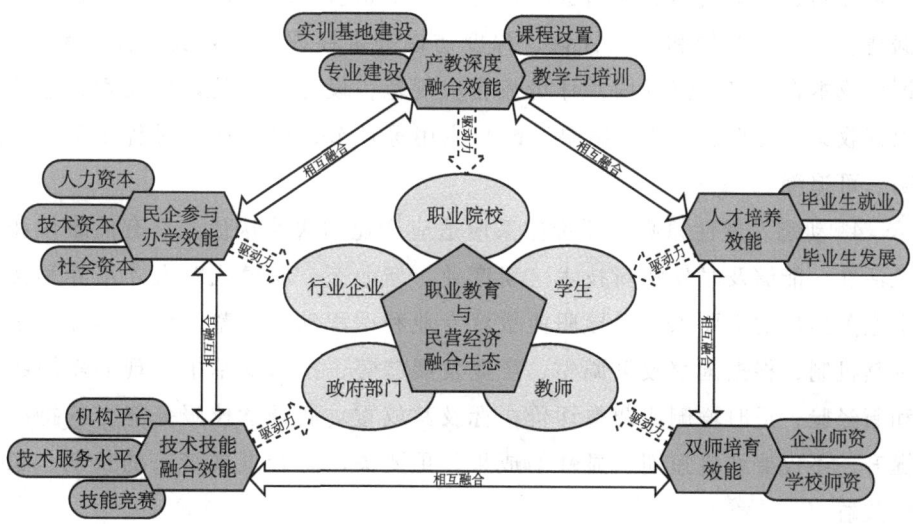

图 4-1　职业教育与民营经济融合生态系统示意图

## 二、构建效能评价指标体系应遵循的原则

职业教育与民营经济的融合程度大多停留在定性阶段,并且更多是依靠主观臆测,没有统一的评价指标体系。为了使职业教育与民营经济融合发展

的效能评价体系更加科学化、规范化，在构建评价指标体系时，应遵循以下原则。

1. 导向性原则。评价体系应紧密对接国家关于职业教育改革、产教融合、民营经济发展等重大战略部署，强化类型教育定位，激发民营经济活力。评价的核心是职业教育与民营经济在资源、人才、技术、信息、文化等要素层面相互渗透、协同共生、价值共创的程度和效果，评价的重点应是人才培养供给侧与产业需求侧结构要素的全方位匹配。

2. 科学性原则。评价体系的构建应基于产教融合、人力资本、创新系统、价值链等相关理论，确保指标设计的逻辑性和内在一致性。评价体系应覆盖融合发展的"投入—过程—产出—成效—影响"等五个维度，指标应尽可能量化、可观测、可验证。数据来源科学可靠，避免主观臆断。

3. 可操作性原则。指标精炼要聚焦，避免指标过于庞杂、冗余。在保证全面性的前提下，精选核心、关键、最具代表性的指标。优先选择数据可得性高、采集成本低的指标。评价方法要适宜，综合运用统计分析、数据建模等定量评价和专家评议、深度访谈等定性评价，方法应简便易行，评价成本在可接受范围内。评价流程应规范，设计明确的评价流程，包括数据收集、处理、分析、结果反馈与应用等环节，确保评价过程规范、透明、可追溯。

4. 动态发展性原则。评价体系应适应产业的快速迭代，具有前瞻性和灵活性，能够及时反映新技术、新产业、新业态、新模式对人才培养和技术服务提出的新要求，引导职业教育专业和课程动态调整。建立指标动态调整机制，根据国家政策调整、产业发展趋势、技术变革中出现的新问题和新经验，适时增删或调整评价指标及其权重。注重学校服务能力的持续提升，不仅要评价短期、显性的成果，更要关注融合发展带来的长期、隐性效益。

5. 协同性原则。多元主体参与评价，评价过程应吸纳政府、职业院校、行业协会、民营企业（特别是中小微企业代表）、研究机构、毕业生代表等多方主体共同参与，确保评价视角的多元化和评价结果的公信力。建立评价结果的反馈、共享和应用机制，促进多元评价主体间的沟通与协商，为促进校企、政企、政校之间沟通交流、增进理解、凝聚共识搭建平台。

## 第三节 效能评价指标体系的构建流程

构建评价指标体系有多种方法,如"五阶段"法和"十阶段"法等。这些方法虽然多样,但核心思想相似,通常分为四个步骤:(1)明确评价目标;(2)识别评价要素;(3)形成初步的指标集合;(4)采用合适的理论方法(如德尔菲法)筛选最适的指标集合并确定指标。指标体系的建立主要有两种途径:(1)构建一套全新的评价指标体系;(2)对现有的评价体系进行调试修正,进而重构评价体系。通过前期对相关文献资料的梳理,在构建职业教育与民营经济融合发展效能评价体系时,本章将结合现有的指标体系,在其基础上结合利益相关者理论进行调试优化。其流程主要分为以下四步:

第一,明确利益相关方需求。梳理职业教育产教融合生态体系中各利益相关方的需求和动机;

第二,构建指标清单。基于统计学的基本原则,参考国内外的指标体系和研究成果,以及政府统计部门的指标,对同类指标进行整合,形成初步的指标清单;

第三,筛选核心指标。采用德尔菲法,邀请专家对指标清单中的指标进行打分,进而筛选出核心指标;

第四,完成指标体系构建。对指标的可操作性和相关性进行评价,最终确定评价指标体系。

## 第四节 职业教育与民营经济融合发展的效能评价体系构建

构建评价指标体系的目的是全面了解职业教育与民营经济融合发展水平,并探究职业教育利益相关者在职业教育与民营经济融合发展中的效能水平。本书以职业教育与民营经济融合发展的效能评价体系为评价系统,结合利益相关者理论与系统论的观点,从融合发展保障机制、产教深度融合效能、人才培养效能、双师培育效能、技术技能融合效能五个维度出发,构建了一套包含 5 个一级指标、17 个二级指标、59 个三级指标的效能评价体系,具体见表 4-1。

表 4-1　职业教育与民营经济融合发展效能评价体系

| 一级指标 | 二级指标 | 三级指标 | 单位 |
| --- | --- | --- | --- |
| 融合发展保障机制 | 组织建设 | 有无专门的产教融合组织机构 | — |
| | | 产教融合专职人员数 | 人 |
| | | 有无产教融合专业委员会 | — |
| | 机制建设 | 产教融合相关制度数量 | 个 |
| | | 有无产教融合、校企合作专项规划 | — |
| | | 混合所有制办学数 | 个 |
| | 保障条件 | 企业(准)捐赠额 | 万元 |
| | | 智慧校园评价得分 | — |
| | | 实习专项经费 | 万元 |
| | 满意度 | 在校生满意度 | % |
| | | 毕业生满意度 | % |
| | | 用人单位满意度 | % |
| 产教深度融合效能 | 平台建设 | 牵头产教联盟(职教集团)个数 | 个 |
| | | 牵头行业产教融合共同体个数 | 个 |
| | | 牵头市域产教联合体个数 | 个 |
| | | 参与产教联盟、共同体、联合体的个数 | 个 |
| | | 产业学院个数 | 个 |
| | 实训基地 | 开放型区域产教融合实践中心个数 | 个 |
| | | 生均工位数 | 个 |
| | | 示范性实训基地个数 | 个 |
| | 专业共建 | 有无专业动态调整机制 | — |
| | | 合作企业总数 | 家 |
| | | 合作开发职业技能等级标准个数 | 个 |
| | | "鲁班工坊"或"丝路学院"个数 | 个 |
| | 教学资源 | 共建资源库数 | 个 |
| | | 共建课程数 | 门 |
| | | 共建教材数 | 部 |

续表

| 一级指标 | 二级指标 | 三级指标 | 单位 |
| --- | --- | --- | --- |
| 人才培养效能 | 培养模式 | 中国特色学徒制累计培养学生数 | 人 |
| | | 长学制人才培养累计培养学生数 | 人 |
| | | 订单班或工匠班等其他培养模式累计培养学生数 | 人 |
| | 培养质量 | 学生省级及以上技能大赛获奖人数（含学科竞赛） | 人 |
| | | 学生职业技能等级证书获取率 | % |
| | 就业质量 | 整体毕业去向落实率 | % |
| | | 到大型企业就业人数比例 | % |
| | | 到中小微企业就业比例 | % |
| | | 留在当地就业比例 | % |
| | | 自主创业比例 | % |
| | | 毕业生月平均薪酬 | 元 |
| | | 毕业三（五）年晋升比例 | % |
| 双师培育效能 | 专任教师 | "双师型"教师比例 | % |
| | | 博士占比 | % |
| | | 高级职称教师占比 | % |
| | | 省级及以上教师创新团队累计数量 | 个 |
| | 兼职教师 | 企业兼职教师年课时总量 | 课时 |
| | | 年支付企业兼职教师课酬金额 | 万元 |
| | 教师成果 | 参与行指委、教指委的人数 | 人 |
| | | 教师主持重大（省级及以上）课题数量 | 项 |
| 技术技能融合效能 | 技术平台 | 市级及以上技能大师工作室累计数 | 个 |
| | | 省级及以上教师培训基地累计数量 | 个 |
| | 职业培训 | 职业培训项目数 | 项 |
| | | 职业培训人次 | 人次 |
| | | 职业培训到款额 | 万元 |
| | | 赴国（境）外指导和开展培训人天 | 人天 |
| | 技术服务 | 横向技术服务到款额 | 万元 |
| | | 纵向科研经费到款额 | 万元 |
| | | 技术产权交易收入 | 万元 |
| | | 实用新型专利获取数量 | 件 |
| | | 发明专利获取数量 | 件 |

## 一、融合发展保障机制的效能评价指标

职业教育与民营经济的深度融合,是激活人才供给侧与产业需求侧匹配效能的核心路径,而保障机制则是维系这一融合系统可持续运转的战略基石。当前,产教融合普遍面临"制度悬浮化、参与碎片化、资源分散化"的困境:政策缺乏协同执行载体,校企合作依赖临时性项目驱动,民营企业尤其是中小微企业因成本风险顾虑参与乏力。若无系统化的保障机制支撑,融合将止步于表面化、短期化的"协议合作",难以形成人才共育、技术共研、成果共享的深层次共生生态。构建涵盖组织建设、机制设计、资源供给与满意度反馈的保障体系,实质是通过制度创新破解多元主体利益博弈的结构性矛盾,为融合发展提供稳定性、可预期性和抗风险能力,最终实现职业教育与民营经济从"机械叠加"到"化学反应"的质变升级。

因此,本章构建了组织建设、制度建设、保障条件、满意度等4个二级指标、12个三级指标的保障机制效能评价指标体系,如表4-2所示。

表4-2　　　　　融合发展保障机制效能评价指标

| 一级指标 | 二级指标 | 三级指标 | 指标含义 |
| --- | --- | --- | --- |
| 融合发展的保障机制 | 组织建设 | 产教融合组织机构 | 学校是否设有专门的产教融合组织机构 |
| | | 产教融合专职人员数 | 从事产教融合工作的专职员工人数 |
| | | 产教融合专业委员会 | 是否有省、市、校级产教融合专业委员会 |
| | 机制建设 | 产教融合相关制度数量 | 学校出台的产教融合相关制度数量 |
| | | 产教融合、校企合作专项规划 | 学校有无制订产教融合专项规划 |
| | | 混合所有制办学数 | 学校混合所有制办学试点个数 |
| | 保障条件 | 企业(准)捐赠额 | 获得企业(准)捐赠金额(每年) |
| | | 智慧校园评价得分 | 省级智慧校园综合评价得分 |
| | | 实习专项经费 | 学校(含企业)用于学生实习实训相关的专项资金(每年) |
| | 满意度 | 在校生满意度 | 学校在读学生对课程设置、实训条件、师资水平、本园服务等总体满意度评价 |
| | | 毕业生满意度 | 毕业离校学生对就业支撑、职业发展、整体教育的评价 |
| | | 用人单位满意度 | 用人单位对学生综合素质的满意度 |

### (一) 组织建设

组织建设是融合发展的治理根基,其3个三级指标聚焦于解决"谁主导、谁执行、谁监督"的核心问题。通过"机构实体化—人员专职化—决策专业化"三层递进结构,量化评估组织体系的完备性与有效性,避免学校产教融合工作陷入"多头管理、无人负责"的困境。指标"产教融合组织机构"用于检验是否建立跨主体的实体化协调机构,破除部门壁垒;指标"产教融合专职人员数"用于衡量组织运行的人力资源保障强度,反映执行效能;指标"产教融合专业委员会"用于评估产教融合领域决策的科学性与行业适配度。通过"机构—人员—智库"三重穿透,将抽象的组织建设转化为可测量、可改进的行动框架,为融合发展提供坚实的治理底座。

### (二) 机制建设

职业教育与民营经济融合发展的保障机制建设中,机制建设发挥着连接组织架构与实施成效的关键枢纽作用。机制建设的核心功能在于通过制度化的合作框架和创新性的治理模式,破解长期制约产教深度融合的"校热企冷""资源错配"等结构性难题。机制建设下设3个三级指标,指标"产教融合相关制度数量"通过量化区域或院校制定的专项政策数量,评估产教融合制度环境的成熟度和产教融合发展的可持续性。指标"产教融合、校企合作专项规划"用于测量战略协同的系统性,评估是否制定3—5年期的专项发展规划,重点关注专业动态调整机制、"五金"建设路径、多元主体权责清单等;指标"混合所有制办学数"用于测量办学机制的创新性,统计产权改革实践的深度与广度,重点监测混改模式多样性、企业要素参与度、国有资产监管机制等。

### (三) 保障条件

保障条件作为融合发展的资源底盘,聚焦"资金—技术—人力"三大核心要素的可持续供给,设计了企业(准)捐赠额、智慧校园评价得分、实习专项经费等3个三级指标,其中企业(准)捐赠额用于量化社会资本投入强度,反映市场对融合的价值认同;智慧校园评价得分用于测量数字化基座对产教协同的支撑能力;实习专项经费保障实践环节资源刚性投入,用于测量校企协同发展中实践教学资源的配置强调。三者构成"资源注入—能力升级—过程保障"的闭环,通过评价高职院校产教融合的保障条件及投入情况,有助于深入了解产教深度融合发展中存在的资源设备陈旧、数据孤岛、实习虚化等痛点,从而推动教育资源与企业技术前沿的同步进化。

### (四)满意度

满意度是融合发展的终极效能量尺,聚焦学生成长链,围绕"在校培养—职业发展—市场认可"三阶段,设立3个三级指标。指标"在校生满意度"测量学生学习过程的产教融合渗透率,反映教学过程与产业需求的实时适配度;"毕业生满意度"用于检验学生1—3年的岗位胜任力、职业生涯续航力和社会认同力,衡量学生职业发展的可持续性,反映了职业教育对学生长期生涯发展的支撑力;"用人单位满意度"用于评价人才对企业生产力提升的贡献值;三者构成"培养质量—就业质量—用人效能"的闭环验证体系。此体系通过学生—校友—雇主的全视角验证,使产教融合从模糊的政策概念转化为可量化、可优化、可治理的精密系统工程。

## 二、产教深度融合效能评价体系

产教深度融合是促进职业教育内涵式建设的重要路径,其发展高度依赖于职业院校与企业之间优势资源的协同整合,这对于职业院校在推进产教融合深化进程中,确保其教育定位的准确性及人才培养目标的实现至关重要。

一般而言,资源投入的规模与产教融合的深度之间存在正向关联。在职业院校探索产教融合的实践中,资源投入主要有两种表现方式:实训设施的投入和资金的投入。随着产教融合深度推进,需要一系列的教育过程配合产教融合的推进将资源转换成育人成效,这一系列的教育过程包括但不限于专业建设、基地建设、课程设置、教学与培训等。因此,本章从平台建设、实训基地、专业共建、教学资源4个要素层面,构建了4个二级指标、15个三级指标的产教深度融合效能评价体系,如表4-3所示。

表 4-3 产教深度融合效能评价体系

| 一级指标 | 二级指标 | 三级指标 | 指标含义 |
|---|---|---|---|
| 产教深度融合效能 | 平台建设 | 牵头产教联盟（职教集团）个数 | 牵头组建的国家级、省级、市级产教联盟数量 |
| | | 牵头行业产教融合共同体个数 | 牵头组建的国家级、省级、市级行业产教融合共同体数量 |
| | | 牵头市域产教联合体个数 | 牵头组建的国家级、省级、市级行业产教融合共同体数量 |
| | | 参与产教联盟、共同体、联合体的个数 | 参与国家级、省级产教联盟、行业产教融合共同体、市域产教联合体的数量 |
| | | 产业学院个数 | 共建实体化运行产业学院个数 |
| | 实训基地 | 开放型区域产教融合实践中心个数 | 牵头建设国家级、省级、市级开放型区域产教融合实践中心个数 |
| | | 生均工位数 | 实训基地总工位数与学生总数比值 |
| | | 示范性实训基地个数 | 获批国家级、省级示范性实训基地个数 |
| | 专业共建 | 专业动态调整机制 | 是否有专业动态调整机制 |
| | | 合作企业总数 | 学校合作的民营企业总数 |
| | | 合作开发职业技能等级标准个数 | 校企共同开发的职业技能等级标准的个数 |
| | | "鲁班工坊"或"丝路学院"个数 | 开设"鲁班工坊"或"丝路学院"办学点个数 |
| | 教学资源 | 共建资源库数量 | 校企合作主持共建的国家级、省级教学资源库数量 |
| | | 共建课程数量 | 校企合作主持共建的国家级、省级课程数量 |
| | | 共建教材数量 | 校企合作主持共建的国家级、省级教材数量 |

## （一）平台建设

平台建设是产教融合的载体引擎。根据教育部《行业产教融合共同体建设指南》《关于深化现代职业教育体系建设改革的意见》等文件要求，聚焦构建"主导力—精准度—生态位—实体化"四维评价模型，设立了5个三级指标。指标"牵头平台数（联盟/共同体/联合体）"测量跨区域资源的整合力；指标"牵头行业产教融合共同体个数"用于反映学校对国家战略产业的服务力；指标"牵头市域产教联合体个数"衡量学校对区域经济的驱动力；指标"参与产教联盟、共同体、联合体等平台总数"可有效检验跨界协同和生态融入的广度；指标"产业学院个数"可用于评估产教共生实体根基。五个指标构成了"战略引领—生态融入—载体落地"的闭环，破解融合中"碎片化合作、无实体承载"的瓶颈，将产教融合从"活动式参与"推向"体系化深耕"，最终实现教育链、人才链与产业链的"螺旋式共生"。

### （二）实训基地

在产教深度融合的背景下，实训基地建设是实现理论与实践相结合、知识与技能同步提升的重要平台。实训基地作为连接职业教育与企业实际需求的桥梁，不仅为学生提供了一个模拟真实工作环境的学习场所，同时也为企业输送了适应岗位需求的高质量技术技能人才。实训基地的建设水平直接关系到职业教育的质量和效果，是衡量产教深度融合效能的关键指标之一。实训基地的有效运作，需要依托于完善的硬件设施和先进的实训设备。这些设施不仅包括基础的实验室和车间，还应涵盖与行业发展同步的先进技术和设备。此外，实训基地的建设还需要企业深度参与，通过校企合作，企业可以提供实时的行业动态和岗位需求，帮助学校及时调整实训内容和教学方法，确保学生所学与企业所需无缝对接。

从实训基地建设的角度评价产教深度融合效能时，可以从开放型区域产教融合实践中心个数、生均工位数、示范性实训基地个数三个维度进行考量。这些指标不仅衡量了实训基地的规模和硬件条件，也体现了学生参与实践的程度和企业对实训基地的支持力度。

### （三）专业共建

专业建设是职业教育对接产业发展、实现人才培养目标的核心环节。产教融合背景下的专业建设，要求专业设置与区域产业紧密结合，通过精准定位专业方向，优化课程体系，提升教育服务产业发展的能力。专业建设的效能体现在专业与市场需求的匹配度、专业特色的发展以及对学生职业能力的培养效果上。专业建设的有效实施，需要学校与企业共同参与。学校应根据企业的实际需求和产业发展趋势，调整和优化专业结构，开发与区域经济紧密结合的特色专业。同时，企业应参与到专业课程的开发和教学中，提供行业经验和技术支持，帮助学校构建与企业实际工作相符的教学内容和教学模式。

从专业建设的角度评价产教深度融合效能时，可以从专业动态调整机制、合作企业总数、合作开发职业技能等级标准个数、"鲁班工坊"或"丝路学院"个数四个维度入手。这些指标不仅可以衡量专业建设的适应性和针对性，也是衡量专业建设成效的重要依据。

### （四）教学资源

教育部《职业教育提质培优行动计划》提出要校企共建共享教学资源，"十四五"规划明确要求专业教学资源随产业动态更新率达40%以上。教学资源是产教融合的"知识转化枢纽"。本体系中围绕校企共建教学资源，提出课程共建、教材共建、资源库共建3个三级指标，构建形成了"动态开发—标准固化—开放共享"的闭环模型。指标"共建课程数量"用于统计新增/修订课程中企业实质性参与比例，通过技术时效性、案例真实性、实践课时占比等维度，测量知识迭代时效性，直面"教滞后于产"的问题。指标"共建教材数量"聚焦新技术、新工艺、新规范、新方法，用于检验能力标准化程度，破解"学用脱节"。指标"共建资源库数量"用于评估资源共享效能，有助于打破学校之间的信息壁垒，驱动教学革命。

## 三、人才培养效能评价体系

人才培养效能是衡量职业教育质量和效果的重要指标，也是推动产教融合战略深入实施的关键因素。通过有效培养符合市场需求的高素质技术技能人才，职业教育不仅能够满足民营经济的人才需求，还能够促进经济结构的优化和产业升级，为区域经济发展注入新的活力。人才培养效能的高低直接关系到毕业生的就业质量和职业发展。一个高效的人才培养体系能够确保学生在校期间获得充分的理论知识和实践技能训练，从而在毕业后迅速适应职场环境，实现顺利就业。此外，通过跟踪毕业生的就业去向和职业发展路径，教育机构可以及时调整教育教学策略，更好地满足民营经济的发展需求。

在评价人才培养效能时，应届毕业生就业率、自主创业比例、毕业生月收入以及毕业三年晋升比例等是重要的评价维度。这些指标不仅衡量了毕业生的就业情况和职业发展水平，还能够为职业教育的改革和发展提供数据支持。通过分析这些指标，教育管理部门和职业院校可以更加精准地把握教育质量，优化专业设置和课程体系，提升教育服务产业发展的能力。因此，本章从培养模式、培养质量、就业质量3个要素层面，构建了3个二级指标、12个三级指标的人才培养效能评价体系，如表4-4所示。

表4-4　　　　　　　　人才培养效能评价体系

| 一级指标 | 二级指标 | 三级指标 | 指标含义 |
| --- | --- | --- | --- |
| 人才培养效能 | 培养模式 | 中国特色学徒制累计培养学生数 | 中国特色学徒制培养的学生人数 |
| | | 长学制人才培养累计培养学生数 | 中高职、中高企、中高本一体化培养的学生人数 |
| | | 订单班或工匠班等其他培养模式累计培养学生数 | 订单班、工匠班等培训的学生人数 |
| | 培养质量 | 学生省级及以上技能大赛获奖人数（含学科竞赛） | 学生获世界级、国家级、省级技能大赛、学科竞赛、创新创业（含乡村振兴）大赛等获奖数量 |
| | | 学生职业技能等级证书获取率 | 学生获世界级、国家级、省级职业技能证书获得比例 |
| | 就业质量 | 整体毕业去向落实率 | 已落实毕业去向毕业生数占整体毕业生数的比值 |
| | | 到大型企业就业人数比例 | 到大型企业就业毕业生数占整体就业（升学、入伍除外）毕业生数的比值 |
| | | 到中小微企业就业比例 | 到中小微企业就业毕业生数占整体就业（升学、入伍除外）毕业生数的比值 |
| | | 留在当地就业比例 | 毕业生留在学校所在地就业的 |
| | | 自主创业比例 | 自主创业毕业生数占整体毕业生数的比值 |
| | | 毕业生月平均薪酬 | 直接就业毕业生月平均薪酬 |
| | | 毕业三（五）年晋升比例 | 直接就业毕业生三（五）年晋升比例 |

### （一）培养模式

产教融合背景下，人才培养模式从规模供给向精准适配转型，成为破解"人才供给侧与产业需求侧结构性矛盾"的关键支点。本评价体系聚焦企业参与深度、技能学历贯通程度、培养目标清晰度三个维度，设立了中国特色学徒制累计培养学生数、长学制人才培养累计培养学生数、订单班或工匠班等其他培养模式累计培养学生数 3 个三级指标，构建了"技能扎根—生涯贯通—匠技突破"的三维模型。据教育部监测数据显示，这三项指标协同发展的院校，其毕业生三年薪资涨幅达行业均值的 186%，企业研发参与度比全国评价高出 45%，标志着人才培养效能从"量"到"质"的系统跃迁。

### （二）培养质量

在产教融合效能评价体系中，学生培养效能是衡量人才培养质量的直接输出端。本评价体系围绕人才培养质量，提出省级及以上技能大赛获奖学生人数（含学科竞赛）、学生职业技能等级证书获取率等 2 个三级指标，通过竞赛显能力、证书定资格，将抽象的人才质量转化为可量化、可治理的精密尺度。技能竞赛作为学术培养质量的关键指标之一，其在激发学生学习兴趣、提升学生实践能力和创新精神方面发挥着重要作用。技能竞赛为学生提供了一个展示自己技术技能、交流学习经验、接受挑战和检验的平台，通过竞赛，学生能够将所学知识和技能应用于实际问题解决中，从而有效提升自己的技术水平和竞争力。此外，技能竞赛还具有强烈的导向作用。它能够根据市场需求和产业发展方向，引导职业院校调整专业设置和课程内容，使之更加符合企业的实际需求。评价技能竞赛的效能，可以从学生技能大赛获奖数量，学生创新创业大赛获奖数量等维度进行测量。这些指标衡量了学生技能竞赛的参与度、质量和效果，是评价职业教育人才培养质量的重要依据。

### （三）就业质量

在探讨职业教育与民营经济融合发展的效能评价体系中，毕业生就业作为人才培养效能的重要二级指标，其核心地位不言而喻。毕业生去向落实率不仅是衡量职业教育质量的关键指标，也是产教融合成效的直观体现。该指标的优化与提升，对于促进学生顺利过渡到职场、满足企业用人需求以及推动地区经济发展具有重要意义。

在人才培养效能的评价体系中，自主创业比例作为一个重要的三级指标，凸显了职业教育在培养学生创新精神和创业能力方面的成效。该指标不仅衡量了毕业生就业的新趋势，也是衡量职业教育对社会经济发展贡献的重要维度。在当前经济结构转型和创新驱动发展战略的大背景下，提升自主创业比例对于促进就业、激发市场活力、推动产业升级具有显著的社会效益。

除了就业率和自主创业比例，毕业生的就业质量还体现在毕业生到大型企业就业人数占比、到中小微企业就业人数、留在当地就业壁垒等几个维度，这3个指标衡量了毕业生就业的层次和质量，是评价人才培养效能的重要依据。

毕业生月平均薪酬、毕业三（五）年晋升比例这两个指标反映的是学生的职业发展能力。学生职业发展作为人才培养效能的另一关键指标，关注的是毕业生在职场中的长期成长和职业晋升情况，它们共同构成了评价毕业生职业发展状况的多维度指标体系。毕业生的持续发展能力是对职业教育质量的间接衡量，通过建立完善的毕业生跟踪反馈机制，收集毕业生的就业信息和职业发展数据，分析毕业生发展中存在的问题和挑战，进而调整教育教学策略，可提供更为精准的就业指导和服务。通过这些措施，可以有效提升毕业生的职业发展潜力，促进其在职场中的快速成长和价值实现。

## 四、双师培育效能评价体系

双师培育效能不仅是衡量职业教育质量的关键指标，更是推动产教融合深入实施的核心动力。双师型教师凭借其理论知识与实践技能的双重优势，能够有效地连接学校教育与企业需求，促进教育内容与企业实际的紧密结合，从而提升学生的综合素质和就业竞争力。此外，企业师资的参与为职业教育注入了新的活力。企业兼职教师通过参与课程教学、指导学生实习实训等活动，不仅提高了教育的实践性和针对性，还增强了学生对企业文化和工作环境的适应能力。这种校企合作的模式，有助于促进企业与职业院校之间的良性互动，实现资源共享、优势互补，推动双方共同发展。

在评价体系中，双师培育效能的提升不仅体现在教师数量的增加，更体现在教师质量的提高。通过定期对双师型教师进行专业培训和能力评价，可以确保教师团队始终保持高水平的教学和科研能力。因此，本章紧扣双师培育效能，从专任教师、兼职教师、教师成果3个要素层面，构建了3个二级指标、8个三级指标的双师培育效能评价体系，如表4-5所示。

表4-5　　　　　　　　双师培育效能评价体系

| 一级指标 | 二级指标 | 三级指标 | 指标含义 |
| --- | --- | --- | --- |
| 双师培育效能 | 专任教师 | "双师型"教师比例 | 双师型教师占全校教师比例 |
| | | 博士占比 | 博士人数占全校教师比例 |
| | | 高级职称教师占比 | 高级职称教师占全校教师比例 |
| | | 省级及以上教师创新团队累计数量 | 获批国家级、省级、市级教师教学创新团队个数 |
| | 兼职教师 | 企业兼职教师专业课课时占比 | 企业兼职教师专业课授课课时占总专业课课时的比值 |
| | | 年支付企业兼职教师课酬 | 每年支付企业兼职教师的课时费金额 |
| | 教师成果 | 参与行指委、教指委的人数 | 参加国家级、省级行业指导委员会、教育指导委员会的教师人数 |
| | | 教师主持重大（省级及以上）课题数量 | 教师主持国家级、省部级纵向科研项目数 |

### （一）专任教师

在学校专任教师培养的效能评价中，双师型教师的培养占据了核心地位。双师型教师，即同时具备理论教学能力和实践操作技能的教师，是产教融合背景下职业教育质量提升的关键。这类教师不仅能够为学生提供扎实的理论知识教育，还能够传授实际工作中的技能和经验，从而更好地满足社会和企业对高素质技术技能人才的需求。博士、高级职称教师比例是衡量学校师资队伍核心竞争力和创新策源力的关键指标，是企业"卡脖子"核心技术的攻克者和行业岗位能力标准的开发者，也是将产业前沿技术向教学转化的核心枢纽，是产教深度融合发展的智力基础设施。教师创新团队通常由具有丰富教学经验和专业技术背景的教师组成。高水平双师结构创新团队数量是衡量职业院校在推动产教融合、创新人才培养模式方面的重要指标。这一指标不仅衡量了职业院校在构建理论与实践相结合的师资队伍方面的成果，而且体现了学校在促进教育创新、提升教育质量方面的努力和成效。高水平双师结构创新团队数量的增加，意味着职业院校能够提供更多的创新教育资源和平台，为学生提供更加多元化和个性化的学习体验。

### （二）兼职教师

企业兼职教师主要指那些在企业中具有专业技术知识和丰富实践经验，能够参与职业教育教学工作的人员，是破解技术教学校企隔离的核心载体，在产教融合中扮演着至关重要的角色。他们在将企业的实际需求和最新技术动态带入教学过程中发挥着桥梁作用，对提高学生的实践能力和就业质量具有显著影响。2024年教育部监测数据显示：当企业技术骨干实质性参与职业教育教学时，学术技术适配率提升至91%，比传统教学模式高出26%。指标"企业兼职教师专业课课时占比"是指企业技术骨干承担专业核心课程的比例，这一比例反映了学生与产业技术直接对接的几率。企业工程师将最新生产工艺标准植入教学各环节，使知识迭代从3年缩短至6个月。指标"年支付企业兼职教师课时费金额"通过课酬支付金额体现教育对产业智慧的价值回馈，也是衡量技术知识向高职教育渗透的深度。这两个指标衡量了企业师资在职业教育中的参与程度和对教育贡献的经济激励情况。

### （三）教师成果

教师成果作为双师培育效能评价的二级指标，其核心价值在于破解职业教育"重教学轻产业、重数量轻质量、重研究轻转化"等深层矛盾。指标"参与行指委、教指委人数"用于评价教师获得行业标准制定权，借助行指委、教指委平台，为学校争取更多的话语权，并主导制定行业标准、推动新兴专业更新迭代与动态调整；通过主持省级以上课题，驱动教师攻克企业真实技术难题，并将科技创新成果反哺为活页教材、虚拟仿真实训等教学资源，极大缩短技术转化周期。这两项指标形成"标准话语权—技术反哺力"的双向赋能闭环。更关键的是，指标重构教师发展路径——行指委履职效力等同核心论文，横向课题经费纳入职称评审，彻底扭转"唯论文"倾向。实现教师从"知识传授者"向"产业定义者"的质变，这正是产教融合从形式结合走向实质共生的中枢引擎。

## 五、技术技能融合效能评价体系

技术技能融合效能是衡量职业教育与民营经济融合发展成效的关键指标，它直接关联到职业教育对于经济发展的贡献度和人才培养的适用性。在当前经济结构转型和产业升级的大背景下，技术技能的融合能力成为推动民营经济创新发展的核心动力。

高水平的技术技能融合效能意味着职业教育系统能够有效地将理论知识与实践技能结合起来，培养学生的创新能力和实际操作能力。这种融合不仅提升了学生的就业竞争力，也为企业输送了能够快速适应岗位需求、推动技术进步和产业创新的人才。对于民营经济而言，这种人才的供给是实现企业可持续发展、增强市场竞争力的关键。通过技能大师工作室、技术孵化和创业基地等平台，职业院校可加强与民营企业的技术研发合作，推动科技成果转化应用。在加速新技术、新工艺、新产品开发和推广的同时，还有助于形成以技术创新为核心的竞争优势，提升民营经济的整体竞争力。再者，技术技能融合效能的提升有助于优化职业教育资源配置。通过技能竞赛、技术服务水平等指标的评价和反馈，职业院校可以更加精准地识别教育资源配置的不足和浪费，从而实现教育资源的优化整合和高效利用。这不仅提高了教育资源的使用效率，也为职业教育的可持续发展提供了坚实的物质基础。因此，本章从技术平台、职业培训、技术服务3个要素层面，构建了3个二级指标、12个三级指标的技术技能融合效能评价体系，如表4-6所示。

表 4-6　　　　　　　　技术技能融合效能评价体系

| 一级指标 | 二级指标 | 三级指标 | 指标含义 |
| --- | --- | --- | --- |
| 技术技能融合效能 | 技术平台 | 市级及以上技能大师工作室累计数量 | 获批国家级、省级、市级技能大师工作室个数 |
| | | 省级及以上教师培训基地累计数量 | 获批国家级、省级教师培训基地个数 |
| | 职业培训 | 职业培训项目数 | 学校职业培训的项目类型数 |
| | | 职业培训人次 | 学校每年完成的职业培训人次 |
| | | 职业培训到款额 | 承接企业职业培训任务获取的经费 |
| | | 赴国（境）外指导和开展培训人天 | 教师赴国（境）外开展指导或职业培训的人天数 |

续表

| 一级指标 | 二级指标 | 三级指标 | 指标含义 |
| --- | --- | --- | --- |
| 技术技能融合效能 | 技术服务 | 横向技术服务到款额 | 承担民营企业技术服务项目获得的经费总额 |
| | | 纵向科研经费到款额 | 承担纵向科研项目获得的经费总额 |
| | | 技术产权交易收入 | 年度各类技术产权交易到款金额 |
| | | 实用新型专利获取数量 | 年度实用新型专利授权件数 |
| | | 发明专利获取数量 | 年度发明专利授权件数 |
| | | 专利成果转化到账金额 | 年度各类专利成果转移转化到账经费 |

## （一）技术平台

技术平台作为衡量技术技能融合效能的重要二级指标，其建设与运营状况直接关系到职业教育与民营经济融合的深度与广度。技术平台包括技能大师工作室、技术孵化和创业基地、生产性实训基地等，是连接学校教育与企业实际需求的桥梁和纽带，旨在促进技术技能的交流与合作。这些平台不仅为学生提供了实践操作和技术应用的场所，同时也为企业研发创新提供了技术支持和人才培养的基地。

技能大师工作室是由具有高超技艺的技能大师领衔，集合一批技术骨干，共同开展技术攻关、技艺传承、研发创新等活动的场所，为学生提供了近距离观摩和学习的机会，同时也为企业解决技术难题提供了智力支持。通过工作室的运作，可以有效地将企业的实际需求与职业教育的培养目标相结合，实现技术技能的快速迭代和更新。省级及以上教师培训基地依托高水平职业院校或产教融合型企业建立，以技能大师工作室为细胞单元、产业技术前沿为课程内核、标准制定与认证为功能出口的区域性师资赋能平台，其核心价值在于构建"技术攻坚—师资培育—标准反哺"的闭环系统。基地汇聚省级以上技术能手、大国工匠、产业教授组成领衔团队，将企业亟待攻克的工艺难题转化为模块化培训项目，通过真实产线工单解析＋跨企业技术痛点库教学，实现教师技术能力与产业需求的动态同频。

## （二）职业培训

职业培训是打通技术技能供需关系的核心机制，是学校服务区域民营经济发展的重要途径。职业培训聚焦民营企业生产一线技术痛点，借助学校人才智力优势，面向企业员工开展技术培训和指导，实现产业技术需求与教育资源的高效耦合。对民营经济而言，职业培训直接推动中小微企业员工技能缺乏困局：通过精准提升技术骨干技术技能，减轻企业人力成本，助力企业员工结构性优化，因此，职业院校通过职业培训跃升为区域民营企业的人才储备基地与创新策源地。指标"职业培训项目数"指院校年度开设的模块化认证培训项目的按总量，每个项目需满足"30学时以上+颁发省级技能证书"双门槛，重点对区域新兴产业的新技术培训；指标"职业培训到款额"是指职业院校通过开展各类培训项目，如技能提升、职业资格认证等所获得的收入，这一指标的增长说明职业院校在满足社会和企业多样化培训需求方面发挥了重要作用，有助于提高劳动者的技能水平和就业竞争力；指标"职业培训人次"是指每年学校对企业员工（含技术骨干、新入职员工、企业管理者等）开展的各类技术技能培训的人次，反映了学校技术技能渗透到企业的覆盖率。

### （三）技术服务

技术服务水平直接关联到职业教育对经济社会发展的贡献。技术服务水平包括横向技术服务到款额、纵向科研经费到款额、非学历培训到款额以及实用新型专利和发明专利数量，这些指标衡量了职业院校在技术服务、科研创新和知识产权创造方面的能力和成果。横向技术服务到款额衡量了职业院校与企业合作开展技术研究、产品开发、技术改造等活动所获得的经济收益。这一指标的增长表明职业院校在服务区域经济发展、推动产业升级方面发挥了积极作用。通过技术服务，职业院校能够将教学研究成果转化为实际生产力，促进了科技成果的产业化和市场化。纵向科研经费到款额则体现了职业院校在国家级或省级科研项目中的参与度和获得的经费支持。这一指标的提高意味着职业院校在科研领域的竞争力和影响力得到了增强，有助于提升职业教育的整体水平和社会地位。实用新型专利和发明专利数量则直接衡量了职业院校在技术创新和知识产权保护方面的成就。专利数量的增加不仅显示了职业院校的创新能力，也为其带来了潜在的经济效益和市场竞争优势。

# 第五节　职业教育与民营经济融合发展的第三方评价

第三方评价是指由独立于政府管理部门和职业院校之外的专业机构，依据行业技术标准和企业用人需求，对职业院校的办学质量、人才培养效果及社会服务能力进行客观评估的监督机制。其核心价值在于打破"政府管学校、学校自评价"的传统闭环，通过引入行业组织、龙头企业、专业认证机构等社会力量，建立基于证据链的制衡体系。评价内容一般聚焦三大维度：一是课程内容与产业技术发展的同步性，重点核查实训设备是否匹配先进生产线、教材是否反映新工艺标准；二是毕业生实际岗位胜任力，追踪就业稳定性、薪资涨幅及企业满意度数据；三是院校服务区域经济的效能，量化技术攻关解决能力、培训民企员工规模等指标。第三方机构通过建立国家职业资格框架对接的评价模型，采用大数据监测、企业实地访谈、技能盲测等方法，形成公开透明的评级报告。这种机制倒逼院校从"向上负责"转向"向市场需求负责"，推动专业设置随产业升级动态调整，实训资源向真实生产环境靠拢，最终实现教育供给链与产业人才链的无缝对接。

## 一、第三方评价的实施过程

教育质量评价中第三方评价主要分为三个阶段：规划阶段、实施阶段、应用阶段。规划阶段，在签订评价协议时，首先是明确评价的主体与客体，包括评价的发起方和受评价方，如职业院校、政府机构、基金会或其他社会组织等，并在协议中详细说明在评价结果出现分歧时的解决机制，以确保双方的责任、权利和利益界定清晰。其次，在评价协议中需阐述评价的目标，无论该评价是绩效性评价还是生成性评价。由于第四代评价理念主张在评价时应聚焦于利益相关方的问题点、争议点和关注点，因此在评价前双方应当在协议中厘清评价体系中的利益相关者。

同时，鉴于评价主体和客体可能存在背景和价值观的差异，协议中应尽可能详细说明所采用的评价方法。通常情况下，评价过程中会借用较多的数据、文献等资料，在协议中应尽可能明确这些文本资料、电子资料的使用规则，包括资料的获取途径、使用范围、保密措施以及相关资料无法获取时的应对策略。委托方有权了解评价执行方及其团队的资质，包括单不限于教育背景、相关经验、培训情况，所选方法和工具的有效性，以及选取样本的信度和效度。此外，评价的时间和经费预算对评价计划至关重要，协议中应详细说明评价的实施过程、可能遇到的问题和挑战，以达成评价双方的共识。

在执行评价活动时，坚守科学、客观及可执行的原则至关重要，这些原则是避免评价结果真实性和可靠性的基石。在评价实施过程中应保持中立和客观，以确保个人主观对评价结果的干扰。在信息处理和评价结论生成时，必须保持前后标准统一，避免多种标准导致的结果失真。

## 二、第三方评价的工作流程

在规划、实施、应用阶段都有相应的具体工作内容，三个评价阶段的主要工作流程如图 4-2 所示。

1. 评价团队的组建和培训。针对职业院校的质量评价，其过程包含广泛的信息搜集与数据分析工作，这些任务的复杂性往往超出个人能力范围。因此构建一个专业的评价团队并进行恰当的分工成为评价工作启动的先决条件。评价团队的多样性为采用多元化的评价策略提供了可能，有助于有效应对和解决在评价过程中出现的各种问题和争议。专家资源的积累和团队的组建直接反映了独立第三方评价机构的竞争力，因而，进行充分的团队组建是确保评价工作顺利开展的基础。

2. 与评价对象沟通。在对职业院校进行效能评价时，与院校下属的二级学院、教师、学生等进行沟通是不可或缺的环节。并且随着新的利益相关者如用人单位、学生家长等的出现，他们以各自的方式会对评价活动产生影响。在这种情况下，与评价对象进行持续的沟通变得尤为关键，因为与利益相关者的协商可能在整个评价流程中是一个持续循环的过程。

3. 界定利益相关者。评价过程中的利益相关者包括所有在评价活动中存在利益关系的个体或集体。一般将利益相关者分为代理人、受益人和受害人三种。所谓代理人，是指那些参与、利用或执行评价活动的个体；受益人则指在评价过程中获益的一方；而受害人可能因评价活动而遭受不利影响。

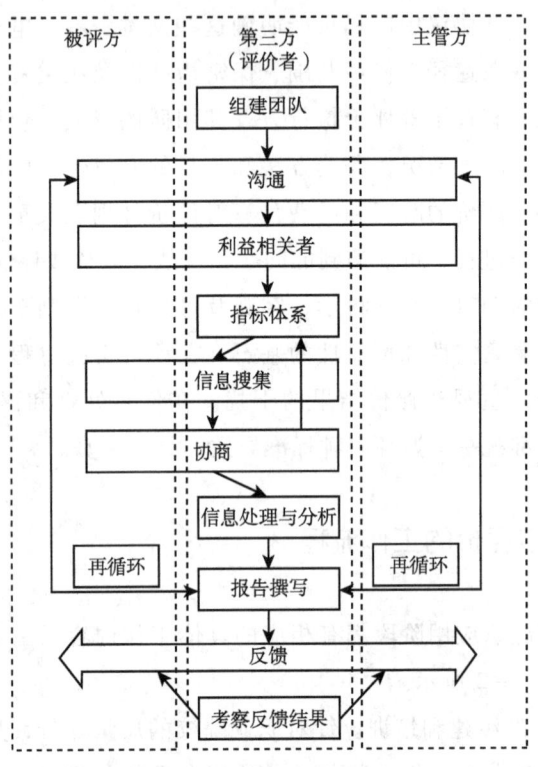

图 4-2　第三方评价流程

4. 指标体系的构建。评价活动总是围绕着既定目的展开,而评价指标是达成这些目的的具体手段。评价指标体系是评价目标的可执行化和具体化,是评价工作的根本依据和评价方案的关键要素。指标体系的科学性水平直接关系到评价的可靠性与有效性,从而影响评价的整体质量。一般来说,评价指标体系是通过对目标的逐层细化而形成,进而构建一个层级化的模块或树状结构的指标集合。每个指标集合由多个子指标集合构成,而这些子指标集合又进一步细分为更小的子集,直至达到无法再分解的基本单元,即末级指标。

5. 指标权重的分配和确立。指标权重量化是表达各个评价指标相对重要性和影响力的数值。鉴于不同指标的重要性存在差异,其相应的权重也不同。例如,在对职业教育与民营经济融合发展效能进行评价时,可以将其划分为民企参与办学效能、产教深度融合效能、人才培养效能、双师培育效能、技术技能融合效能 5 个一级指标,对应的权重分别是 0.16、0.30、0.19、0.11、0.24。权重取值区间为 [0,1],且同级指标的权重之和为 1。

6. 搜集信息。搜集和整理职业院校的相关材料是评价工作开展的基础。所搜集信息的真实性和完整性将直接影响评价结果的客观性和公正性。一般来说，在教育质量评价过程中信息搜集有以下几种方法：（1）访谈搜集；（2）问卷调查与样本抽样；（3）观察法；（4）实地调查法；（5）文献搜集。

7. 协商谈判。在多元价值体系中，评价往往不会只考虑单一评价者的价值取向，通常都会通过协商谈判来展示利益相关者各方的价值取向。在此机制中，每个利益群体的主张都应被认真地界定和考虑。在出现分歧时，需列举所有支持或反对某一立场的证据，解释的过程意在促进重构而非单方面辩驳。

8. 信息数据资料的分析处理。在实际操作中，评价职业教育质量所采用的方法和技术多种多样，不同的分类标准反映了不同的问题观察视角和不同的分析角度。依据不同的分类方式，关注的焦点也会随之变化，不同的分类结果可为教育质量评价提供多维理解。对不同评价方法技术进行对比分析，不仅有助于梳理各种评价方法之间的相互关系，也有助于清晰地展示高等职业教育评价方法的知识体系；同时，也能用于调和因采用不同评价方法而产生的分歧，使评价者能够结合具体的情境，选择合适的评价方法，进而更有效地实现评价目标。

9. 撰写评价报告。撰写评价报告时，应遵循客观性、针对性和导向性等基本原则。客观性要求报告的撰写基于实际证据进行深入分析，报告应进行充分论证，体现过程关注与结果关注相结合、定量分析与定性分析相结合、形成评价与诊断推断相结合的要求。针对性则要求所撰写的评价报告应针对被评学校的实际情况，避免笼统和公式化，直面问题。导向性意味着评价工作应始终坚持正确的方向，结合评价体系，分析职业教育与民营经济融合发展过程中的成效与不足，并提出发展建议。

10. 评价结论反馈。反馈，作为控制理论中的一个核心概念，是指将系统输出的信息重新输入，以此对系统产生进一步影响。在产教融合背景下，职业教育与民营经济融合效能评价结果的反馈是其评价过程中重要的一环，缺乏反馈机制的评价将会失去其存在的意义。评价的最终目的不只是评价，更需要对评价中发现的问题进行诊断，明确产生问题的原因，并提出改进措施。只有将评价结果有效地反馈给职业院校，才能实现评价的意义，从而达到提升产教融合水平和育人质量的目的。

# 第五章　职业教育与民营经济融合发展评价模型

在第四章构建职业教育与民营经济融合发展评价指标体系的基础上，本章对浙江省11个地市的27所高职院校自2020年到2024年的职业教育与民营经济融合发展状况进行评价。重点介绍高职院校侧的融合水平评价模型，计算各高职院校的融合发展水平综合指数，并进一步构建浙江省职业教育与民营经济融合发展水平的区域差异、类型差异，以及时间动态演化模型。

## 第一节　评价模型的构建

### 一、概述

本章的重点内容是构建学校侧职业教育与民营经济融合发展评价模型，本研究在引入熵权法（Entropy Weight Method，EWM）、层次分析法（Analytic Hierarchy Process，AHP）、逼近理想解排序法（Technique for Order Preference by Similarity to Ideal Solution，TOPSIS）的基础上引入灰色关联度分析法（Grey Relational Analysis，GRA），通过科学组合上述方法，形成有机的效能评价模型体系，以确保评价的科学性和全面性。

熵权法在评价过程中的应用主要是为了确定各评价指标的客观权重。在职业教育与民营经济融合发展的评价中，不同的指标对整体融合效果的影响程度是不同的，通过熵权法计算各指标的熵权，可以客观地反映出各指标的相对重要性，从而为后续形成综合评价的权值提供基础。该方法能够根据实际数据的波动情况来确定权重，是最常用的综合评价客观赋权方法之一。

层次分析法能够通过构建层次结构模型，确定评价目标，将复杂的决策问题分解为多个层次和影响因素，从而帮助决策者系统地评估不同指标的重要性。这不仅有助于确保评价体系的完整性，还能结合专家判断，弥补仅依赖数据可能遗漏的主观信息。

逼近理想解排序法在评价过程中的作用是对多维指标的降维量化处理。在确定了各指标的权重之后，我们需要对各个决策单元，即多个一级评价指标进行综合评价。通过计算各决策单元与正理想解和负理想解的相对距离，提供一个量化的优劣排序。这种方法能够综合考虑所有指标的信息，给出一个综合的评价结果，使决策者能够更直观地了解各地区或时间段在职业教育与民营经济融合方面的表现。

灰色关联度分析法在评价过程中能很好地体现当前评价样本的一级评价指标量化序列与理想量化序列的几何形状相似程度。在职业教育与民营经济融合发展的评价中，我们需要关注不同一级评价指标之间的相互作用关系以及它们的发展趋势，灰色关联度分析法可以帮助我们揭示这些因素之间的关联程度，从而找出推动或阻碍融合发展的关键因素。这种方法的优点在于它不需要大量的数据支持，也不受数据的线性或非线性关系的限制，因此非常适合于复杂系统中的动态评价。

本章构建的职业教育与民营经济融合发展水平评价模型的具体流程如图 5-1 所示，分为五个核心阶段，实现从数据标准化到综合排序的完整分析。一是确定用来评估融合发展水平的指标，并对其进行标准化处理，确保所有数据都在相同的尺度上，以便于后续分析。二是使用熵权法对评估数据的分布情况计算熵值，并基于熵值计算每个指标的权重，反映其在整体评估中的重要性。三是使用层次分析法构建判断矩阵，通过主客观权值融合的组合赋权方法重新计算三级指标权重向量。四是使用逼近理想解排序法对标准化数据进行加权运算，并确定每个指标的正理想解和负理想解，然后计算每个指标与正负理想解的欧式距离。五是引入灰色关联度分析法计算正负理想解的灰色关联系数，并对其与欧式距离进行无量纲化处理，最后合并无量纲评价结果，形成学校侧的融合发展指数。

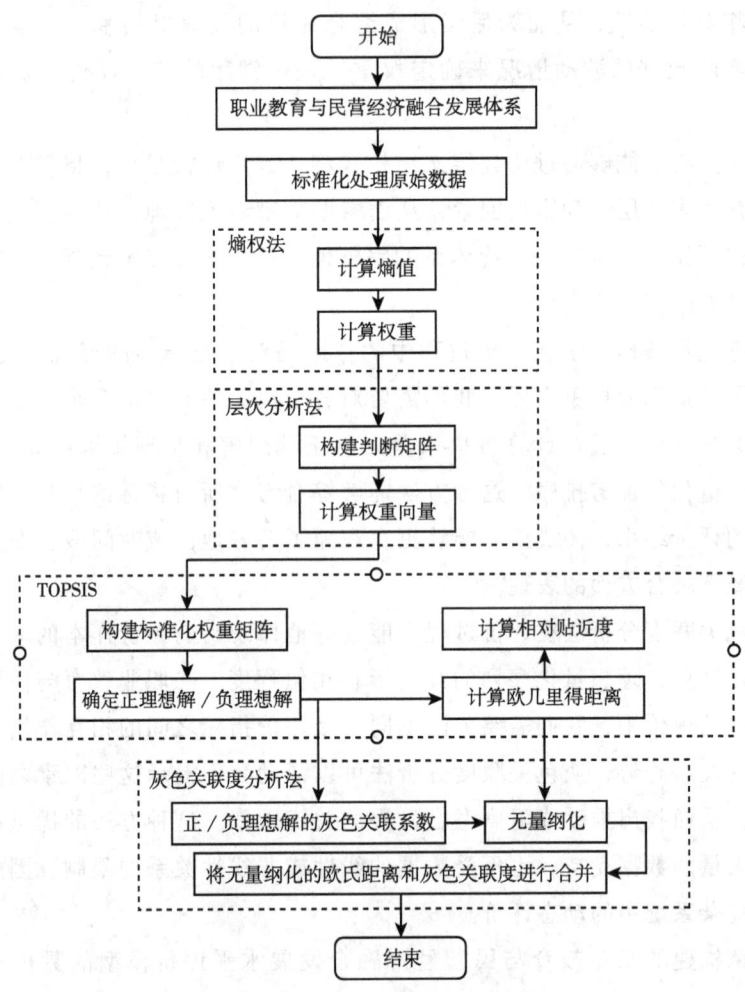

图 5-1 评价模型的构建流程

综上可知，本章构建的评价模型不仅能够客观地反映出各评价对象的绝对量，还能体现评价对象的时空发展特征，并揭示关键因素之间的相互作用关系，为政策制定者提供了更加全面的信息支持。

## 二、基于熵权法的指标体系权重确定

### （一）熵权法概述

熵权法是一种基于信息熵理论的客观赋权方法，通过量化指标数据的离散程度确定权重。其核心思想是指标数据变异程度越大,则该指标数据的信息熵值越小,所承载的信息量越多,对综合评价的贡献度越高,该指标的权重也越大,反之,权重则越小。相较于德尔菲法(Delphi Method)、层次分析法等主观赋权方法,熵权法通过数据驱动,客观反映各评价指标对评价目标的贡献,能有效规避人为因素干扰,适用于多指标、多样本的复杂系统评价。该方法在教育发展评估、区域经济和社会发展等领域得到了广泛应用。

应用熵权法计算权值之前,首先,要根据评价指标体系收集多维度评价数据,使之形成 $m$ 个样本、$n$ 个指标构成的原始数据矩阵 $\boldsymbol{R}=(x_{ij})_{m \times n}$,其中,$x_{ij}$ 代表第 $i$ 个评价样本的第 $j$ 项指标的数值。其次,需对原始数据矩阵实施标准化处理,以消除不同指标间的量纲差异。再次,利用信息熵公式计算各指标的熵值,并对其进行归一化处理。最后,得出各指标的权重。

在职业教育与民营经济融合发展研究中,熵权法的适用性体现在两方面:①评价对象多维性。需整合融合发展的保障机制、产教深度融合效能、人才培养效能、双师培育效能、技术技能融合效能等多维度指标,熵权法通过计算指标的离散程度来客观分配权重,避免了指标重要性的误判。②数据来源异质性。问卷数据、统计年鉴数据等量纲与量级差异显著,通过熵权法的标准化处理能消除数据不可比性,确保数据的可比性。

## (二)构造原始矩阵

$$\boldsymbol{R} = \begin{pmatrix} x_{11} & \cdots & x_{1n} \\ \vdots & \ddots & \vdots \\ x_{m1} & \cdots & x_{mn} \end{pmatrix} \qquad 公式(5-1)$$

其中,$m$ 代表研究样本数量,即评价对象(高职院校)的数量(27 所)乘以研究的年数(5 年),取值为 $27 \times 5$,$n$ 代表三级评价指标的数量,本章取值为 59。$x_{ij}$ 为第 $i$ 个评价样本第 $j$ 项三级评价指标的原始值,其中 $i \in \{1, 2, \cdots, 27 \times 5\}$,$j \in \{1, 2, \cdots, 59\}$。

## (三)数据标准化处理

为了有效规避主观偏差,需要量化指标信息熵的离散程度实现客观赋权。正向指标和负向指标的意义不同,前者越大越好,后者则越小越优。鉴于本书所有指标均为正向,故无须考虑负向指标的计算。由原始矩阵 $\boldsymbol{R}$ 到标准化

矩阵 $\mathbf{Z} = (z_{ij})_{m \times n}$ 的计算过程如下：

$$z_{ij} = \frac{x_{ij} - \min_i\{x_{ij}\}}{\max_i\{x_{ij}\} - \min_i\{x_{ij}\}} \qquad 公式（5-2）$$

### （四）信息熵与权重计算

1. 计算第 $i$ 个样本第 $j$ 项指标的贡献度矩阵 $\mathbf{P} = (p_{ij})_{m \times n}$。

$$p_{ij} = \frac{z_{ij}}{\sum_{i=1}^{m} z_{ij}} \qquad 公式（5-3）$$

2. 计算第 $j$ 项指标熵值 $e_j$，该值用来量化指标数据集的离散程度。

$$e_j = -\frac{1}{\ln m} \sum_{i=1}^{m} p_{ij} \ln p_{ij} \qquad 公式（5-4）$$

对 27 所高职院校 5 年的标准化数据，通过公式（5-4）计算每一个评价指标的熵值，得到浙江省各高职院校侧的职业教育与民营经济融合发展水平的三级指标熵值共 59 个，如表 5-1 所示。

表 5-1　　　　　　　　三级评价指标熵值 $e_j$

| 编号 $j$ | 三级评价指标内容 | $e_j$ |
| --- | --- | --- |
| 1 | 有无专门的产教融合组织机构 | 0.9305 |
| 2 | 产教融合专职人员数（人） | 0.8197 |
| 3 | 有无产教融合专业委员会 | 0.8602 |
| 4 | 产教融合相关制度数量（个） | 0.8814 |
| 5 | 有无产教融合、校企合作专项规划 | 0.9262 |
| 6 | 混合所有制办学数（个） | 0.7547 |
| 7 | 企业（准）捐赠额（万元） | 0.1033 |
| 8 | 智慧校园评价得分 | 0.9842 |
| 9 | 实习专项经费（万元） | 0.7613 |
| 10 | 在校生满意度（%） | 0.9927 |
| 11 | 毕业生满意度（%） | 0.9884 |
| 12 | 用人单位满意度（%） | 0.9907 |
| 13 | 牵头产教联盟（职教集团）个数（个） | 0.8845 |
| 14 | 牵头行业产教融合共同体个数（个） | 0.7406 |

续表

| 编号 $j$ | 三级评价指标内容 | $e_j$ |
|---|---|---|
| 15 | 牵头市域产教联合体个数（个） | 0.7295 |
| 16 | 参与产教联盟、共同体、联合体的个数（个） | 0.7850 |
| 17 | 产业学院个数（个） | 0.9109 |
| 18 | 开放型区域产教融合实践中心个数（个） | 0.5637 |
| 19 | 生均工位数（个） | 0.9148 |
| 20 | 示范性实训基地个数（个） | 0.9094 |
| 21 | 有无专业动态调整机制 | 0.9859 |
| 22 | 合作企业总数（个） | 0.9175 |
| 23 | 合作开发职业技能等级标准个数（个） | 0.6023 |
| 24 | "鲁班工坊"或"丝路学院"个数（个） | 0.8095 |
| 25 | 共建资源库数（个） | 0.8425 |
| 26 | 共建课程数（门） | 0.8950 |
| 27 | 共建教材数（部） | 0.8980 |
| 28 | 中国特色学徒制累计培养学生人数（人） | 0.8823 |
| 29 | 长学制人才培养累计培养学生人数（人） | 0.9281 |
| 30 | 订单班或工匠班等其他培养模式累计培养学生人数（人） | 0.9382 |
| 31 | 学生省级及以上技能大赛获奖人数（含学科竞赛）（人） | 0.9342 |
| 32 | 学生职业技能等级证书获取率（%） | 0.9786 |
| 33 | 整体毕业去向落实率（%） | 0.9207 |
| 34 | 到大型企业就业人数比例（%） | 0.9175 |
| 35 | 到中小微企业就业比例（%） | 0.9898 |
| 36 | 留在当地就业比例（%） | 0.9692 |
| 37 | 自主创业比例（%） | 0.8938 |
| 38 | 毕业生月平均薪酬（元） | 0.9699 |
| 39 | 毕业三（五）年晋升比例（%） | 0.9751 |
| 40 | "双师型"教师比例（%） | 0.9797 |
| 41 | 博士占比（%） | 0.9188 |
| 42 | 高级职称教师占比（%） | 0.9849 |
| 43 | 省级及以上教师创新团队累计数量（个） | 0.8589 |

续表

| 编号 $j$ | 三级评价指标内容 | $e_j$ |
|---|---|---|
| 44 | 企业兼职教师年课时总量（课时） | 0.9704 |
| 45 | 年支付企业兼职教师课酬金额（万元） | 0.1696 |
| 46 | 参与行指委、教指委的人数（人） | 0.8369 |
| 47 | 教师主持重大（省级及以上）课题数量（项） | 0.8780 |
| 48 | 市级及以上技能大师工作室累计数量（个） | 0.8486 |
| 49 | 省级及以上教师培训基地累计数量（个） | 0.7121 |
| 50 | 职业培训项目数（项） | 0.9213 |
| 51 | 职业培训人次（人次） | 0.4370 |
| 52 | 职业培训到款额（万元） | 0.1417 |
| 53 | 赴国（境）外指导和开展培训人天（人天） | 0.5248 |
| 54 | 横向技术服务到款额（万元） | 0.8907 |
| 55 | 纵向科研经费到款额（万元） | 0.8175 |
| 56 | 技术产权交易收入（万元） | 0.6518 |
| 57 | 实用新型专利获取数量（件） | 0.8465 |
| 58 | 发明专利获取数量（件） | 0.8146 |
| 59 | 专利成果转化到账金额（万元） | 0.6856 |

3. 计算第 $j$ 项三级评价指标的熵权 $\omega_j'$。

$$\omega_j' = \frac{1 - e_j}{\sum_{j=1}^{n}(1 - e_j)} \qquad \text{公式（5-5）}$$

4. 汇总成 5 个一级评价指标熵权 $\omega_o$。（见表 5-2）。

表 5-2　　　　　一级评价指标熵权

| 编号 $k$ | 一级指标内容 | $\omega_s(k)$ |
|---|---|---|
| 1 | 融合发展的保障机制 | 0.1925 |
| 2 | 产教深度融合效能 | 0.2503 |
| 3 | 人才培养效能 | 0.0675 |
| 4 | 双师培育效能 | 0.1343 |
| 5 | 技术技能融合效能 | 0.3555 |

### (五) 采用层次分析法修正一级评价指标权重

由表 5-2 可知,一级评价指标中技术技能融合效能、产教深度融合效能权重较高,体现了职业教育通过技术创新和产教融合服务区域民营经济转型升级,实现职业教育和产业发展的双向赋能。而人才培养效能的熵权明显偏低,未能充分体现出人才培养作为高职院校核心任务和推动职业教育与民营经济融合发展的基础性定位。为此,我们通过组织专家问卷的形式,收集一级指标相对重要性进行比较,并采用 1—9 标度的层次分析法[①],重新评估 5 个一级评价指标的综合权重。具体步骤如下:

1. 设计专家问卷,并收集专家评估数据。专家根据自身经验和知识,需对一级指标中两两因素对于影响职业教育与民营经济融合程度的相对重要性进行比较,其评估尺度划分为五个等级,分为极强、超强、强、稍强、同等,数字标度为 9、7、5、3、1,每两个数字之间存在着中间的强度值(如 8、6、4、2),共有 9 个评估尺度,具体说明如表 5-3 所示。

表 5-3　　　　　　层次分析法 1—9 标度含义

| 评估尺度 | 数字标度 | 说明 |
| --- | --- | --- |
| 同等 | 1 | 表示两个因素相比存在同等的重要性 |
| 较强 | 3 | 一个因素与另一个因素相比稍微重要 |
| 强 | 5 | 一个因素与另一个因素相比明显重要 |
| 超强 | 7 | 一个因素与另一个因素相比非常重要 |
| 极强 | 9 | 一个因素与另一个因素相比绝对重要 |
| 其他 | 2、4、6、8 | 相邻标度中间值 |

2. 建立层次结构模型。明确目标层为评价浙江省高职院校侧的"职业教育与民营经济融合发展水平",准则层包括如融合发展的保障机制、产教深度融合效能、人才培养效能、双师培育效能、技术技能融合效能等五个方面。

3. 构造判断矩阵。基于专家问卷数据 $a_{ij}^{(k)}$(表示第 $k$ 位专家对第 $i$ 个指标

---

[①] T. L. Saaty. Axiomatic foundation of the analytic hierarchy process [J]. Management Science, 1986, 32 (07).

相对于第 $j$ 个指标的数字标度），采用对专家判断矩阵的同位置元素取几何平均①的方法构造判断矩阵 $(a_{ij})_{5 \times 5}$，其中 $a_{ji} = 1/a_{ij}$。

$$a_{ij} = \left( \prod_{k=1}^{K} a_{ij}^{k} \right)^{\frac{1}{K}} \qquad 公式（5-6）$$

4. 计算权重向量。求解判断矩阵 $A = (a_{ij})_{5 \times 5}$ 的最大特征值 $\lambda_{max}$ 及其对应的特征向量 $\omega'_S$，即满足：

$$A\omega'_S = \lambda_{max} \omega'_S \qquad 公式（5-7）$$

5. 一致性检验。确保判断矩阵对指标间的相对重要性具有一致性，避免逻辑上的矛盾。先计算判断矩阵的一致性指标 $CI$，再计算一致性比率 $CR$，其中随机一致性指标 $RI$ 可查表 5-4 得到。要求 $CR < 0.1$，若一致性比率超过允许范围，则需重新比较并调整判断矩阵，直至其满足一致性要求。

$$CI = \frac{\lambda_{max} - n}{n - 1}, CR = \frac{CI}{RI} \qquad 公式（5-8）$$

表 5-4　　　　　　　　　一致性指标 $RI$

| 矩阵阶数 $n$ | 1 | 2 | 3 | 4 | 5 | 6 | 7 | 8 |
|---|---|---|---|---|---|---|---|---|
| $RI$ | 0 | 0 | 0.52 | 0.89 | 1.12 | 1.26 | 1.36 | 1.41 |

6. 计算层次分析法权值。对 $\omega'_S$ 进行归一化处理得到一级评价指标主观权值 $\omega_S$，对计算结果进行局部微调，得到一级评价指标层次分析法主观权值，如表 5-5 所示。

表 5-5　　　　　　　　　层次分析法主观权值

| 编号 $k$ | 指标内容 | $\omega_S(k)$ |
|---|---|---|
| 1 | 融合发展的保障机制 | 0.15 |
| 2 | 产教深度融合效能 | 0.20 |
| 3 | 人才培养效能 | 0.30 |
| 4 | 双师培育效能 | 0.15 |
| 5 | 技术技能融合效能 | 0.20 |

---

① Escobar, María Teresa, and José María Moreno-Jiménez. Reciprocal Distributions in the Analytic Hierarchy Process [J]. European Journal of Operational Research, 2000 (123): 154-174.

7. 计算最终的三级评价指标权值。应用公式（5-9），计算形成59个三级评价指标组合赋权权值，如表5-6所示。

$$\omega_j = \omega_j' \times \frac{\omega_s(k)}{\omega_0(k)} \qquad 公式（5-9）$$

表 5-6　　　　　　　　　　组合赋权权值

| 一级指标 | 二级指标 | 三级指标 | $\omega_j$ |
|---|---|---|---|
| 融合发展的保障机制（0.15） | 组织建设（0.0291） | 有无专门的产教融合组织机构 | 0.0052 |
| | | 产教融合专职人员数（人） | 0.0135 |
| | | 有无产教融合专业委员会 | 0.0104 |
| | 机制建设（0.0327） | 产教融合相关制度数量（个） | 0.0089 |
| | | 有无产教融合、校企合作专项规划 | 0.0055 |
| | | 混合所有制办学数（个） | 0.0183 |
| | 保障条件（0.0860） | 企业（准）捐赠额（万元） | 0.0670 |
| | | 智慧校园评价得分 | 0.0012 |
| | | 实习专项经费（万元） | 0.0178 |
| | 满意度（0.0021） | 在校生满意度（%） | 0.0005 |
| | | 毕业生满意度（%） | 0.0009 |
| | | 用人单位满意度（%） | 0.0007 |
| 产教深度融合效能（0.2） | 平台建设（0.0727） | 牵头产教联盟（职教集团）个数（个） | 0.0088 |
| | | 牵头行业产教融合共同体个数（个） | 0.0199 |
| | | 牵头市域产教联合体个数（个） | 0.0207 |
| | | 参与产教联盟、共同体、联合体的个数（个） | 0.0165 |
| | | 产业学院个数（个） | 0.0068 |
| | 实训基地（0.0468） | 开放型区域产教融合实践中心个数（个） | 0.0334 |
| | | 生均工位数（个） | 0.0065 |
| | | 示范性实训基地个数（个） | 0.0069 |
| | 专业共建（0.0525） | 有无专业动态调整机制 | 0.0011 |
| | | 合作企业总数（个） | 0.0063 |
| | | 合作开发职业技能等级标准个数（个） | 0.0305 |
| | | "鲁班工坊"或"丝路学院"个数（个） | 0.0146 |
| | 教学资源（0.0279） | 共建资源库数（个） | 0.0121 |
| | | 共建课程数（门） | 0.0080 |
| | | 共建教材数（部） | 0.0078 |

续表

| 一级指标 | 二级指标 | 三级指标 | $\omega_j$ |
|---|---|---|---|
| 人才培养效能 (0.3) | 培养模式 (0.1071) | 中国特色学徒制累计培养学生人数（人） | 0.0502 |
| | | 长学制人才培养累计培养学生人数（人） | 0.0306 |
| | | 订单班或工匠班等其他培养模式累计培养学生人数（人） | 0.0263 |
| | 培养质量 (0.0371) | 学生省级及以上技能大赛获奖人数（含学科竞赛）（人） | 0.0280 |
| | | 学生职业技能等级证书获取率（%） | 0.0091 |
| | 就业质量 (0.1551) | 整体毕业去向落实率（%） | 0.0338 |
| | | 到大型企业就业人数比例（%） | 0.0352 |
| | | 到中小微企业就业比例（%） | 0.0044 |
| | | 留在当地就业比例（%） | 0.0131 |
| | | 自主创业比例（%） | 0.0452 |
| | | 毕业生月平均薪酬（元） | 0.0128 |
| | | 毕业三（五）年晋升比例（%） | 0.0106 |
| 双师培育效能 (0.15) | 专任教师 (0.0276) | "双师型"教师比例（%） | 0.0022 |
| | | 博士占比（%） | 0.0087 |
| | | 高级职称教师占比（%） | 0.0016 |
| | | 省级及以上教师创新团队累计数量（个） | 0.0151 |
| | 兼职教师 (0.0921) | 企业兼职教师年课时总量（课时） | 0.0032 |
| | | 年支付企业兼职教师课酬金额（万元） | 0.0889 |
| | 教师成果 (0.0306) | 参与行指委、教指委的人数（人） | 0.0175 |
| | | 教师主持重大（省级及以上）课题数量（项） | 0.0131 |
| 技术技能融合效能 (0.2) | 技术平台 (0.0237) | 市级及以上技能大师工作室累计数量（个） | 0.0082 |
| | | 省级及以上教师培训基地累计数量（个） | 0.0155 |
| | 职业培训 (0.1065) | 职业培训项目数（项） | 0.0042 |
| | | 职业培训人次（人次） | 0.0304 |
| | | 职业培训到款额（万元） | 0.0463 |
| | | 赴国（境）外指导和开展培训人天（人天） | 0.0256 |
| | 技术服务 (0.0704) | 横向技术服务到款额（万元） | 0.0059 |
| | | 纵向科研经费到款额（万元） | 0.0098 |
| | | 技术产权交易收入（万元） | 0.0188 |
| | | 实用新型专利获取数量（件） | 0.0083 |
| | | 发明专利获取数量（件） | 0.0100 |
| | | 专利成果转化到账金额（万元） | 0.0176 |

## 三、基于逼近理想解排序法的定量测度评价指标体系

### （一）逼近理想解排序法概述

逼近理想解排序法（以下简称"TOPSIS法"）[①] 是一种多准则决策分析方法，其核心思想是通过计算评价对象与正理想解及负理想解的相对距离，量化对象的综合优劣程度，从而得到评价对象的总体水平。正理想解代表各指标最优值集合，负理想解代表各指标最劣值集合，最终以贴近度，即与正、负理想解的接近程度作为排序依据。该方法因其综合性、直观性与计算稳定性，广泛应用于经济、教育、环境等领域的综合评价。

运用TOPSIS法计算浙江省27所高职院校自2020年到2024年的各评价指标量化值与最优解及最劣解的接近程度，从而得出反映高职院校职业教育与民营经济融合水平的相对贴近度指标。

### （二）TOPSIS法模型

1. 计算标准化矩阵。对贡献度矩阵 $\boldsymbol{P}=(p_{ij})_{m\times n}$ 进行标准化，得到标准化矩阵 $\boldsymbol{B}=(b_{ij})_{m\times n}$，其中：

$$b_{ij} = \frac{p_{ij}}{\sqrt{\sum_{i=1}^{m} p_{ij}^2}} \qquad \text{公式（5-10）}$$

2. 计算加权矩阵。利用组合赋权法计算所得的一级指标权重 $w_k$，对标准化矩阵中的 $b_{ij}$ 进行加权，形成加权矩阵 $\boldsymbol{C}=(c_{ij})_{m\times n}$。

$$c_{ij} = b_{ij} \times \omega_j \qquad \text{公式（5-11）}$$

3. 确定正理想解 $c^+$ 和负理想解 $c^-$。

$$c^+ = [c_1^+, c_2^+, \cdots, c_n^+]; c^- = [c_1^-, c_2^-, \cdots, c_n^-] \qquad \text{公式（5-12）}$$

正理想解为：

$$c_j^+ = \begin{cases} \max_i\{c_{ij}\}, j \text{ 为正向指标} \\ \min_i\{c_{ij}\}, j \text{ 为负向指标} \end{cases} \qquad \text{公式（5-13）}$$

---

[①] 夏勇其，吴祈宗. 一种混合型多属性决策问题的TOPSIS方法 [J]. 系统工程学报，2004，19 (06)：630-634.

负理想解为：

$$c_j^- = \begin{cases} \min_i\{c_{ij}\}, j \text{ 为正向指标} \\ \max_i\{c_{ij}\}, j \text{ 为负向指标} \end{cases} \qquad 公式（5-14）$$

4. 计算相对贴进度。

（1）计算每个评价对象，即加权矩阵中每一行（$c_{i1}$，$c_{i2}$，…，$c_{in}$）到正理想解 $c^+$ 的欧式距离。

$$d_i^+ = \sqrt{\sum_{j=1}^n (c_{ij} - c_j^+)^2}, i \in \{1 \cdots m\} \qquad 公式（5-15）$$

（2）计算每个评价对象，即加权矩阵中每一行（$c_{i1}$，$c_{i2}$，…，$c_{in}$）到负理想解 $c^-$ 的欧式距离。

$$d_i^- = \sqrt{\sum_{j=1}^n (c_{ij} - c_j^-)^2}, i \in \{1 \cdots m\} \qquad 公式（5-16）$$

（3）计算每个评价对象的相对贴近度。$d_i^-$ 越大，与负理想解的距离越大，$d_i^+$ 越小，与正理想解的距离越小，相对贴近度综合反映了与负理想解的远离程度，以及与正理想解的接近程度。

$$s_i = \frac{d_i^-}{d_i^- + d_i^+}, i \in \{1 \cdots m\} \qquad 公式（5-17）$$

## （三）TOPSIS 法计算

1. 计算加权矩阵。根据公式（5-9）、公式（5-10）和公式（5-11），将各项指标权重与标准化矩阵中的各项指标进行加权运算，并汇总至一级指标，得到加权矩阵，2024 年加权矩阵如表 5-7 所示。

表 5-7　　　　　　　加权矩阵 $C$（2024 年）

| 学校编号 | 融合发展的保障机制 | 产教深度融合效能 | 人才培养效能 | 双师培育效能 | 技术技能融合效能 |
|---|---|---|---|---|---|
| AA | 0.00185 | 0.00280 | 0.00255 | 0.00058 | 0.00333 |
| AB | 0.00068 | 0.00035 | 0.00112 | 0.00058 | 0.00013 |
| AC | 0.00059 | 0.00167 | 0.00235 | 0.00044 | 0.00041 |
| AD | 0.00171 | 0.00358 | 0.00189 | 0.00108 | 0.00092 |
| AE | 0.00157 | 0.00679 | 0.00209 | 0.00065 | 0.00137 |

续表

| 学校编号 | 融合发展的保障机制 | 产教深度融合效能 | 人才培养效能 | 双师培育效能 | 技术技能融合效能 |
|---|---|---|---|---|---|
| AF | 0.00021 | 0.00068 | 0.00221 | 0.00049 | 0.00015 |
| AG | 0.00099 | 0.00333 | 0.00392 | 0.00095 | 0.00159 |
| AH | 0.00010 | 0.00080 | 0.00273 | 0.00067 | 0.00082 |
| AI | 0.00048 | 0.00312 | 0.00238 | 0.00069 | 0.00135 |
| AJ | 0.00065 | 0.00102 | 0.00176 | 0.07153 | 0.00024 |
| AK | 0.00076 | 0.00327 | 0.00391 | 0.00108 | 0.00309 |
| AL | 0.00056 | 0.00200 | 0.00267 | 0.00076 | 0.00033 |
| AM | 0.00054 | 0.00246 | 0.00128 | 0.00318 | 0.00065 |
| AN | 0.00026 | 0.00204 | 0.00290 | 0.00077 | 0.00063 |
| AO | 0.00258 | 0.00119 | 0.00286 | 0.00026 | 0.00043 |
| AP | 0.00045 | 0.00189 | 0.00416 | 0.00050 | 0.00055 |
| AQ | 0.00048 | 0.00208 | 0.00108 | 0.00032 | 0.00020 |
| AR | 0.00031 | 0.00549 | 0.00166 | 0.00033 | 0.00030 |
| AS | 0.00074 | 0.00165 | 0.00290 | 0.00067 | 0.00193 |
| AT | 0.00306 | 0.00401 | 0.00474 | 0.00055 | 0.00156 |
| AU | 0.00038 | 0.00027 | 0.00221 | 0.00002 | 0.00016 |
| AV | 0.00051 | 0.00221 | 0.00227 | 0.00083 | 0.00124 |
| AW | 0.06301 | 0.00193 | 0.00547 | 0.00120 | 0.00503 |
| AX | 0.00024 | 0.00153 | 0.00358 | 0.00029 | 0.03756 |
| AY | 0.00087 | 0.00100 | 0.00258 | 0.00013 | 0.00058 |
| AZ | 0.00055 | 0.00269 | 0.00186 | 0.00043 | 0.00024 |
| BA | 0.00032 | 0.00122 | 0.00085 | 0.00018 | 0.00007 |

2. 确定正、负理想解。根据公式（5-13）和公式（5-14）计算得到评价指标体系中的正理想解和负理想解。

3. 求解 TOPSIS 相对贴近度。根据公式（5-15）和公式（5-16），求出评价样本到正理想解和负理想解的欧式距离，再根据公式（5-17）求出理想解的相对贴近度 $s_i$，2024 年相对贴进度计算结果如表 5-8 所示。

表 5-8　　　　　　　　TOPSIS 相对贴近度（2024 年）

| 学校编号 | 到正理想解的距离 $d_i^+$ | 到负理想解的距离 $d_i^-$ | 相对贴近度 $s_i$ |
|---|---|---|---|
| AA | 0.13215 | 0.01521 | 0.10325 |
| AB | 0.13408 | 0.00493 | 0.03550 |
| AC | 0.13328 | 0.00941 | 0.06593 |
| AD | 0.13279 | 0.01284 | 0.08816 |
| AE | 0.13214 | 0.01813 | 0.12066 |
| AF | 0.13334 | 0.00780 | 0.05524 |
| AG | 0.13173 | 0.01603 | 0.10850 |
| AH | 0.13318 | 0.00943 | 0.06616 |
| AI | 0.13272 | 0.01232 | 0.08493 |
| AJ | 0.10038 | 0.08837 | 0.46820 |
| AK | 0.13128 | 0.01925 | 0.12788 |
| AL | 0.13268 | 0.01041 | 0.07274 |
| AM | 0.13197 | 0.01016 | 0.07148 |
| AN | 0.13265 | 0.01080 | 0.07526 |
| AO | 0.13288 | 0.01246 | 0.08573 |
| AP | 0.13230 | 0.01755 | 0.11710 |
| AQ | 0.13381 | 0.00625 | 0.04460 |
| AR | 0.13287 | 0.01703 | 0.11362 |
| AS | 0.13251 | 0.01157 | 0.08031 |
| AT | 0.13105 | 0.02443 | 0.15712 |
| AU | 0.13389 | 0.00905 | 0.06330 |
| AV | 0.13279 | 0.00971 | 0.06812 |
| AW | 0.11202 | 0.07056 | 0.38646 |
| AX | 0.12443 | 0.04690 | 0.27372 |
| AY | 0.13286 | 0.00873 | 0.06163 |
| AZ | 0.13316 | 0.00887 | 0.06244 |
| BA | 0.13420 | 0.00455 | 0.03278 |

## 四、逼近理想解排序法与灰色关联系数法相结合的评价指标测度方法

### (一) 灰色关联系数分析法概述

灰色关联系数分析法是一种基于灰色系统理论[①]的多因素分析方法,主要用于处理信息不完全、数据量有限或不确定性的复杂系统问题。它通过量化比较分析序列与参考序列之间的关联程度,来评估不同因素之间的影响关系或相似性,进而帮助决策者更好地理解系统的行为规律。下面的模型计算都以一级评价指标五个维度为例。

应用逼近理想解排序法和灰色关联系数法相结合的评价指标,能够有效评估各高职院校与理想融合发展状态的贴近程度。同时,由于灰色关联系数分析法对数据的完整性要求不高,适用于职业教育与民营经济融合发展评价各相关因素相互结合的复杂场景。

### (二) 灰色关联系数法模型

1. 计算正理想解的灰色关联系数。根据标准化数据 $(z_{ij})_{m \times n}$ 计算局部关联系数 $r_{ij}^+$,其中 $\rho \in (0, 1)$,为分辨系数,本章中取 $\rho = 0.5$。

$$r_{ij}^+ = \frac{\min_i \min_j |z_j^+ - z_{ij}| + \rho \max_i \max_j |z_j^+ - z_{ij}|}{|z_j^+ - z_{ij}| + \rho \max_i \max_j |z_j^+ - z_{ij}|} \qquad \text{公式 (5-18)}$$

$$r_i^+ = \frac{1}{n} \sum_{j=1}^n r_{ij}^+ \qquad \text{公式 (5-19)}$$

2. 计算负理想解的灰色关联系数。根据标准化数据 $(z_{ij})_{m \times n}$ 计算局部关联系数 $r_{ij}^-$,其中 $\rho \in (0, 1)$,为分辨系数,本章中取 $\rho = 0.5$。

$$r_{ij}^- = \frac{\min_i \min_j |z_j^- - z_{ij}| + \rho \max_i \max_j |z_j^- - z_{ij}|}{|z_j^- - z_{ij}| + \rho \max_i \max_j |z_j^- - z_{ij}|} \qquad \text{公式 (5-20)}$$

$$r_i^- = \frac{1}{n} \sum_{j=1}^n r_{ij}^- \qquad \text{公式 (5-21)}$$

3. 计算灰色关联系数。使用公式 (5-18)、公式 (5-19)、公式 (5-20)、

---

① 邓聚龙. 灰色系统理论教程 [M]. 武汉:华中理工大学出版社,1990.

公式（5-21）求解正、负理想解的灰色关联系数，2024年计算结果如表5-9所示。

表5-9　　　　　　　灰色关联系数（2024年）

| 学校编号 | 正理想解的灰色关联系数 $r_i^+$ | 负理想解的灰色关联系数 $r_i^-$ |
| --- | --- | --- |
| AA | 0.94641 | 0.99486 |
| AB | 0.94287 | 0.99864 |
| AC | 0.94401 | 0.99741 |
| AD | 0.94572 | 0.99568 |
| AE | 0.94714 | 0.99424 |
| AF | 0.94323 | 0.99823 |
| AG | 0.94637 | 0.99493 |
| AH | 0.94385 | 0.99758 |
| AI | 0.94518 | 0.99622 |
| AJ | 0.95475 | 0.98671 |
| AK | 0.94694 | 0.99433 |
| AL | 0.94438 | 0.99701 |
| AM | 0.94452 | 0.99620 |
| AN | 0.94454 | 0.99687 |
| AO | 0.94489 | 0.99656 |
| AP | 0.94495 | 0.99646 |
| AQ | 0.94345 | 0.99803 |
| AR | 0.94500 | 0.99647 |
| AS | 0.94507 | 0.99627 |
| AT | 0.94777 | 0.99354 |
| AU | 0.94292 | 0.99857 |
| AV | 0.94473 | 0.99666 |
| AW | 0.95838 | 0.98264 |
| AX | 0.95288 | 0.98850 |
| AY | 0.94380 | 0.99756 |
| AZ | 0.94412 | 0.99727 |
| BA | 0.94276 | 0.99875 |

### (三) 测度无量纲化

1. 无量纲化 TOPSIS 法得到的正、负理想解相对贴近度如下：

$$D_i^+ = \frac{d_i^+}{\max_i(d_i^+)}, D_i^- = \frac{d_i^-}{\max_i(d_i^-)} \qquad 公式（5-22）$$

2. 无量纲化正、负理想解的灰色关联系数如下：

$$R_i^+ = \frac{r_i^+}{\max_i(r_i^+)}, R_i^- = \frac{r_i^-}{\max_i(r_i^-)} \qquad 公式（5-23）$$

3. 将无量纲化正、负理想解相对贴近度和灰色关联系数进行合并融合。满足 $\alpha, \beta \in (0, 1)$，且 $\alpha + \beta = 1$，本章中取 $\alpha = \beta = 0.5$。

$$S_i^+ = \alpha D_i^- + \beta R_i^+, S_i^- = \alpha D_i^+ + \beta R_i^- \qquad 公式（5-24）$$

其中，$\alpha$、$\beta$ 反映了决策者对位置和现状的偏好倾向，$\alpha$ 越大，则结果 $S_i^+$、$S_i^-$ 更依赖于其相对贴近度，即更关注现有序列与理想序列之间的绝对距离大小；$\alpha$ 越小，则结果 $S_i^+$、$S_i^-$ 更依赖于灰色关联系数，即更关注现有序列与理想序列曲线几何形状的关联程度。

4. 无量纲化计算。根据公式（5-22）对 TOPSIS 法得到的正、负理想解相对贴近度进行无量纲化处理；使用公式（5-23）对正、负理想解的灰色关联系数进行无量纲化处理，2024 年计算结果如表 5-10 所示。

表 5-10　　　　　　无量纲化正、负理想解（2024 年）

| 学校编号 | 正理想解相对贴近度无量纲化 $D_i^+$ | 负理想解相对贴近度无量纲化 $D_i^-$ | 正理想解的灰色关联系数无量纲化 $R_i^+$ | 负理想解的灰色关联系数无量纲化 $R_i^-$ |
|---|---|---|---|---|
| AA | 0.98085 | 0.17216 | 0.98751 | 0.99513 |
| AB | 0.99516 | 0.05583 | 0.98382 | 0.99891 |
| AC | 0.98926 | 0.10646 | 0.98501 | 0.99769 |
| AD | 0.98564 | 0.14527 | 0.98679 | 0.99595 |
| AE | 0.98083 | 0.20517 | 0.98827 | 0.99452 |
| AF | 0.98973 | 0.08823 | 0.98420 | 0.99850 |
| AG | 0.97774 | 0.18140 | 0.98747 | 0.99520 |
| AH | 0.98848 | 0.10676 | 0.98484 | 0.99786 |
| AI | 0.98513 | 0.13939 | 0.98622 | 0.99650 |
| AJ | 0.74504 | 1.00000 | 0.99621 | 0.98699 |

续表

| 学校编号 | 正理想解相对贴近度无量纲化 $D_i^+$ | 负理想解相对贴近度无量纲化 $D_i^-$ | 正理想解的灰色关联系数无量纲化 $R_i^+$ | 负理想解的灰色关联系数无量纲化 $R_i^-$ |
|---|---|---|---|---|
| AK | 0.97444 | 0.21783 | 0.98807 | 0.99461 |
| AL | 0.98482 | 0.11778 | 0.98539 | 0.99729 |
| AM | 0.97955 | 0.11496 | 0.98554 | 0.99648 |
| AN | 0.98454 | 0.12216 | 0.98556 | 0.99715 |
| AO | 0.98628 | 0.14100 | 0.98592 | 0.99684 |
| AP | 0.98198 | 0.19856 | 0.98599 | 0.99674 |
| AQ | 0.99320 | 0.07068 | 0.98442 | 0.99830 |
| AR | 0.98621 | 0.19272 | 0.98604 | 0.99674 |
| AS | 0.98357 | 0.13093 | 0.98612 | 0.99655 |
| AT | 0.97273 | 0.27643 | 0.98893 | 0.99382 |
| AU | 0.99382 | 0.10238 | 0.98387 | 0.99885 |
| AV | 0.98558 | 0.10983 | 0.98576 | 0.99694 |
| AW | 0.83143 | 0.79838 | 1.00000 | 0.98292 |
| AX | 0.92357 | 0.53064 | 0.99426 | 0.98878 |
| AY | 0.98616 | 0.09873 | 0.98479 | 0.99783 |
| AZ | 0.98834 | 0.10035 | 0.98512 | 0.99754 |
| BA | 0.99610 | 0.05147 | 0.98370 | 0.99902 |

## （四）定义融合发展指数

$S_i^+$ 越大，表示该评价对象与 TOPSIS 负理想解的距离越大，与灰色关联系数的正理想解距离越小；$S_i^-$ 越小，表示评价对象与 TOPSIS 的正理想解的距离越小，与灰色关联系数的负理想解距离越大。因此，评价量化值 $C_i$ 综合反映了绝对指标和发展过程两个方面的融合结果与负理想解的远离程度，以及与正理想解的接近程度，本章定义 $C_i(i \in \{1, 2, \cdots, m\})$ 为高职院校的职业教育与民营经济融合发展指数，作为衡量高职院校侧与区域民营经济发展融合水平的评价量化值，其定义式为：

$$C_i = \frac{S_i^+}{S_i^+ + S_i^-} \qquad 公式（5-25）$$

下面根据表 5-11 得到的无量纲化正、负理想解贴近度和灰色关联系数，通过公式（5-24）、公式（5-25）计算融合发展指数。$C_i$ 的评价范围处于 0—1，$C_i$ 越接近于 0，表明被评价学校越接近最劣势的状态，其融合水平较低；$C_i$ 无限接近于 1，则表明被评价学校越接近最理想的融合水平。为了进一步区分各高职院校与民营经济的融合发展程度，可以将 27 所高职院校的融合水平指数 $C_i$ 进行排序，取 $C_i$ 值的中位数进行进一步的比较。中位数根据其在所有标志值中的位置确定，作为全体高职院校样本的代表值，不受极端值（极大值或极小值）的影响，因此能在一定程度上更好地反映数列的分布情况。为更客观地评估各高职院校的融合水平，本章采用中位数作为关键统计量。在 2024 年 27 个高职院校的职业教育与民营经济融合发展指数中（见表 5-11），中位数位于第 14 位，其值为 0.36067。该值处于 0.35—0.37，表明该区域高职院校的融合水平处于中等层次。

基于数据分布特征和实际应用需求，将融合程度划分为三个层级：

①高融合水平（>0.37）：代表融合效果优异的院校群体，可作为示范标杆。该区间包含 9 个样本，占比 33.33%，其中最高值达 0.53543，显著优于其他院校。

②中等融合水平（0.35—0.37）：反映具有提升潜力的院校群体。该区间包含 15 个样本，占比 55.56%，包含中位数 0.36067，是重点培育对象。

③低融合水平（<0.35）：表明融合基础较弱的院校群体。该区间包含 3 个样本，占比 11.11%，最低值为 0.34161，需要重点帮扶。

表 5-11　　浙江省 27 所高职院校的职业教育与民营经济
融合水平综合评价（2024 年）

| 学校编号 | $S_i^+$ | $S_i^-$ | $C_i$ | 融合程度 | 排名 |
| --- | --- | --- | --- | --- | --- |
| AJ | 0.99810 | 0.86601 | 0.53543 | 高 | 1 |
| AW | 0.89919 | 0.90717 | 0.49779 | 高 | 2 |
| AX | 0.76245 | 0.95617 | 0.44364 | 高 | 3 |
| AT | 0.63268 | 0.98328 | 0.39152 | 高 | 4 |
| AK | 0.60295 | 0.98452 | 0.37982 | 高 | 5 |
| AE | 0.59672 | 0.98767 | 0.37663 | 高 | 6 |
| AP | 0.59228 | 0.98936 | 0.37447 | 高 | 7 |

续表

| 学校编号 | $S_i^+$ | $S_i^-$ | $C_i$ | 融合程度 | 排名 |
| --- | --- | --- | --- | --- | --- |
| AR | 0.58938 | 0.99148 | 0.37282 | 高 | 8 |
| AG | 0.58444 | 0.98647 | 0.37204 | 高 | 9 |
| AA | 0.57983 | 0.98799 | 0.36983 | 中 | 10 |
| AD | 0.56603 | 0.99080 | 0.36358 | 中 | 11 |
| AO | 0.56346 | 0.99156 | 0.36235 | 中 | 12 |
| AI | 0.56280 | 0.99082 | 0.36225 | 中 | 13 |
| AS | 0.55852 | 0.99006 | 0.36067 | 中 | 14 |
| AN | 0.55386 | 0.99085 | 0.35855 | 中 | 15 |
| AM | 0.55025 | 0.98801 | 0.35771 | 中 | 16 |
| AL | 0.55159 | 0.99105 | 0.35756 | 中 | 17 |
| AV | 0.54779 | 0.99126 | 0.35593 | 中 | 18 |
| AH | 0.54580 | 0.99317 | 0.35465 | 中 | 19 |
| AC | 0.54573 | 0.99348 | 0.35455 | 中 | 20 |
| AZ | 0.54273 | 0.99294 | 0.35342 | 中 | 21 |
| AY | 0.54176 | 0.99200 | 0.35323 | 中 | 22 |
| AU | 0.54313 | 0.99633 | 0.35280 | 中 | 23 |
| AF | 0.53621 | 0.99412 | 0.35039 | 中 | 24 |
| AQ | 0.52755 | 0.99575 | 0.34632 | 低 | 25 |
| AB | 0.51983 | 0.99704 | 0.34270 | 低 | 26 |
| BA | 0.51758 | 0.99756 | 0.34161 | 低 | 27 |

表5-12给出了浙江省27所高职院校自2020—2024年五年间的职业教育与民营经济融合发展综合指数。

表5-12　浙江省27所高职院校的职业教育与民营经济融合水平综合评价（2020—2024年）

| 学校编号 | 2020年 | 2021年 | 2022年 | 2023年 | 2024年 |
| --- | --- | --- | --- | --- | --- |
| AA | 0.37240 | 0.34555 | 0.35148 | 0.35848 | 0.36983 |
| AB | 0.34852 | 0.33980 | 0.33828 | 0.34357 | 0.34270 |
| AC | 0.35367 | 0.35343 | 0.35247 | 0.35501 | 0.35455 |

续表

| 学校编号 | 2020 年 | 2021 年 | 2022 年 | 2023 年 | 2024 年 |
| --- | --- | --- | --- | --- | --- |
| AD | 0.34827 | 0.35467 | 0.35669 | 0.36400 | 0.36358 |
| AE | 0.37067 | 0.37175 | 0.37306 | 0.37644 | 0.37663 |
| AF | 0.33974 | 0.34224 | 0.34330 | 0.34321 | 0.35039 |
| AG | 0.37370 | 0.37446 | 0.37979 | 0.37788 | 0.37204 |
| AH | 0.34456 | 0.34724 | 0.34344 | 0.34890 | 0.35465 |
| AI | 0.36344 | 0.36716 | 0.36964 | 0.36123 | 0.36225 |
| AJ | 0.33813 | 0.33986 | 0.34387 | 0.34806 | 0.53543 |
| AK | 0.37582 | 0.35507 | 0.36308 | 0.37320 | 0.37982 |
| AL | 0.34930 | 0.35257 | 0.35652 | 0.35834 | 0.35756 |
| AM | 0.34537 | 0.34930 | 0.35522 | 0.36160 | 0.35771 |
| AN | 0.34589 | 0.36418 | 0.35634 | 0.35780 | 0.35855 |
| AO | 0.35351 | 0.35443 | 0.36090 | 0.36187 | 0.36235 |
| AP | 0.35133 | 0.35529 | 0.36457 | 0.37809 | 0.37447 |
| AQ | 0.33870 | 0.34044 | 0.34619 | 0.34591 | 0.34632 |
| AR | 0.36477 | 0.36676 | 0.36852 | 0.37370 | 0.37282 |
| AS | 0.34927 | 0.35153 | 0.35631 | 0.35886 | 0.36067 |
| AT | 0.34614 | 0.35258 | 0.41450 | 0.37832 | 0.39152 |
| AU | 0.34515 | 0.34757 | 0.35249 | 0.35268 | 0.35280 |
| AV | 0.34706 | 0.34830 | 0.35484 | 0.35463 | 0.35593 |
| AW | 0.36729 | 0.40170 | 0.39274 | 0.38838 | 0.49779 |
| AX | 0.33971 | 0.34127 | 0.34246 | 0.34598 | 0.44364 |
| AY | 0.34039 | 0.34216 | 0.36139 | 0.36299 | 0.35323 |
| AZ | 0.34014 | 0.34515 | 0.35034 | 0.34751 | 0.35342 |
| BA | 0.33326 | 0.33414 | 0.33479 | 0.33858 | 0.34161 |

如表 5-12 所示，浙江省高职院校职业教育与民营经济的融合发展水平呈现出以下特征：首先，融合指数绝大部分位于 0.3—0.4，整体数值偏低，说明评价对象与负理想解的距离均小于其与正理想解的距离，在一定程度上

说明正、负理想解元素构成来自不同评价对象，也就是说，参评高职院校在各项指标上各有占优，呈现各有所强的整体态势。其次，五年来整体融合程度呈现稳定上升趋势，尽管增长速度有所减缓，全省平均指数从2020年的0.351微幅增长至2024年的0.376，显示出融合程度总体上缓慢提升，但增长幅度有限。再次，顶尖院校表现突出，例如，AW的融合指数一直保持省内领先地位，2024年增长速度加快，增长率达28.2%。此外，院校间的分化现象加剧，高低差距从2020年的0.0390扩大至2024年的0.1942，表明头部院校与尾部院校的差距加速拉大，底部学校的融合水平与头部院校之间的差距极为显著，而尾部院校对整体均衡性也造成了影响。另外，局部低融合水平院校出现动态变化，部分院校逆势上扬，而另一些则持续低迷。例如，学校AJ出现爆发式增长，其指数从2023—2024年增长了53.5%，学校AX连续五年稳步增长，至2024年达到0.44364，比2023年增长了28.22%。然而，学校BA、AB等院校长期低于平均水平，尽管五年间有所提升，但仍未突破0.35。最后，阶段性异常波动较为明显。从2021—2023年，多所院校的融合指数出现来回震荡，而2024年分化进一步加剧，头部院校继续提升，而部分院校则增长缓慢，导致了"强者恒强、尾部追赶乏力"的"马太效应"。

## 第二节 浙江省职业教育与民营经济融合发展差异及类型差异分析

本节应用Dagum基尼系数[①]对浙江省高职院校职业教育与民营经济融合发展的空间及类型差异建立分析模型。

### 一、Dagum基尼系数概述

Dagum基尼系数是一种改进的基尼系数测算方法，旨在克服传统基尼系

---

① Dagum C. A new approach to the decomposition of the Gini income inequality Ratio [J]. Empirical Economics, 1997, 22 (04): 515–531.

数无法有效分解区域差异来源的局限性,其核心思想是通过将总体差异分解为组内差异、组间差异和超变密度三个部分,系统揭示区域不平等的结构性特征及其动态演变规律。该方法因其分解系统性、解释多维性和结果稳健性,被广泛应用于区域经济差异、收入分配格局、资源空间配置等领域的实证研究。Dagum 基尼系数的计算公式如下:

$$G = \frac{1}{2\bar{y}N^2}\sum_{j=1}^{k}\sum_{h=1}^{k}\sum_{i=1}^{n_j}\sum_{r=1}^{n_h}|y_{ji} - y_{hr}| \qquad 公式(5-26)$$

其中,$G$ 表示总体基尼系数,$n_j$ 为第 $j$ 个研究群体的样本个数,$N = \sum_{j=1}^{k}n_j$ 为总样本量,$y_{ji}(i \in \{1,2,\cdots,n\})$ 为第 $j$ 个研究群体的第 $i$ 个研究对象的特征量化值,$\bar{y} = \frac{1}{N}\sum_{j=1}^{k}\sum_{i=1}^{n_j}y_{ji}$ 为全体样本特征量化值的平均数。

对浙江省高职院校分别按地域和类型进行职业教育与民营经济融合发展水平的差异分析。计算模型如下:

$$G = G_w + G_{nb} + G_t \qquad 公式(5-27)$$

$$G_{jj} = \frac{1}{2\bar{C}n_j^2}\sum_{i=1}^{n_j}\sum_{r=1}^{n_j}|C_{ji} - C_{jr}| \qquad 公式(5-28)$$

$$G_w = \sum_{j=1}^{k}G_{jj}P_jS_j \qquad 公式(5-29)$$

$$G_{jh} = \frac{1}{n_jn_h(\bar{C}_j + \bar{C}_h)}\sum_{i=1}^{n_j}\sum_{r=1}^{n_h}|C_{ji} - C_{hr}| \qquad 公式(5-30)$$

$$G_{nb} = \sum_{j=1}^{k}\sum_{h=1}^{j-1}G_{jh}(P_jS_h + P_hS_j)D_{jh} \qquad 公式(5-31)$$

$$G_t = \sum_{j=1}^{k}\sum_{h=1}^{j-1}G_{jh}(P_jS_h + P_hS_j)(1 - D_{jh}) \qquad 公式(5-32)$$

其中,$G_{jj}$ 表示第 $j$ 个研究群体内的基尼系数,$G_{jh}$ 为第 $j$ 个研究群体和第 $h$ 个研究群体间的基尼系数,$n_j$ 为第 $j$ 个研究群体内的高职院校个数,$C_{ji}$ 为第 $j$ 个研究群体内的第 $i$ 所高职院校的职业教育与民营经济融合发展指数,$\bar{C}_j$ 为第 $j$ 个研究群体内高职院校职业教育与民营经济融合发展指数的平均数,$P_j = \frac{n_j}{n}$,$S_j = \frac{n_j\bar{C}_j}{n\bar{C}}$,$D_{jh} = \frac{d_{jh} - p_{jh}}{d_{jh} + p_{jh}}$ 表示第 $j$ 个研究群体和第 $h$ 个研究群体间的相对影响，$d_{jh} = \int_0^\infty dF_j(y) \int_0^y (y-x) dF_h(x)$，$p_{jh} = \int_0^\infty dF_h(y) \int_0^y (y-x) dF_j(x)$，$F_j$ 表示第 $j$ 个研究群体的累计密度分布。

## 二、空间差异分析

下面把本次研究的浙江省 27 所高职院校根据地理空间分成浙北地区（杭州、嘉兴、湖州、绍兴）、浙东地区（宁波、舟山）、浙南地区（温州、台州）和浙西地区（金华、衢州、丽水）四个地区研究，即 $k=4$。模型计算结果如表 5-13 所示。

表 5-13　浙江省 2020—2024 年职业教育与民营经济融合发展指数 Dagum 基尼系数及贡献率

| 年份 | 基尼系数 | | | | 贡献率（%） | | |
| --- | --- | --- | --- | --- | --- | --- | --- |
| | $G$ | $Gw$ | $Gb$ | $Gt$ | $Gw$ | $Gb$ | $Gt$ |
| 2020 | 0.019 | 0.005 | 0.006 | 0.008 | 24.559 | 31.314 | 44.127 |
| 2021 | 0.020 | 0.005 | 0.008 | 0.007 | 23.501 | 39.294 | 37.205 |
| 2022 | 0.024 | 0.006 | 0.010 | 0.008 | 24.342 | 41.129 | 34.529 |
| 2023 | 0.020 | 0.005 | 0.004 | 0.010 | 26.713 | 22.370 | 50.917 |
| 2024 | 0.049 | 0.011 | 0.021 | 0.017 | 22.821 | 41.763 | 35.416 |

由表 5-13 结合图 5-2（a）可知，近 5 年浙江省高职院校的职业教育与民营经济融合发展指数的基尼系数自 2020 年到 2024 年有微幅波动，从 2023 年到 2024 年增长 2.5 倍，说明融合水平的整体差异呈拉大趋势，虽然 2023 年有小幅回落，但在 2024 年差异水平更加明显。

图 5-2（b）刻画了浙江省高职院校职业教育与民营经济融合发展水平地区相对差异的来源及其贡献率。从变化可知，地区间贡献率和超变密度贡献率相互异向变动交织，一直处于高位，起主导作用，2023 年超变密度贡献率最高达 50.9%，2024 年地区间贡献率最高为 41.8%，比 2023 年有显著回升；地区内贡献率曲线相对平缓，位于 24% 上下微幅波动，说明相比其他因素，区域内的差异相对有限。

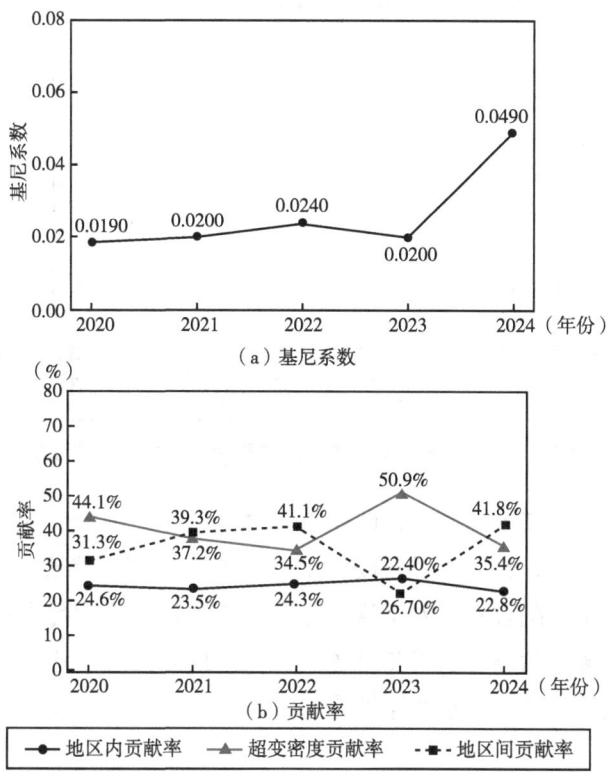

图 5-2 浙江省高职院校融合发展水平基尼系数及相对差异贡献率

由表 5-14 可知,浙江省各地区的职业教育与民营经济融合发展水平在 2020 年到 2023 年波动相对平稳,2024 年波动急剧扩大。结合图 5-3 发现浙东、浙南两个地区的基尼系数在 2024 年增幅非常明显;相对而言,其他地区的差异水平波动相对较小,浙北地区小幅下降,浙西地区下降率达到 37.5%。

表 5-14　浙江省 2020—2024 年不同地区高职院校融合发展指数的基尼系数分解结果

| 年份 | 基尼系数 | | | | 地区间基尼系数 | | | | | |
|---|---|---|---|---|---|---|---|---|---|---|
| | 浙北 | 浙东 | 浙南 | 浙西 | 北—东 | 北—南 | 北—西 | 东—南 | 东—西 | 南—西 |
| 2020 | 0.018 | 0.02 | 0.012 | 0.018 | 0.022 | 0.017 | 0.019 | 0.017 | 0.024 | 0.019 |
| 2021 | 0.016 | 0.012 | 0.024 | 0.015 | 0.016 | 0.022 | 0.021 | 0.020 | 0.026 | 0.028 |
| 2022 | 0.017 | 0.015 | 0.034 | 0.021 | 0.017 | 0.029 | 0.021 | 0.030 | 0.023 | 0.030 |
| 2023 | 0.020 | 0.018 | 0.021 | 0.016 | 0.020 | 0.021 | 0.019 | 0.022 | 0.019 | 0.019 |
| 2024 | 0.018 | 0.075 | 0.068 | 0.010 | 0.055 | 0.056 | 0.016 | 0.076 | 0.052 | 0.052 |

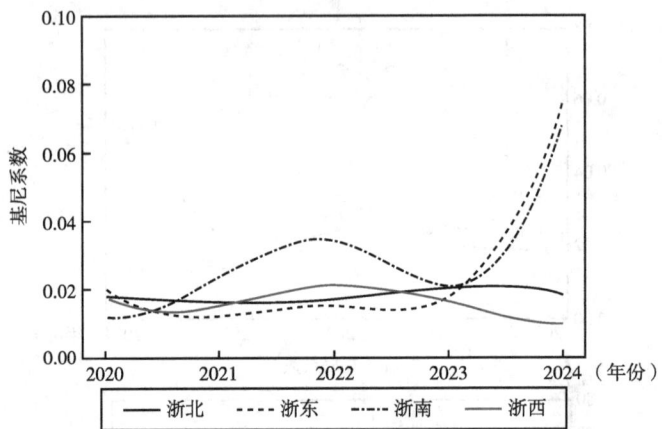

图 5-3　浙江省各地区高职院校融合发展水平基尼系数

综上可知，浙江各高职院校的职业教育与民营经济融合水平呈现先平稳后激烈变化的趋势，在 2024 年浙东和浙南两个区域高职院校的融合水平显著提升，是推动全省融合水平差距增大的重要原因，在推动融合水平差异变大的因素中，区域内的融合水平相对趋同，而地区间发展不均衡和非地区的其他因素是导致差异拉大的重要原因。

## 三、类型差异分析

### （一）不同办学性质分析

按公办、民办两个类型群体分析差异性。把 27 所高职院校分成公办高职院校（21 所）和民办高职院校（6 所），对两个高职院校群体进行差异分析，即 $k=2$，模型计算结果如表 5-15 所示。

表 5-15　浙江省 2020—2024 年不同办学性质高职院校融合发展指数的基尼系数及其分解结果

| 年份 | 基尼系数 | | | 组内基尼系数 | | 组间基尼系数 | 贡献率（％） | | |
|---|---|---|---|---|---|---|---|---|---|
| | $G_w$ | $G_b$ | $G_t$ | 公办 | 民办 | 公办—民办 | $G_w$ | $G_b$ | $G_t$ |
| 2020 | 0.013 | 0.004 | 0.002 | 0.02 | 0.008 | 0.017 | 68.244 | 20.300 | 11.456 |
| 2021 | 0.014 | 0.005 | 0.002 | 0.022 | 0.008 | 0.019 | 67.686 | 24.268 | 8.046 |
| 2022 | 0.016 | 0.005 | 0.003 | 0.025 | 0.014 | 0.023 | 66.670 | 22.393 | 10.937 |
| 2023 | 0.013 | 0.005 | 0.002 | 0.020 | 0.012 | 0.020 | 64.896 | 23.499 | 11.604 |
| 2024 | 0.034 | 0.014 | 0.001 | 0.055 | 0.009 | 0.043 | 70.150 | 27.651 | 2.198 |

由表5-15可知，公办高职院校从2020年到2023年融合发展水平的差异基本稳定，2024年，融合差异水平显著拉大，融合水平基尼系数扩大了2.7倍；民办高职院校的融合水平差异几乎在同一水平线上。说明公办高职院校的融合水平分化加剧，而民办高职院校的融合水平差异变化不显著（见图5-4）。

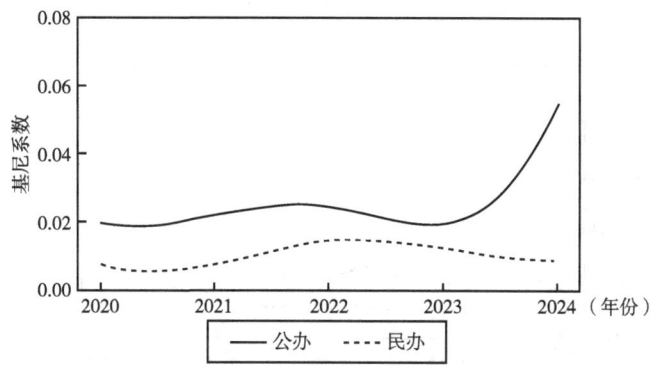

图5-4　浙江省不同办学性质高职院校融合水平差异演变趋势

## （二）不同办学层次分析

按全国双高、省双高和非双高三个层次类型分析差异性。把27所高职院校分成全国双高校（3所）、省双高校（19所）和非双高高职院校（5所），对三个高职院校群体进行差异分析，即 $k=3$，模型计算结果如表5-16所示。

表5-16　浙江省2020—2024年不同办学层次高职院校融合发展指数的基尼系数及其分解结果

| 年份 | 基尼系数 | | | 组内基尼系数 | | | 组间基尼系数 | | | 贡献率（%） | | |
|---|---|---|---|---|---|---|---|---|---|---|---|---|
| | $G_w$ | $G_b$ | $G_t$ | 国双高 | 省双高 | 非双高 | 国—省 | 国—非 | 省—非 | $G_w$ | $G_b$ | $G_t$ |
| 2020 | 0.009 | 0.008 | 0.002 | 0.017 | 0.018 | 0.004 | 0.023 | 0.031 | 0.017 | 50.351 | 40.206 | 9.442 |
| 2021 | 0.009 | 0.008 | 0.002 | 0.028 | 0.018 | 0.005 | 0.031 | 0.036 | 0.016 | 46.765 | 42.528 | 10.707 |
| 2022 | 0.013 | 0.007 | 0.004 | 0.022 | 0.025 | 0.011 | 0.028 | 0.028 | 0.020 | 54.319 | 27.499 | 18.182 |
| 2023 | 0.010 | 0.007 | 0.003 | 0.014 | 0.019 | 0.012 | 0.026 | 0.030 | 0.018 | 50.229 | 34.234 | 15.537 |
| 2024 | 0.022 | 0.012 | 0.016 | 0.072 | 0.040 | 0.041 | 0.075 | 0.078 | 0.045 | 44.842 | 23.547 | 31.611 |

由表 5-16 可知,近 5 年,国双高院校的融合发展水平分化程度从轻度扩大到稳步缩小,再到急剧扩大,2024 年融合水平基尼系数比上一年扩大近 5 倍;省双高院校前四年差异变化幅度相对较小,2024 年融合水平基尼系数比上一年扩大约 2 倍;非双高院校的分化程度持续提升,2024 年融合水平基尼系数比上一年扩大了 3.3 倍。说明不同办学层次的高职院校的融合水平都有加剧分化的趋势,国双高院校的分化趋势更为明显(见图 5-5)。

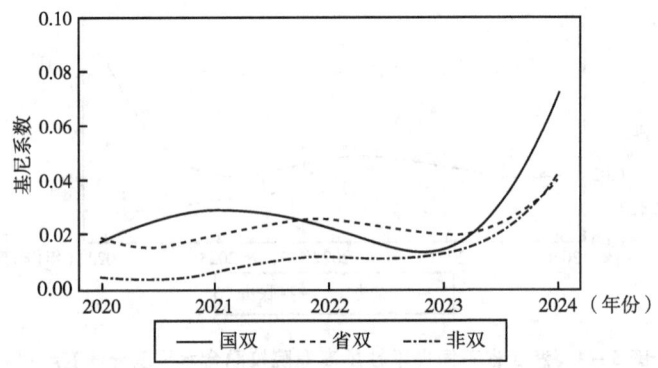

图 5-5 浙江省不同办学层次高职院校融合水平差异演变趋势

### (三)不同办学主体分析

按省属、市属高职院校两个归属类型分析差异性。把 27 所高职院校分成省属院校(8 所)、市属院校(19 所),对两个高职院校群体进行差异分析,即 $k=2$,模型计算结果如表 5-17 所示。

表 5-17　浙江省 2020—2024 年不同办学主体高职院校融合发展指数的基尼系数及其分解结果

| 年份 | 基尼系数 | | | 组内基尼系数 | | 组间基尼系数 | 贡献率(%) | | |
|---|---|---|---|---|---|---|---|---|---|
| | $G_w$ | $G_b$ | $G_t$ | 省属 | 市属 | 省属—市属 | $G_w$ | $G_b$ | $G_t$ |
| 2020 | 0.011 | 0.002 | 0.006 | 0.011 | 0.021 | 0.018 | 61.026 | 8.286 | 30.688 |
| 2021 | 0.012 | 0.001 | 0.007 | 0.011 | 0.023 | 0.018 | 61.884 | 3.448 | 34.668 |
| 2022 | 0.015 | 0.003 | 0.006 | 0.012 | 0.028 | 0.022 | 62.539 | 10.963 | 26.498 |
| 2023 | 0.012 | 0.001 | 0.007 | 0.016 | 0.021 | 0.019 | 59.853 | 3.578 | 36.570 |
| 2024 | 0.032 | 0.012 | 0.005 | 0.014 | 0.06 | 0.042 | 64.345 | 24.785 | 10.870 |

由表5-17可知，近5年，省属高职院校的融合水平分化程度几乎在同一水平线上，2024年甚至还有所下降；市属高职院校前四年的融合水平差异变化相对稳定，2024年融合水平基尼系数比上一年扩大近3倍。说明市属高职院校融合水平分化趋势十分突出（见图5-6）。

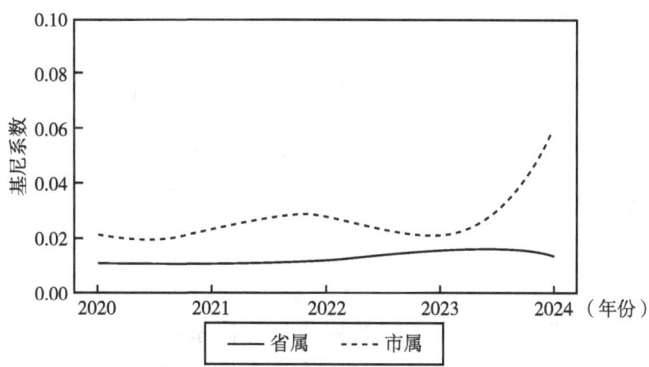

图5-6　浙江省不同办学主体高职院校融合水平差异演变趋势

# 第三节　浙江省职业教育与民营经济融合发展时间动态演化分析

本节应用核密度估计和马尔可夫模型对浙江省高职院校职业教育与民营经济融合发展的时间动态演化建立分析模型。

## 一、核密度估计概述

核密度估计（Kernel Density Estimation，KDE）是一种利用已知的观测数据来估计其概率密度函数的非参数统计方法。其非参数性、平滑性和灵活性的特点，使其在统计分析和数据可视化中占据着重要的位置。其主要思想是通过在一系列的数据点周围放置平滑的核函数，再将这些核函数叠加，从而得到整体的概率密度函数。

假设存在样本数据$x_1$，$x_2$，…，$x_n$，则对于某个数据点$x_i$，其对总体的概率密度函数的贡献为：

$$\frac{1}{h}K\left(\frac{x-x_i}{h}\right) \qquad 公式（5-33）$$

由于有 $n$ 个数据点，且其对总体的贡献是均等的，所以我们有

$$f(x) = \frac{1}{n}\sum_{i=1}^{n}\frac{1}{h}K\left(\frac{x-x_i}{h}\right) = \frac{1}{nh}\sum_{i=1}^{n}K\left(\frac{x-x_i}{h}\right) \qquad 公式（5-34）$$

其中，$h$ 为带宽，用以控制概率密度函数的平滑程度。$\frac{x-x_i}{h}$ 为标准化距离，表示 $x$ 到数据点 $x_i$ 的距离。$K(\cdot)$ 为核函数，决定了每个数据点对整体的密度概率函数的贡献形状，一般选用对称的单峰函数。常用核函数为高斯核 $K(u) = \frac{1}{\sqrt{2\pi}}e^{-\frac{u^2}{2}}$。

职业教育与民营经济融合发展的评价指标体系由 59 个三级指标构成，大部分评价指标的数据分布往往呈非正态分布，传统的分析方法难以描述其分布特征的全貌。而核密度估计能根据具体的数据点，生成平滑且连续的概率密度函数，能有效揭示职业教育和民营经济融合发展过程中各个评价指标的潜在分布规律，为后续的全省整体融合水平分析提供帮助。

## 二、基于核密度估计的绝对融合水平时间演化计算

在浙江省职业教育与民营经济融合发展水平的分析中，取高斯核函数 $K(u) = \frac{1}{\sqrt{2\pi}}e^{-\frac{u^2}{2}}$，采用 Silverman 法则得出带宽 $h = 1.06 \cdot \sigma \cdot n^{-0.2}$。其中，$\sigma$ 是数据标准差，$n = 27$，是数据点数量。对于待估计点 $x$，其密度值表达式为：

$$f(x) = \frac{1}{nh}\sum_{i=1}^{n}\frac{2}{\sqrt{2\pi}}e^{-\frac{\left(\frac{x-C_i}{h}\right)^2}{2}} \qquad 公式（5-35）$$

根据浙江省 27 所高职院校 2020—2024 年的职业教育与民营经济融合发展指数 $C_i$，计算 5 年的核密度函数，得到自 2020 年到 2024 年浙江省高职院校整体的职业教育与民营经济融合发展水平的绝对量演化情况。

由图 5-7 可知，浙江省高职院校与区域民营经济融合水平在 2020—2024 年呈现总体提升但分化加剧的特征，以下从三个方面分析近 5 年的融合

水平总体演变趋势：(1) 分布形态的演变。核密度曲线从单峰逐渐分化为多峰，表明融合水平出现群体分化，部分院校与民营经济融合显著领先，而另一部分相对滞后。曲线尾部逐年拓宽，说明融合水平的两极分化加剧，低融合水平院校与高融合水平院校的差距拉大。(2) 集中趋势变化。密度曲线主峰整体右移，表明多数院校的融合水平在随时间提升，结合表5-13的基尼系数，提示这种提升并非均衡分布，部分院校进步显著而其他院校停滞甚至倒退。(3) 主峰高度下降且分布扁平化，表面融合水平的集中度降低，离散程度增大。

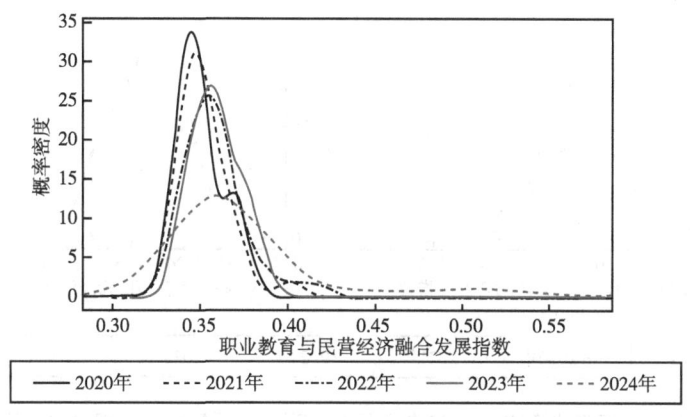

图5-7 浙江省2020—2024年高职院校融合绝对水平总体演变趋势

由图5-8可知，在浙江省各地区高职院校的融合发展水平中，浙东、浙南地区的密度峰值逐年明显右移，2024年出现加速分化的趋势；浙西地区密度峰值左右震荡移动，从2020年到2022年右移明显，但在2023年、2024年出现峰值左移，2021年，峰值明显降低，出现分化趋势，之后保持相对稳定；浙北地区密度峰值逐年微幅右移，分化现象不明显，区域的整体演化状态相对稳定。

由图5-9可知，公办高职院校融合水平有以下三个特点：(1) 分布范围扩大。融合发展指数从0.30扩展至0.55，表明公办院校整体水平显著提升，且高分段院校数量增加。(2) 密度峰值右移。数据密度降低，表明分布从集中向高指数区间扩散，说明更多公办院校突破中等水平，向更高融合水平迈进。(3) 分散性增强。密度降低伴随指数范围扩大，提示公办院校内部差异略有增加，但整体呈现"提质增效"特征。

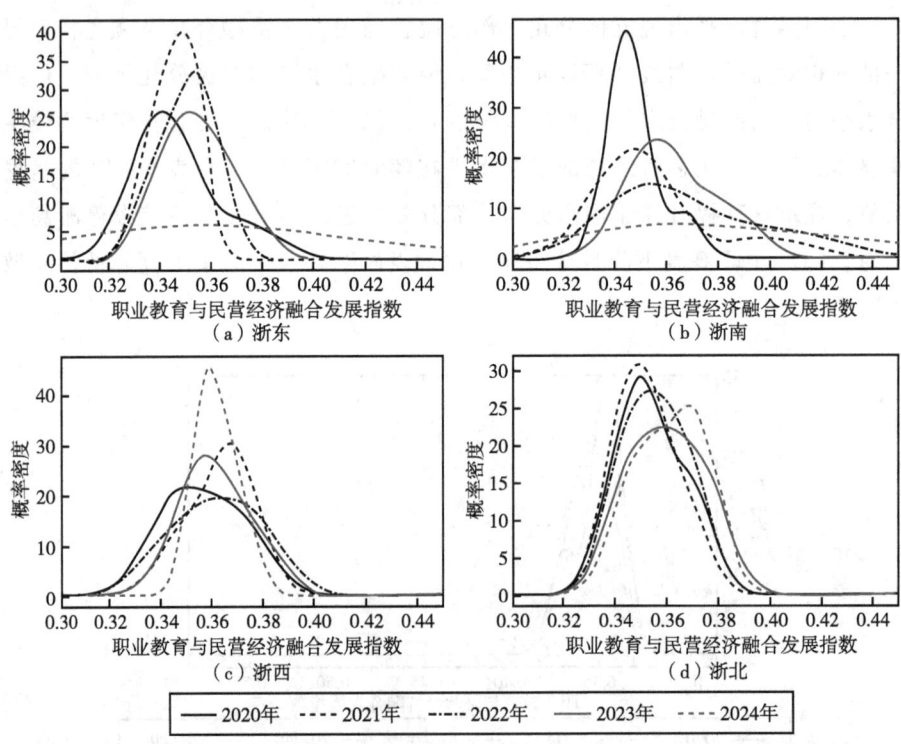

图 5-8 浙江省 2020—2024 年不同地区高职院校融合发展指数演变趋势

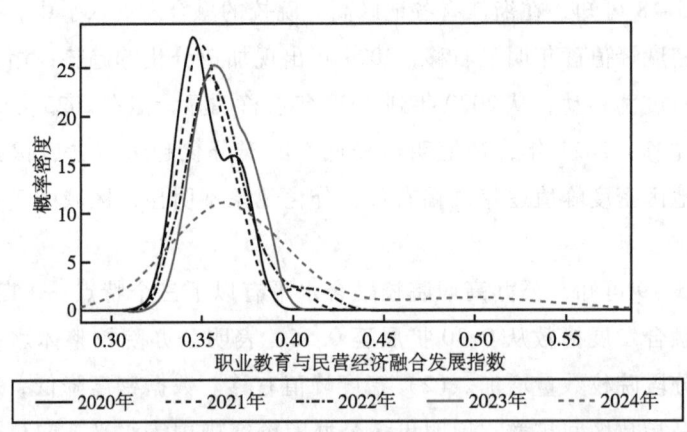

图 5-9 浙江省 2020—2024 年公办高职院校融合绝对水平总体演变趋势

由图 5-10 可知，民办高职院校融合水平有以下三个特点：（1）低水平集中。指数集中在 0.32—0.34，数据密度 2020 年和 2021 年最高达 60，表明民办院校初始融合水平普遍较低，且多数院校长期停滞在低分段。（2）有缓慢提升迹象。峰值有下降趋势，指数范围延伸至 0.40，部分民办院校融合水平呈现小幅提升，但整体仍落后于公办院校。（3）尾部拖拽效应。低指数区密度居高不下，表明民办院校存在两极分化风险，少数院校进步难以扭转整体滞后局面。

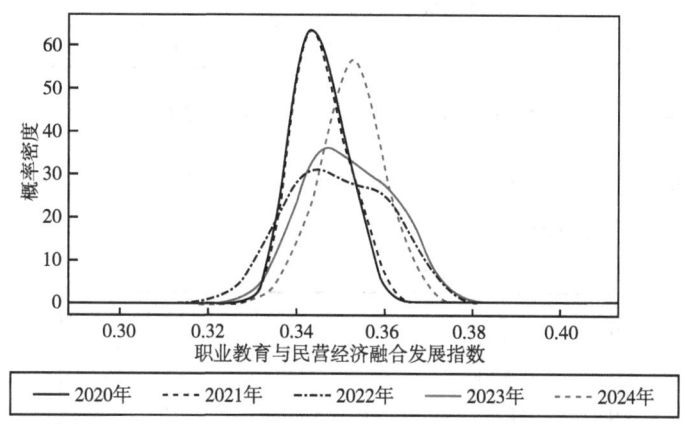

**图 5-10　浙江省 2020—2024 年民办高职院校融合绝对水平总体演变趋势**

综合上述分析，公办与民办高职院校在职业教育与民营经济融合发展中差距持续扩大，公办院校融合水平指数均值明显高于民办院校，且两类院校的"融合鸿沟"逐年加深。

由图 5-11 可知，国家双高院校的融合水平有以下两个特点：（1）核密度曲线的分布形态呈现单峰且峰值逐年右移，融合指数范围从 0.40 扩展至 0.65，表明全国双高院校的整体融合水平提升显著。（2）密度高度集中在高分段，2024 年峰值达历史最高，呈现出"强者愈强"的马太效应，但结合表 5-13 可知，基尼系数同步上升（2024 年总体基尼系统 G=0.04911），提示内部竞争加剧。

由图 5-12 可知，省双高院校的融合水平有以下两个特点：（1）核密度曲线分布形态呈现双峰或宽尾，融合指数范围从 0.30 延伸至 0.50，主峰位于 0.40—0.45，次峰在 0.25—0.30，表明院校间分化明显。（2）2022 年后主

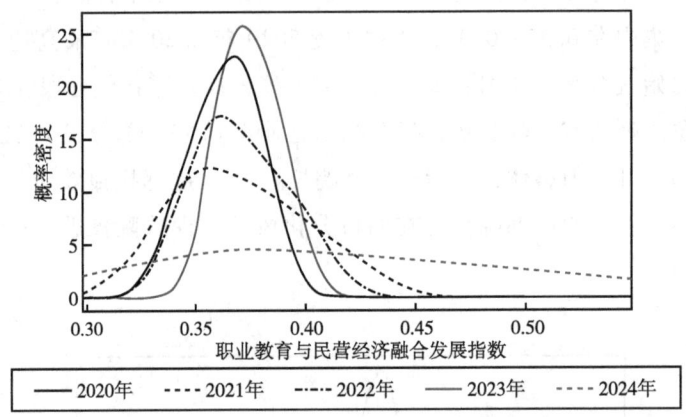

图 5-11　浙江省 2020—2024 年"国双高"校融合绝对水平总体演变趋势

峰右移，部分省双高院校实现中等水平突破，但低分段（0.25—0.30）密度仍较高，呈现"尾部拖拽效应"。

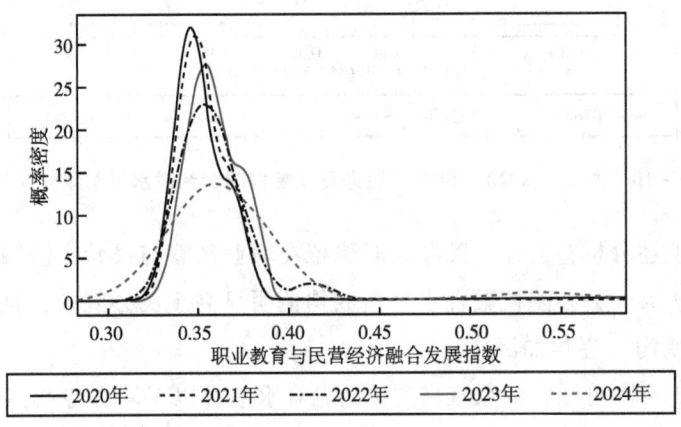

图 5-12　浙江省 2020—2024 年"省双高"校融合绝对水平总体演变趋势

由图 5-13 可知，非双高院校的融合水平有以下三个特点：（1）核密度曲线从高密度峰值向低密度峰值转变，融合整体水平有所提升，院校间的横向差距有所拉开。（2）低水平锁定，2020—2024 年低分段密度居高不下，多数院校长期困于低水平区间。（3）2024 年次峰密度小幅上升，表明少数非双高院校融合水平有所突破，但整体仍与双高院校存在较大差距。

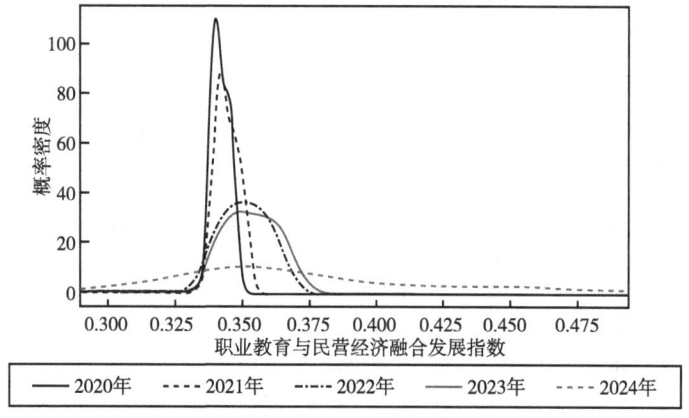

图 5-13　浙江省 2020—2024 年非双高校融合绝对水平总体演变趋势

综上分析，三类院校融合水平层级差距不断扩大，国家双高院校最高指数远超省双高，而省双高院校明显高于非双高院校，而且三类院校间的横向差异水平都有所扩大，加剧了融合水平的两极分化。

由图 5-14 可知，省属高职院校的融合水平有以下两个特点：（1）核密度曲线分布形态呈现单峰且峰值逐年右移，融合指数范围逐年扩大，表明省属院校整体融合水平稳步提升。（2）2024 年峰值高度较前几年略有下降，但高分段密度增加，表面部分院校融合水平实现显著突破，但整体差异水平有所扩大。

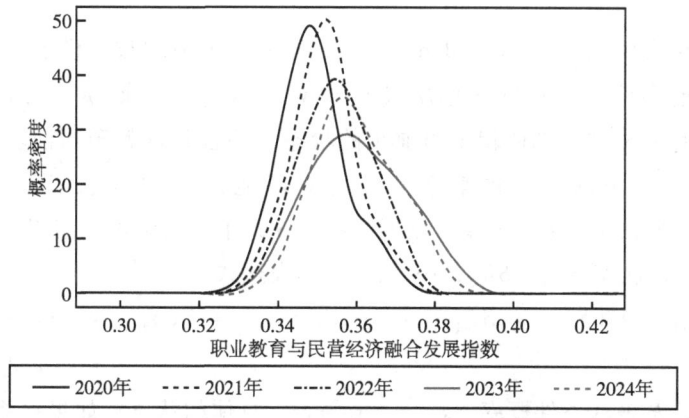

图 5-14　浙江省 2020—2024 年省属高职院校融合绝对水平总体演变趋势

由图 5-15 可知，市属高职院校的融合水平有以下三个特点：（1）核密度曲线分布形态呈现双峰或宽尾，融合指数范围有所延伸，主峰位于 0.30—0.35，次峰位于 0.40—0.45，表明市属院校分化显著。（2）多数院校集中于低分段主峰，但少数市属院校的融合水平逐年突破形成次峰。（3）尾部拖拽效应明显，低分段密度居高不下，发展不均趋势明显。

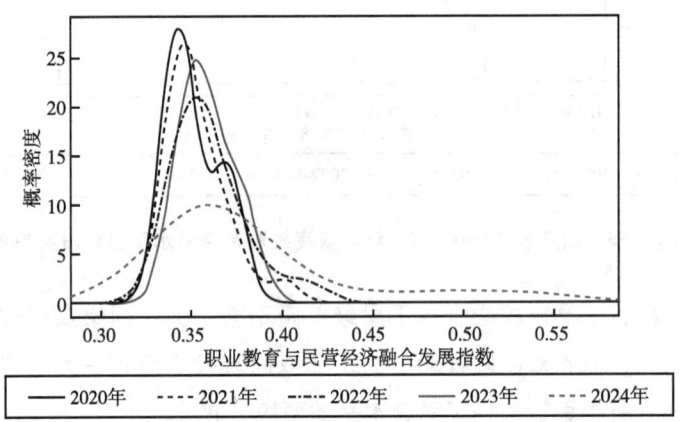

图 5-15  浙江省 2020—2024 年市属高职院校融合绝对水平总体演变趋势

综上分析，省属院校融合发展指数的高值明显高于市属院校，而且两类学校间的融合水平差异分化显著，市属院校的分化程度更为明显。

## 三、马尔可夫模型概述

马尔可夫模型（Markov Model）是一种基于概率的数学模型，用于描述一系列可能事件。马尔可夫性质（Markov Property）是该模型的核心假设，即系统的每一步结果都依赖于当前步的状态，并且只依赖于当前步状态而独立于之前的历史状态。将某个系统所有可能达到的状态记为 $S=\{s_1, s_2, \cdots, s_n\}$，那么对于系统在 $t$ 时刻下的状态 $S_t$，下一时刻的状态 $S_{t+1}$ 只取决于 $S_t$ 而与更早的状态 $S_{t-1}$，$S_{t-2}$，$\cdots$ 无关。其表达式为：

$$P(S_{n+1}=s_i \mid S_n=s_j, S_{n-1}=s_k, \cdots, S_1=s_l) = P(S_{n+1}=s_i \mid S_n=s_j)$$

公式（5-36）

其中，$P$ 表示条件概率，$s_i$，$s_j$，$s_k$ 等表示具体的状态，如果将系统由 $s_i$ 转变为 $s_j$ 的概率记为 $p_{ij}$，则矩阵 $P=(p_{ij})_{n \times n}$ 为系统的转移矩阵，满足 $\sum_{j=1}^{n} p_{ij} = 1$，

$\sum_{j=1}^{n} p_{ji} = 1$。系统由 $S_t$ 转变为 $S_{t+1}$ 可以表示为 $S_{t+1} = P \times S_t$。马尔可夫模型提供了一种强大的工具来理解和预测复杂系统的行为，尤其是在系统的未来状态主要由其当前状态决定的情况下，通过使用状态转移矩阵对各种现象进行建模和分析，从而作出更准确的预测和决策。

## 四、基于马尔可夫模型的相对融合水平时间演化计算

1. 定义状态空间。根据浙江省 27 所高职院校在 2020—2024 年的职业教育与民营经济融合发展指数 $C_i$（见表 5-12）。应用第一节的融合程度划分方法，取 $C_i$ 值的中位数为基准，进行融合程度的等级划分。表 5-12 中所有数据的中位数为 0.35467，该值处于 0.35—0.37 区间内，表明该区域高职院校的融合水平处于中等层次。基于数据分布特征，将融合发展水平划分为三个层级：①高融合水平（$C_i \geq 0.37$），代表融合效果优异的院校群体，可作为示范标杆。其中最高值达 0.53543，显著优于其他院校；②中等融合水平（$0.35 \leq C_i < 0.37$），具有提升潜力的院校群体，包含中位数 0.35467，是重点培育对象；③低融合水平（$C_i < 0.35$），表明融合基础较弱的院校群体，最低值为 0.33326，需要重点帮扶。根据上述方法将各高职院校的每年的职业教育与民营经济融合发展水平划分为高、中、低三个等级，得到离散的状态空间 $S = \{高, 中, 低\}$。

2. 计算状态转移矩阵。通过统计 2020—2024 年各院校的状态的变化数量，得到浙江省高职院校的职业教育与民营经济融合发展水平的马尔可夫链转移概率的极大似然估计如表 5-18 所示。

表 5-18　浙江省高职院校融合发展水平马尔可夫链转移概率矩阵

| $t/t+1$ | $v$ | 高 | 中 | 低 |
| --- | --- | --- | --- | --- |
| 高 | 27 | 0.8888 | 0.0556 | 0.0556 |
| 中 | 60 | 0.1111 | 0.8667 | 0.0222 |
| 低 | 48 | 0.0444 | 0.3112 | 0.6444 |

由表 5-18 的转移矩阵分布可知，对角线上的转移概率明显高于非对角线上的转移概率，其中"高→高"的转移概率最大，为 88.88%，"低→低"

的转移概率最小，为 64.44%，表明浙江省高职院校的职业教育与民营经济融合发展水平受前期发展路径的限制，实现跨融合水平等级的流动性较低，使中、高融合水平院校的发展状态相对稳定，低融合水平的高职院校状态波动相对较大。

其中"低→中"的转移概率为 31.12%，"中→高"的转移概率为 11.11%，"低→高"的转移概率为 4.44%，而"高→中""高→低"的转移概率均为 5.56%，"中→低"的转移概率 2.22%。说明处于中等融合水平以下的高职院校融合水平提升的可能性明显高于下降的可能性；从低融合水平向中等融合水平的突破的通道较为通畅，而从中等融合水平向高等融合水平的难度增大，需要长期持续努力，从低融合水平直接跃升到高融合水平也存在一定的可能性；在融合水平下降的转移概率分布中，处于高融合水平的高职院校比起中等融合水平的高职院校更有下降的可能。

3. 预测未来十年的融合水平整体演进情况。根据 2024 年融合水平整体分布概率，计算 2025 年至 2035 年的融合水平整体演进分布，计算结果如表 5-19 所示。

表 5-19　　浙江省高职院校融合发展水平有限次转移概率分布

| 年份 | 融合水平 | | |
| --- | --- | --- | --- |
| | 高 | 中 | 低 |
| 2024 | 0.3330 | 0.5550 | 0.1120 |
| 2025 | 0.3626 | 0.5344 | 0.1030 |
| 2026 | 0.3863 | 0.5154 | 0.0984 |
| 2027 | 0.4050 | 0.4988 | 0.0963 |
| 2028 | 0.4197 | 0.4848 | 0.0957 |
| 2029 | 0.4312 | 0.4733 | 0.0957 |
| 2030 | 0.4401 | 0.4640 | 0.0962 |
| 2031 | 0.4470 | 0.4565 | 0.0967 |
| 2032 | 0.4524 | 0.4506 | 0.0973 |
| 2033 | 0.4565 | 0.4460 | 0.0979 |
| 2034 | 0.4597 | 0.4424 | 0.0984 |
| 2035 | 0.4621 | 0.4396 | 0.0988 |

由表 5-19 可知，根据 2020—2024 年浙江省高职院校职业教育与民营经济融合水平的发展状况得到的概率转移矩阵应用到未来融合水平的预测，结果显示浙江省高职院校职业教育与民营经济融合水平在 2035 年达到收敛状态，以当前的发展趋势，到 2035 年高等级融合水平的高职院校比例明显增加，将达到近半数，中等融合水平的高职院校基础相对稳固，有较大的可能性实现向上突破，而中、高融合水平的高校总数几乎不变，揭示了浙江省高职院校职业教育与民营经济融合发展具有"高水平稳定、低水平固化"的特征。

# 第六章　职业教育与民营经济融合发展的长效机制

职业教育与民营经济融合发展长效机制的建立是一项系统性工程，需要各级政府、职业院校、民营企业的多方联动与共同作为。首先，政府需要通过制定优惠政策、提供政策激励和加大财政投入等措施，创造有利于职业教育与民营经济融合的外部环境。其次，职业教育应不断提升教育质量和教学水平，与民营企业建立更紧密的合作关系，形成校企合作的良性循环。同时，民营企业应积极参与职业教育的各个环节，通过提供实习实训基地、参与课程建设等方式，共同培养适应企业需求的人才，实现教育资源与产业需求的有效对接，促进民营经济与职业教育的良性互动和可持续发展[1]。

职业教育与民营经济的融合发展不仅关乎人才培养和技术创新，更是区域经济发展的重要推动力。从宏观层面来看，制度与政策支撑是融合发展的有力保障，政府通过政策引导和支持，为职业教育与民营经济的融合发展创造有利的外部环境。从中观层面来看，区域协调与产业适配是融合发展的必然选择，职业院校需要畅通内在办学体制机制，与民营企业建立紧密合作关系，创新多途径双元办学模式，实现教育资源与企业需求的有效对接，为人才精准供给打通"任督二脉"，实现校企双方共赢。长效机制的建立能有效促进职业教育与民营经济的深度融合，共同为区域经济发展注入强劲动力。

---

[1] 刘海明，方益权. 职业教育与民营经济融合发展的问题与实践——以浙江省为例 [J]. 职业技术教育，2024，45（18）：64-69.

## 第一节　宏观层面：职业教育与民营经济
## 融合发展的政策长效机制

政府在职业教育与民营经济融合发展过程中扮演着重要角色，是推动职业教育与民营经济有效融合的重要力量。首先，政府是政策的制定者。政府通过出台相关的政策法规，为职业教育与民营经济的融合发展提供法律框架和行动指南。地方政府出台具体的职业教育支持政策，鼓励民营企业充分融入职业教育的各个育人关键环节。同时，政府通过政策引导，激励职业院校与民营企业建立长期合作关系，共同培养符合市场需求的技能型人才。其次，政府是政策执行的监督者和协调者。在职业教育与民营经济的融合发展过程中，政府需要监督政策的实施效果，确保各项措施得到有效执行。此外，政府还需协调不同利益相关者之间的关系，以确保政策的顺利实施和优化。最后，政府是政策的激励者和引导者。政府既可以激励民营企业积极参与职业教育，也能通过引导职业教育开展教学内容、教学方式的改革，以更好地适应民营经济的发展需求。另外，政府在促进信息交流和资源共享方面也发挥着重要作用。通过搭建校企合作平台，促进职业教育机构与民营企业之间的信息流通和资源共享，从而降低合作成本，提高合作效率，从而实现可持续发展。

### 一、国家战略层面的顶层设计

#### （一）产教融合政策体系构建

在全球化和知识经济时代背景下，经济发展和科技进步对高技能人才的需求日益增长。民营经济作为我国经济发展的重要力量，其对人才的需求与培养是推动社会进步和经济持续增长的关键。然而，职业教育与产业的脱节问题长期存在，这不仅影响了教育资源的有效配置，也限制了产业发展的活力与创新能力①。因此，构建产教融合政策体系，是促进教育与民营经济深度合作，推动民营经济健康发展的必要举措。

从国家战略层面出发，产教融合政策体系应着重包含以下几项关键内容：一是制定引导与激励政策。国家层面应制定相应的政策文件，明确产教融合的重要性与必要性，为企业和职业院校提供合作的政策支持和激励措施，如资金补贴等②。二是构建多元合作机制。国家层面应协同职业院校、民营企业、行业协会，牵头完善多方参与的合作机制，形成有效的沟通协调与人才共育平台。三是完善质量保障与评估体系。建立职业教育质量保障和评估体系，定期对产教融合项目进行评估，确保教育质量和企业满意度。同时，构建职业教育与民营经济融合发展的效能评估体系，定期评估预测，为动态调整及政策优化提供可靠参考。四是优化动态调整策略。根据产业发展动态和教育改革进展，及时调整和优化政策措施，保持政策体系的时效性和有效性。

国家产教融合政策体系的落地实施需重点抓好以下几项工作。一是做好顶层设计。根据五年规划、产业发展纲要、全国教育发展纲要等纲领性文件，紧扣产业与教育发展目标，明确产教融合的总体目标和发展方向，形成系统的政策框架③。二是试点示范探索。选择民营经济发达的地区开展产教融合政策体系的试点示范，尤其是在新形势下，随着民营经济的蓬勃发展，职业教育与民营经济的混合所有制办学模式势在必行，应积极开展新型合作模式的创新与探索，并及时总结经验与推广，结合不同类型的教育资源和产业特点，分步骤推进政策的落地实施。三是持续监测与评估。建立健全监测评估体系，持续跟踪产教融合的进展和效果，及时调整优化策略。

产教融合政策体系的构建与实施，尚存在激励机制不健全、政策落地受限制等挑战。政府需充分发挥其监督者和协调者的角色，切实保障政策体系落地实施。一是做好政策协调。统筹不同政策间的协调与整合，形成政策合力。二是明确责任分工。明确职业院校、民营企业、行业协会等各方的责任

---

① 刘常兴，刘源. 高等职业教育产教融合发展及推进策略研究 [J]. 教育理论与实践，2021，41 (21)：22-25.

② 郭广军，杨无敌，李昱. 职业院校深化产教融合的进展成效、存在问题与推进策略 [J]. 教育与职业，2024，1059 (11)：49-55.

③ 曾阳. 比较视域下职业教育产教融合的制度分析与合作生态构建 [J]. 职业技术教育，2021，42 (04)：44-49.

与义务，完善多方紧密协作的工作机制。三是完善激励机制。通过物质和精神两方面的激励，调动所有参与方的积极性。四是强化监督管理。建立健全监督管理和反馈机制，确保政策的有效实施和问题的及时解决。

构建产教融合政策体系是一个系统工程，既要确保政策体系的激励与引导功能，也要不断解决实施过程中的困难和问题，以确保政策体系的有效性和长效性[1]。通过构建国家层面产教融合政策体系，可以有效促进职业教育与民营经济的深度融合，为社会发展和经济建设提供强有力的人才支持和智力保障。

### （二）职业教育法与企业促进法衔接

《中华人民共和国职业教育法》主要规范职业教育的发展，人才培养模式等，旨在提升职业教育质量，培养符合市场需求的技术技能型人才。而《中华人民共和国中小企业促进法》则侧重于激励和引导企业参与职业教育，鼓励企业投资于职业教育和技术创新，以提升企业的竞争力。要实现这两部法律的有效衔接，需要建立一个统一的协调机制，比如建立一个跨部门的协调小组，负责监督和评估这两部法律的实施效果，并根据实际情况提出调整和完善的建议。

1. 明确企业在职业教育中的法律地位和责任。需要完善职业教育的立法工作，应在《中华人民共和国职业教育法》中明确规定，企业应当依法履行职业教育的责任，参与职业教育的人才培养、技能竞赛等环节，为职业院校提供实训基地和技术支持等[2]。同时，也应当明确企业在参与职业教育过程中的合法权益，保障其合理的经济和知识产权利益[3]。

2. 建立健全监督评价体系。对企业在职业教育中的投入和成效进行定期评估。通过建立第三方评估机构，对企业的职业教育贡献进行评价，并将评估结果作为享受政策支持和优惠的重要依据。

3. 加强两部法律法规的宣传和培训工作。以研讨会、交流会、专家讲座等形式，开展《中华人民共和国职业教育法》《中华人民共和国中小企业促

---

[1] 许艳丽，高会. 职业教育产教融合政策特点与优化路径研究——基于38份政策文本的分析[J]. 职业技术教育，2019，40（03）：41-46.
[2] 袁李兰. 澳大利亚跨境职业教育质量保障机制探析[J]. 中国职业技术教育，2024（03）.
[3] 徐德培，莫伟华. 企业参与职业教育现状调查——以江西五所高职院校为例[J]. 职教论坛，2017，664（12）：38-43.

进法》等产教融合相关政策文件的宣传培训，提高企业对职业教育重要性的认识，以及对相关法律法规的理解和应用能力。帮助企业建立起参与职业教育的意识和能力。

职业教育法与企业促进法的衔接是实现职业教育与民营经济融合发展的关键途径之一。建立监督评价体系以及加强宣传培训，可以有效地促进职业教育与民营经济的深度融合，提升人才培养质量，推动民营经济高质量发展。

### （三）建立现代职业教育体系与民营经济协同发展规划

在当前经济全球化和技术快速变革的背景下，职业教育作为专业技能人才培养的重要途径，对于促进民营经济的可持续发展具有重要作用。民营经济作为国民经济的重要组成部分，其与职业教育的融合发展是推动区域经济高质量发展的关键因素。

1. 规划制定的意义。从国家战略层面制定《现代职业教育体系与民营经济协同发展规划》具有非常重要的意义。一是确定现代职业教育的发展目标。要构建与民营经济发展需求相匹配的教育体系，必须要求职业教育不仅要注重学生的基础技能培养，还要重视学生的创新能力和实践能力的提升。同时，现代职业教育体系应当具备灵活性和适应性，能够快速响应市场变化，培养创新型人才。二是民营经济发展的迫切需求。民营经济的快速发展需要大量的技能型人才来支撑企业的技术创新和管理升级。因此，民营企业与职业教育的合作不应限于实习和实训基地的建设，还包括人才培育、技术研发等多个层面。企业可以通过与职业院校的紧密合作，共同培养符合企业需求的专业人才，同时也为学生提供更加丰富和真实的实践机会。

2. 协同发展的路径。职业教育与民营经济的协同发展，需遵循以下现实逻辑与实践路径。一是建立多方参与的合作机制。职业院校、民营企业、政府部门、行业协会等多方共同参与，形成多元化的合作模式，确保职业教育发展与民营经济需求紧密对接。通过政府和行业协会的引导，优化教育资源配置，构建跨行业的资源共享平台，促进优质教育资源共享和优化配置。二是完善评价与激励体系。政府出台相关政策，对积极参与职业学校办学、支持学生实习实训的企业给予资金补贴，激励企业投入职业教育。同时建立科学的评价体系，对职业教育的质量和效果进行评估，并将评价结果作为政策支持和资金投入的重要参考①。三是强化政策的连续性和稳定性。国家层面要以"一张蓝图绘到底"的决心,一以贯之确保相关政策的连续性和稳定性,避免政策的频繁变动影响职业教育的持续发展和企业的投资决策。四是增强职业教育与民营企业的社会认可度。职业教育与民营企业属性不同,导致社会认可度均较低。应通过多种渠道宣传职业教育的重要性,提高社会对职业教育的认可度,营造尊重技能和创新的社会氛围。五是建立终身学习体系。鼓励和支持民营企业在职人员通过职业教育继续接受教育和培训,为民营经济的持续发展提供源源不断的人才支持②。

## 二、财政金融支持机制

### (一)设立产教融合专项基金

为保障职业教育产教融合的健康发展,确保其能够有效地服务于现代化经济体系建设,建立一套有效的经费投入和管理机制显得尤为重要。设立产教融合专项基金,对于促进教育资源与产业资源的有效对接、推动技术技能人才培养具有重要意义。应鼓励行业企业等多方共同参与,形成稳定的经费保障机制。专项基金不仅能够为产教融合项目提供稳定的资金支持,降低相关参与主体的财务风险,还能增强合作的可持续性③。通过专项基金的引导,可以有效促进资源的合理配置,提高资金使用的透明度和效率,同时也有助于形成有效的监督机制,确保专款专用,防止资金挪用。

设立产教融合专项基金应遵循以下原则:

1. 宽进与严出并行。一是鼓励多渠道筹资,除政府的财政支持外,鼓励和吸引社会资本的投入,如行业企业的投资,以及通过政府与企业的合作项目等多种方式筹集资金。二是严格资金使用,基金的使用应聚焦于产教融合的关键领域和重点项目,如技术研发等,以确保资金能够发挥最大的效益。

---

① 李延平,郑少扬. 制度效用:德国职业教育高质量可持续发展的逻辑 [J]. 比较教育研究, 2019, 41 (10):107-113.

② 霍丽娟. 论现代职业教育中企业社会责任的实现 [J]. 中国职业技术教育, 2015, 577 (33):102-105.

③ 赵红梅,夏维. 以教育产业基金促进高职院校产教融合的研究 [J]. 教育与职业, 2022, 1019 (19):61-65.

三是建立健全监督管理和项目评估体系,确保基金的使用效率和效果,同时也保障资金使用的透明度和公正性。

2. 激励与约束并重。通过建立相应的激励机制,鼓励基金支持项目的实施单位或个人提高工作效率和项目质量,同时建立有效的约束和监督机制,对资金使用中的违规行为进行严格处罚[①]。

3. 短期与长期兼顾。产教融合的成果需要一定时间才能显现,因此,专项基金的使用应着眼于长期效应,而非仅仅追求短期效益。

4. 灵活与适应并存。产教融合专项基金管理应保持一定的灵活性,以适应产业发展和技术进步的需要,满足不同类型的职业教育的需求。

设立产教融合专项基金是确保职业教育产教融合健康发展的重要举措。通过该基金的引导和支持,可以有效促进教育资源与产业资源的深度融合,为产业发展和技术进步提供人才保障,同时也为职业教育的可持续发展奠定坚实基础。

## (二) 企业参与职业教育的税收优惠政策

税收政策是政府激励企业投资职业教育的重要手段之一。税收优惠政策的设计和实施,不仅关系企业的投资决策,也影响着职业教育的质量和发展方向。

1. 相关政策实施现状。当前,政府为了促进企业积极参与职业教育,已经制定并实施了一系列的税收激励措施。这些措施主要体现在企业所得税的税收减免政策上,如与职业院校签订长期合作协议的民营企业,在学生实习期间支付给学生的报酬可以在计算缴纳企业所得税时税前扣除[②]。这些政策的实施旨在降低企业的经营成本,鼓励企业投资于人才培养和技术培训。然而,政策落实效果不尽如人意。其原因主要是:企业支付给学生的实习期间报酬普遍较低,这导致税收优惠的刺激效果有限。此外,企业在会计处理上,将支付给学生的报酬列支为工资或期间费用,这在形式上符合税法规定,但实质上限制了税收优惠的实施和企业的实际受益。

---

① 潘海生,付禹田,郭孟杰,等. 以"一体两翼"为核心的职业教育产教融合丰富与深化——2024 年职业教育产教融合研究与实践新进展 [J]. 中国职业技术教育,2025,906 (02):24-32.

② 张立彦,孙善学. 促进企业参与职业教育的财税激励政策分析 [J]. 职业技术教育,2015,36 (34):21-25.

2. 增强税收政策的激励效果。为了提高政策的实际效果，有必要对现有的税收优惠政策进行优化和调整。一是提高税前扣除比例。借鉴鼓励企业增加研发投入的税收优惠政策，对企业支付给学生报酬部分允许按实际发生额的一定比例（如150%—200%）在税前扣除。这样的政策调整，不仅可以提高企业参与职业教育的积极性，还可以在更大范围内实现税收优惠的目的，从而有效支持和促进职业教育的发展[1]。二是组合税收优惠政策。将税收优惠政策与其他政策措施相结合，形成一个综合的政策支持体系。例如，金融支持等多种政策工具，形成对企业参与职业教育的全方位激励。同时，还需要建立完善的监管和执行机制，确保政策的有效实施，并对政策执行的效果进行跟踪和评估，以便及时调整和完善政策措施[2]。

企业参与职业教育的税收优惠政策是一个复杂而重要的议题。通过合理设计和执行税收优惠政策，不仅可以激励企业投资于职业教育，还可以促进职业教育的长远发展，进而为社会和经济的高质量发展提供支撑。

### （三）创新混合所有制办学融资渠道

在当前的教育改革与产业发展背景下，混合所有制办学模式作为一种创新的教育投资和运营方式，其在融资渠道的拓展方面具有重要的现实意义[3]。混合所有制办学模式通过整合不同所有制性质的资本，旨在提升职业教育的质量和效率，同时也为解决教育投资主体单一化问题提供了新路径。

融资渠道的拓展是混合所有制办学模式的关键因素之一。如企业投资等，虽然能在一定程度上支持职业教育的发展，但利益共享等方面存在限制[4]。因此，混合所有制办学模式需要在以下几个方面进行融资渠道的创新。

1. 政府与私人资本的合作（PPP模式）。政府可以通过PPP模式与私人资本共同投资职业教育，既能有效分散投资风险，又能提高资本的使用效率。

---

[1] 刘晓，黄卓君. 强化企业社会责任 切实促进职业学校校企合作——《职业学校校企合作促进办法》出台之思［J］. 中国职业技术教育，2018，659（07）：10-15.

[2] 姜蓓佳，冯子宜. 企业参与职业教育人才培养的现状与问题——基于88家企业286份《企业参与职业教育年报》的分析［J］. 职业技术教育，2020，41（21）：19-25.

[3] 潘奇. 混合所有制职业院校改革的进展、路径及值得关注的问题——基于4所案例院校的分析［J］. 教育与经济，2018，142（02）：73-78+90.

[4] 王烽. 职业教育混合所有制办学的制度基础和突破路径［J］. 中国职业技术教育，2021，772（12）：84-88.

例如，通过公私合作的 PPP 项目吸引社会资本投入，共建混合所有制产业学院、实验室等教育设施。

2. 企业社会责任（CSR）的利用。鼓励民营企业通过 CSR 项目投资于职业教育，共建企业实践流动站、提供实习岗位等。这种方式可以使企业在履行社会责任的同时，获得品牌宣传与人才培养的双重收益。

3. 股权融资。对于有条件的职业院校，可以通过发放债券等方式进行股权融资。这样可以直接在资本市场上筹集资金，同时也能提高学校的市场化程度和透明度。

4. 混合所有制改革基金。政府和相关部门可以设立专门的混合所有制职业教育改革基金，通过市场化的投资管理，引导和吸引社会资本投资于职业教育领域。

5. PPP 与股权投资基金的结合。通过设立混合所有制职业教育投资基金，将 PPP 项目与股权投资基金的运作相结合，形成多方参与的职业教育投融资新模式[①]。

国家及地方政府为促进职业教育的发展，会出台一系列的优惠政策，如财政补贴等。混合所有制办学模式的实施者应当充分利用这些政策，吸引更多的社会资本投入。混合所有制办学模式的融资渠道创新，不仅可以为职业教育的可持续发展提供强有力的资金支持，还能通过多元化的投资主体参与，提升办学的灵活性与市场适应性，进而促进教育资源的优化配置和产业链的有效对接。未来，混合所有制办学模式的融资渠道创新将是推动职业教育高质量发展的关键途径之一。

## 三、多元主体协同机制

### （一）搭建校政行企四方联动平台

在当前的职业教育发展背景下，校政行企四方联动平台对于促进职业教育与民营经济的融合发展具有重要意义。行业合作与教育实践，可共同推动职业教育与民营经济深度融合发展。

---

① 阙明坤，潘奇，朱俊. 探索发展混合所有制职业院校的困境及对策 [J]. 中国职业技术教育，2015，562（18）：29-33.

1. 政府是校政行企四方联动的纽带。政府作为政策的制定者和公共服务提供者，应提供法律法规保障以及优化资源配置等。政府需要制定有利于职业教育与民营经济融合的政策，通过政策激励降低企业参与职业教育的成本和风险。同时，政府还需加强对职业教育的投入，优化投入结构，提高资金使用效益，确保职业教育的可持续发展。

2. 行业是校政行企四方联动的桥梁。行业作为连接企业和教育机构的桥梁，其作用在于提供行业需求信息，参与职业教育与培训标准的制订，以及提供实习实训基地等。行业协会或大型企业可以与职业院校合作，共同开发课程，将实际的工作需求和技术要求融入课程内容，使教学内容与实际应用紧密结合，提高学生的实践能力和就业竞争力。

3. 企业是校政行企四方联动的主体。企业作为技术和资金的提供者，可为学生提供实习和实训的机会，同时也是职业教育成果的接收方。企业通过参与职业教育，不仅可以为自身培养所需的人才，还可以通过与学校的紧密合作，提升自身的技术创新能力和竞争力。

4. 学校是校政行企四方联动的载体。职业院校作为人才培养的实施主体，可为学生提供教学内容和实践活动以及实习实训等多样化的学习途径。此外，职业院校还需加强与企业的合作，如采用订单式培养等方式，提高人才培养的针对性和实用性。

搭建校政行企四方联动的平台，需要四方各自发挥其在职业教育与民营经济融合发展中的独特作用，本着共赢的合作理念，形成推动职业教育高质量发展的强大合力。

### （二）建立跨部门协调联席会议制度

在分析当前职业教育校企合作机制的现实困境与破解策略时，跨部门协调联席会议制度作为一种有效的管理模式，其重要性日益凸显[①]。跨部门协调联席会议制度是一种跨部门间的合作协调机制，旨在加强对职业教育校企合作长效机制的统筹规划和实施力度。该制度通过定期或不定期召开联席会议，集中经济和社会发展等相关部门的资源和力量，共同研究和解决职业教

---

① 尹玉辉，王纾，陈昕. 推进产教融合纵深发展的经验、挑战与策略——基于深化职业教育产教融合的调研报告[J]. 职业技术教育，2023，44（21）：10-15.

育服务民营经济的重大问题。

1. 推进政策的协调与执行。联席会议制度的实施有助于提高政策的协调性和执行力。在多部门参与的框架下，有效地协调各方利益，形成政策合力，确保职业教育校企合作的政策措施能够快速响应市场变化并有效执行。

2. 决策咨询与服务。联席会议可以作为一个决策和咨询平台，为职业教育校企合作提供科学决策支持，共同评估政策措施的可行性与影响力，为职业教育校企合作的政策制定提供决策参考。

3. 资源共享与优化配置。联席会议制度能够加强资源整合，提高教育资源的使用效率。通过跨部门的资源共享与优化配置，可以避免重复投资和资源浪费，提高人才等资源的使用效益。

4. 优化完善合作机制。联席会议制度还有助于建立健全校企合作的监督管理机制。通过定期的会议和不断的信息交流，可以有效跟踪和监控校企合作的实施效果，及时调整和完善合作策略，确保校企合作的健康发展。

总之，跨部门协调联席会议制度是优化职业教育校企合作长效机制的重要手段。通过该制度的实施，能够优化资源配置，并建立有效的监督机制，为职业教育服务民营经济提供有力保障。

### （三）引入第三方评估与质量监控体系

建立和完善质量监控与评估机制，是实现职业教育与民营经济融合发展目标的关键措施之一。第三方评估作为一种独立于职业教育系统的评估方式，不仅有助于构建和完善职业教育质量监控体系，而且能够为校企合作提供持续的动力和反馈[1]。在第三方评估的框架下，通过构建合理的评估指标体系，包括共建实训基地数、就业实习生数、企业奖（助）学金、社会服务能力等多个维度，可为教育管理部门和教育机构提供决策支持。第三方评估的主要内容有：

1. 专业与课程建设评估。第三方评估机构可以根据行业标准和市场需求，对职业教育的专业设置和课程体系进行评估与优化，以适应市场需求[2]。

---

[1] 柯昌林. 职业教育质量第三方评估机制的现实问题及其化解［J］. 教育与职业，2021，977（01）：58-63.

[2] 韩喜梅，陈沛西. 基于职业院校视角的职业教育质量第三方评估探析［J］. 职业技术教育，2022，43（19）：57-62.

2. 教师与教职工培训。通过第三方评估，可以监督和评价职业教育院校的教师培训和教职工发展计划，促进教师专业成长与教学能力提升。

3. 企业参与度评估。评估企业在校企合作中的参与程度和贡献度，激励企业深度参与职业教育，形成校企命运共同体。

4. 人才培养效果评估。通过职业发展和企业反馈等多个维度，评估人才培养的效果，并作为教育改革的重要参考。

5. 实训基地建设评估。对使用效率和技术支持等方面进行评估，确保实训条件能够满足高质量人才培养的需要。

6. 持续改进与创新。通过第三方评估的持续进行，分析问题并提出建设性建议，推动职业教育的持续改进和创新。

第三方评估作为职业教育质量监控体系的重要组成部分，不仅能够为教育管理提供决策支持，还能够促进教育质量的持续提升和教育改革的深入推进。通过建立和完善第三方评估机制，可促进社会培训功能与个体发展功能的有机结合，从而为构建现代职业教育体系提供有力支撑。

## 第二节 中观层面：职业教育与民营经济融合发展的动力长效机制

职业教育与民营经济的融合发展，在突破宏观制度框架设计后，必然需要回归区域经济发展主战场，直面产业转型升级的现实需求。中观层面作为联结国家战略与微观实践的枢纽，其核心使命在于破解"空间适配性"与"产业匹配度"双重难题。当前，我国民营经济呈现显著的区域差异发展，东部沿海地区加速向智能制造跃迁，中西部仍处于传统制造与服务业的转型阵痛期，这种区域经济发展差异，要求职业教育必须建立动态响应机制，既需立足区域经济特色构建差异化供给体系，又需通过跨区域协作促进要素流动，最终实现职业教育资源与民营经济需求的空间精准耦合。

特别需要关注的是，中观层面的机制建设需着力培育两类核心能力：在空间维度上，形成职业教育资源配置的"区域响应力"，通过建立人力资源需求预警系统、园区化办学等载体，促进人才培养规模、结构、质量与区域民营经济发展阶段深度契合;在产业维度上,锻造产教协同的"动态适应力",依托行业组织搭建技术标准转化通道,将企业技术规范、工艺标准及时转化为教学标准,确保人才培养始终领先产业变革。这种双向赋能机制的建立,既是对宏观政策框架的在地化实践,也为微观层面的校企合作提供了方向指引与资源支撑。

本节将从"区域经济发展适配机制""行业协会桥梁作用""校企协同育人机制"三个维度展开论述,重点探讨如何通过空间治理创新、行业组织赋能、产教标准互认等路径,构建具有区域特色、产业特性的融合发展生态,最终形成职业教育与民营经济同频共振的运行机制。

## 一、完善区域经济发展适配机制

### (一)专业集群对接产业集群

在当前经济全球化和知识经济不断发展的背景下,职业教育与产业经济的融合发展已成为推动区域经济发展的关键因素之一[①]。专业集群与产业集群的紧密对接,是职业教育与产业经济融合的具体实践,它涉及教育资源与地方经济发展的深度结合,旨在培养符合地方产业发展需要的专业人才,促进产业升级和区域经济的可持续增长。

1. 专业集群。专业集群是指以一个或多个办学实力强、就业率高的重点建设专业作为核心,结合若干个技术领域相近或专业学科基础相近的相关专业组成的一个集合[②]。专业集群建设关系到高校发展的全局性、关键性和长远性问题,旨在通过系统化设计和机制创新,提升高校的专业建设水平和人才培养质量。

(1)国家政策驱动。教育部等政府职能部门通过制定政策文件、发表会议讲话与文章等形式倡导并强调推进专业集群建设。

(2)国家和区域发展战略的要求。专业集群建设与国家和区域发展战略

---

① 郭广军,杨无敌,李昱. 职业院校深化产教融合的进展成效、存在问题与推进策略[J]. 教育与职业,2024,1059(11):49-55.

② 吴金铃. 企业参与职业教育校企合作的成本构成及补偿机制构建[J]. 教育与职业,2020,954(02):50-56.

紧密相关，如"双高计划"明确要求面向区域或行业重点产业，依托优势特色专业，健全对接产业、动态调整、自我完善的专业群建设发展机制。

（3）学校高质量发展的需要。专业集群建设强调职业院校特色优势的培育与形成，目的是建设具有"中国特色、世界水平"的专业集群。

专业集群建设旨在破解小专业建设与经济社会大产业发展之间的矛盾，通过优化配置和资源共享，提升职业院校的办学实力和水平，实现高质量人才培养。

2. 产业集群。产业集群是指在特定地理区域内，一群相互关联、相互依存的企业和机构（如供应商、服务商、金融机构、科研机构等）通过竞争与合作关系形成的经济群体，是区域经济发展的重要动力。

（1）产业集群的核心特征包括：①地理集中性。企业和机构在特定区域内高度集中，形成空间集聚效应。②竞争与合作并存。企业之间既存在竞争关系，又通过合作实现资源共享和优势互补。③网络化与专业化。企业通过纵向一体化和横向关联形成紧密的网络，专业化分工提高了整体效率和竞争力。

（2）产业集群的形成与作用主要基于以下因素：①区域资源禀赋。特定区域内的自然资源、人力资源或技术优势吸引企业集聚。②区域市场需求。特定行业的需求驱动企业在区域内集中，以降低交易成本和提高效率。③地方政策支持。政府通过提供基础设施、税收优惠等政策促进产业集群发展。

（3）产业集群的优势与作用：①提升区域竞争力。通过资源共享和协同创新，形成区域特色竞争优势。②降低企业成本。地理集中降低了运输、交易和沟通成本，提高了规模经济效益。③促进创新。企业之间的紧密联系促进了技术交流和知识共享，推动了创新。

产业集群作为一种新型的空间经济组织形式，通过地理集中、竞争合作和网络化运作，显著提升了区域经济竞争力和企业效率。其发展不仅是经济全球化的产物，也是区域经济优化升级的重要途径。

3. 专业集群与产业集群的对接。产业集群与专业集群的对接，是以产业集群需求为导向，以专业集群教育为基础的融合模式，是教育机构和产业企业共同参与的合作共赢模式，需要政府、职业院校、民营企业三方的共同协同。

（1）政府层面：政策支持与引导。政府需要出台相关政策，并通过政策引导与激励，为专业集群与产业集群的构建以及紧密对接提供良好的外部环境。

（2）学校层面：调整优化专业设置。职业院校应根据区域产业集群的需求，整合校内外办学资源，调整和优化专业设置，开设与产业集群需求相匹配的专业。同时加强与产业集群内民营企业的合作，通过共建共享平台、师资互聘等方式实现资源共享，提升学生的实践能力和就业竞争力。

（3）企业层面：主动参与校企合作。产业集群内的企业也需要积极参与到专业集群的教育过程中，通过技术交流等方式，加强与专业集群的联系和合作。

专业集群与产业集群的紧密互动，可有效促进教育资源与产业需求的有效对接，提高人才培养的针对性和适应性，同时也有助于产业集群的技术创新和产业升级，促进人才培养与地方经济发展的深度融合，对推动区域经济的可持续增长具有重要意义。

## （二）建立区域人力资源供需对接系统

在职业教育与区域经济融合发展的背景下，区域人力资源供需对接系统的构建显得尤为重要。通过对区域内企业的人力资源需求进行预测和监控，及时调整职业教育的培养方向和教育政策，以适应区域经济发展的需要，促进人才培养与市场需求的有效对接。

1. 企业人才需求预警。（1）区域人力资源需求预警系统的构建需要依托于大数据分析和预测技术。通过收集和分析区域内企业的人力资源数据、人才流动等信息，建立一个全面的人力资源数据库。（2）利用数据挖掘和机器学习等技术，对这些信息进行深入分析，从而预测未来的人才需求趋势，为职业教育机构和政府相关部门及时了解人才市场变化提供信息渠道，从而调整教育计划和政策措施。

2. 学校人才供给信息。通过构建人才供需对接系统，搭建信息及时沟通桥梁，为职业院校毕业生就业提供渠道，为企业招工提供信息。

3. 建立科学的预警机制。预警机制应当能够在人才需求发生变化时，迅速做出反应，通过预设的触发条件来启动预警信号。此外，通过建立信息共享平台，可实现数据的互联互通，提高预警系统的准确性和响应速度。

## （三）园区化办学与产业园区协同发展

在当前经济全球化和知识经济迅速发展的背景下，产业园区与职业教育的协同发展已成为推动区域经济发展和产业升级的关键因素[①]。产业园区作为区域经济发展的重要载体，既是提升区域竞争力的需要，也是职业教育改革和创新的必然选择。园区化办学，即以产业园区为依托，整合教育资源，形成与之协同发展的办学模式。园区化办学模式与产业园区的协同发展是一种创新的区域发展模式，它能够有效地促进教育资源与产业资源的高效配置和优化融合，提升区域的整体竞争力，促进职业教育的高质量发展和区域经济的持续健康发展。

1. 产业园区与职业教育协同发展的必要性。

（1）产业园区的发展需要大量的技术技能型人才作为支撑。随着"中国制造"向"中国智造"的转变，产业园区的企业在快速发展过程中，对技术技能人才的需求日益增长。这种需求对职业教育提出了新的要求，即必须紧密结合产业实际，通过产教融合的方式，培养出符合产业发展需要的专业技术人才。

（2）产业园区的建设和完善为职业教育提供了实践教学的平台。合作企业和产学研用一体化的平台，可以实现职业教育教学过程中的实践性和应用性，提升学生的实践能力和创新能力。同时，这种紧密的校企合作模式也为企业输送了符合需求的优秀人才，实现了教育资源与产业需求的有效对接。

（3）产业园区的集聚效应对职业教育的区域布局和专业设置产生了重要影响。产业园区内部的产业集群对人才的需求具有明显的专业化和多样化特征，这要求职业教育在专业设置和课程建设上必须与产业园区的产业发展需求保持高度一致，以保证教育的针对性和实用性。

（4）产业园区与职业教育的协同发展有助于促进区域经济的可持续发展。通过职业教育培养的技术技能人才能够在产业园区中发挥其专业优势，推动产业的技术进步和产品升级，进而促进整个区域经济结构的优化和产业

---

① 朱德全. 职业教育促进区域经济高质量发展的战略选择［J］. 国家教育行政学院学报，2021，281（05）：13－21.

链的升级①。

通过深化产教融合，优化人才培养结构，加强校企合作，可以有效提升职业教育的质量和效益，为区域经济发展提供坚实的人才支撑②。

2. 园区化办学模式。园区化办学模式是一种将职业教育机构集中于特定区域，并通过与产业园区的紧密合作，促进教育与产业一体发展的综合发展模式③。通过教育、产业地理空间上的集聚，有利于优化资源配置，促进产教深度融合。在该模式下，产业园区提供了实验性的工业环境和真实的产业场景，为职业教育提供了实践教学和实习实训的平台，同时，职业教育也为园区内的企业提供了培养和引进人才的渠道。

在园区化办学模式与产业园区的协同发展中，需要重点关注以下几个方面：

（1）建立政策支持与合作机制。政府应出台相关政策，鼓励职业教育与产业园区的深度合作，并提供必要的政策支持和激励措施。同时，建立有效的沟通协调机制，促进双方的信息共享和资源共享。

（2）优化教育资源配置整合。产业园区通常具有一定的产业集聚效应，这为职业教育提供了丰富的实习实践场所和真实的产业案例。职业院校可以依托园区内的企业资源，优化校内实验实训设施，提高教育资源的利用效率。同时，这种模式也能够促进教育资源向园区内的中小企业倾斜，帮助中小企业解决人才短缺问题，实现共赢。

（3）促进产教深度融合。建立校企合作的桥梁，将企业的实际需求和产业的发展趋势融入课程体系和教育培训中，使职业教育更具针对性和实用性。

（4）创新人才培养模式。园区化办学有助于人才的定制化培养，创新并探索"订单式""双元制"培养等多样化的人才培养模式。通过与园区内企业的紧密合作，职业院校可以根据企业的实际需求开设相关专业，设计课程体系，使培养出的人才更符合企业的实际需要。同时，这种办学模

---

① 李薪茹，韩永强. 职业教育与产业协同发展及其策略［J］. 中国职业技术教育，2017，622（06）：48 – 52.

② 徐晓静，王丹，张敬文. 职业教育与战略性新兴产业协同创新发展研究［J］. 职教论坛，2019，706（06）：126 – 130.

③ 刘祥泽，徐冰，徐坚. 行业产教融合共同体建设：价值意蕴、现实困境和推进策略［J］. 教育与职业，2024，1061（13）：24 – 31.

式也能够使学生在学习过程中直接接触到真实的工作环境,提升其实践能力和就业竞争力。

园区化办学与产业园区的协同发展是一种创新的区域发展模式,它能够有效地促进教育资源与产业资源的高效配置和优化融合,提升区域的整体竞争力。园区化办学与产业园区的协同发展,不仅能够促进教育资源的优化配置,提升人才培养的质量和效率,还能够推动区域经济结构的优化升级,促进社会的就业与经济发展,同时也有助于实现教育公平。因此,该办学模式是当前职业教育改革与产业发展相结合的重要方向之一。

## 二、充分发挥行业协会的桥梁作用

### (一)行业协会的角色定位与功能职责

职业教育与民营经济融合发展的过程中,行业协会扮演着不可或缺的桥梁和纽带角色。

1. 行业协会的角色定位。首先,行业协会作为行业的代表,对市场需求和技术进步有深入了解。这种信息优势使行业协会能够为职业教育提供准确的行业背景和发展方向,确保专业设置和人才培养与行业需求紧密对接[①]。其次,行业协会在校企合作中发挥着重要的协调和沟通作用。职业教育和民营企业的合作往往需要行业协会的介入,以平衡利益并促进有效沟通。行业协会作为第三方,能够帮助学校和企业建立起合作关系,协调两者在合作中的利益冲突,并推动双方的深度合作。再次,行业协会具有桥梁作用[②]。行业协会可以通过其广泛的行业联系,协助企业和学校建立合作平台,开发新技术、新工艺、新产品等[③]。这些合作不仅有助于提高学生的实践能力,还能促进行业技术的进步和创新。最后,行业协会在职业教育的质量提升中发挥着监督和指导作用。行业协会可以依据行业的技术标准和工作标准,制订

---

① 古翠凤,刘雅婷. 新时代背景下行业协会促进职业教育校企深度合作研究 [J]. 职业技术教育,2019,40(22):42-47.

② 刘晓梅. 行业协会参与职业教育产教深度融合研究 [J]. 教育与职业,2018,921(17):31-37.

③ 彭莉洁. 职业教育产教融合的历史演进、逻辑起点与战略要点 [J]. 教育与职业,2019,934(06):21-27.

职业教育的教学标准,并对职业教育的实施效果进行评估和监督。这种监督不仅确保了教育质量与行业标准的对齐,还促进了职业教育的持续改进和发展。

2. 行业协会的功能职责。在职业教育与民营经济融合发展的背景下,行业协会作为一个重要的社会组织,扮演着不可或缺的桥梁和纽带角色,既是企业与职业教育之间合作的桥梁,也是协同创新与人才培养的关键力量[①]。其功能职责主要体现在:

(1) 政策倡导与建议提供。行业协会作为行业内的权威机构,能准确把握行业发展的趋势和需求,提供重点领域及其与民营经济融合发展的建议。这些建议有助于政府制定符合行业发展需求的职业教育政策,促进教育资源与产业需求的有效对接。

(2) 行业标准制订。凭借对技术进步和市场动态方面的深入了解,行业协会通过制订工作标准和职业标准,可为课程开发和技术技能培养提供标准化的参考依据。

(3) 校企合作的促进与管理。行业协会可以组织或协调企业与职业教育机构之间的合作,建立校企合作的桥梁,促进双方的信息交流与资源共享。同时,行业协会可以作为第三方机构,监督校企合作的实施效果,确保合作项目的质量与可持续性。

(4) 人才培养与技能鉴定。行业协会可以参与职业教育的人才培养方案设计,与职业院校共同开发符合行业需求的课程与项目,并提供技能培训与职业资格认证服务,提升学生的实践技能和就业竞争力。

综上所述,行业协会在职业教育与民营经济融合发展中的作用不仅局限于桥梁的物理意义,还能够在技术研发以及公共服务等多个维度上发挥其功能与职责。通过这些作用的有效发挥,行业协会不仅促进了职业教育与民营经济的深度融合,也为构建具有职业教育特色的民营企业发展模式提供了有力支撑。

3. 创新行业协会服务模式。行业协会作为连接民营企业与职业教育的桥梁,其在服务模式上的创新对于推动职业教育与民营经济的融合发展具有重

---

① 李孝轩,陈子涵. 社会力量参与技术技能人才培养的优势及其实现路径 [J]. 教育与职业, 2023, 1046 (22): 28-35.

要意义。

(1) 构建行业数据库。行业协会应发挥其信息优势,建立和完善与民营企业的沟通桥梁。通过市场需求分析等,行业协会可以为职业教育机构提供准确的行业数据,帮助学校及时调整教学方向和专业设置,以更好地适应市场需求。同时,协会也可作为企业和学校之间信息传递的媒介,促进双方的有效沟通。

(2) 建立行业学院。行业协会可以协助构建校企合作的桥梁,推动校企合作模式的创新。例如,通过建立行业学院,将企业的实际需求和专业培养相结合,实现校企"双元"育人。行业学院不仅可以为学生提供实习实训的平台,还可以作为企业参与学校教育的窗口,实现双方互利共赢的局面。

(3) 制订行业标准。行业协会在制订行业标准和职业标准方面具有独特优势,可以协助职业教育机构参与行业标准的制订和修改,推动职业教育的标准化和专业化[①]。行业协会还可以提高标准的科学性和实用性,促进职业教育的质量提升。

(4) 职业资格认证。行业协会还可以发挥其组织优势,组织或协助开展行业内的职业技能培训和职业资格认证,提高人才培养的实用性和有效性。通过这些活动,不仅可以提升学生的职业技能,还可以增强企业的人才储备,促进企业的持续发展。

(5) 提供政策咨询。行业协会可以协助政府制定相关政策,为职业教育与民营经济的融合发展创造良好的外部环境。通过对行业发展趋势的深入了解,协会可以为政府提供决策咨询,帮助政府制定符合行业发展和企业需求的政策,促进民营企业的技术进步和产业升级。

## (二) 行业人才标准制订与认证

在职业教育与民营经济融合发展的过程中,行业人才标准的制订与认证是一个关键的环节,它不仅影响着教育质量及教育与产业的对接程度,也是提升民营企业竞争力和可持续发展能力的重要手段。行业人才标准是指在特定行业内,对能力和职业道德等方面所做的系统性要求和规定,它为人才培

---

① 邓志新,万守付. 行业协会参与职业教育校企合作的模式创新——以深圳信息职业技术学院为例 [J]. 职业技术教育,2015,36 (27):70 - 74.

养的标准化和专业化提供了依据。

1. 制订行业人才标准。可由行业协会牵头，邀请职业院校、企业等多方共同参与，制订行业人才标准。浙江省域实践表明，企业与职业院校的深度合作是制订和完善人才培养方案的有效途径。通过共同开发课程，可以确保教育内容与岗位需求紧密相连，提高毕业生的就业竞争力。

2. 认证体系的建立是确保人才培养质量的重要保障。专业认证体系的建立，可以通过第三方的评估和认证，增强教育质量的透明度和可信度。中国职业教育专业认证体系的建构维度表明，当前的认证体系需要解决的是教学过程与教学结果的结合问题，以及凸显行业认证特色的问题。这意味着认证体系不仅要考量教育的过程，也要考量教育的结果与行业需求的对接程度。

此外，认证体系还应包括对职业精神和人文素质等非智力因素的考量，做到"提高职业技能和培养职业精神的高度融合"。职业精神的培养是提升人才培养质量的关键点，它关系到学生的职业生涯可持续发展和社会责任感的培养。

行业人才标准的制订与认证是职业教育与民营经济融合发展的重要组成部分。通过多方参与的标准制订和完善的认证体系，可以确保人才培养的质量和效果。

## （三）职业资格框架与企业用人标准衔接

职业资格框架是具有层次性和系统性的能力本位的资格体系，它不仅包括了基础的技能要求，还涵盖了专业知识和管理能力等多方面的能力要求。职业资格框架的建立有助于实现标准化职业教育的培养目标，提高教育质量和人才的市场适配性。企业用人标准是指企业对员工知识和素质的要求。随着市场竞争的加剧和技术的不断进步，企业对员工的综合素质要求越来越高，不仅要求其具备必要的专业技能，还要求其具有团队协作精神和持续学习的意愿。

职业资格框架与企业用人标准的有效衔接是提高职业教育与民营经济融合发展的关键。这需要职业教育从以下几个方面着手：一是设置符合市场需求的职业教育课程。职业教育机构应根据企业用人标准，设计和更新课程体系，确保教育内容与企业需求的紧密对接。二是强化实践教学环节。加强学生的实践操作能力培养,通过实训等方式,使学生能够在真实的工作环境中学习和应用所学知识与技能。三是促进终身学习和在职培训。鼓励与支持企业和个人参与终身学习和在职培训,不断提升职业技能和综合素质,以适应不断变化的市场需求。

## 三、创新校企协同育人机制

### (一) 建立校企合作的利益共享机制

建立校企合作的利益共享机制是促进职业教育与民营经济融合发展的关键措施之一[①]。通过教育资源与企业需求的有效对接,实现优势互补,进而推动职业教育的改革创新和企业的技术进步与人才培养[②]。利益共享机制的建立需要明确校企合作的共同目标,即培养符合企业需求的技术技能型人才,同时促进学生的就业与职业发展[③]。校企双方应建立平等互利的合作关系,做到资源共享、成果共用、风险共担、利益共享、文化共融、制度共建。建立校企合作的利益共享机制,有助于双方资源的优化配置和综合效益的最大化,促进职业教育的高质量发展和企业的可持续发展。

### (二) 完善校企合作的价值共创机制

完善校企合作的价值共创机制,不仅能够促进教育资源的优化配置,还能深化职业教育与产业需求的对接,为培养适应未来社会发展的高素质技术技能人才提供有力支撑。

首先,校企合作的本质在于教育资源与企业资源的优势互补。在这一过程中,企业的参与不仅是提供实习实训基地,还在教学方法的创新等方面发挥作用。这种合作关系的建立,有助于提高教学内容与实际岗位需求的匹配度,提高学生的就业竞争力,同时也为企业输送了符合需求的人才资源。其

---

① 王松. 从利益共同体到情感共同体:职业教育校企深度合作的着力点分析 [J]. 中国职业技术教育, 2021, 761 (01): 66-70.
② 刘晓,黄卓君. 强化企业社会责任 切实促进职业学校校企合作——《职业学校校企合作促进办法》出台之思 [J]. 中国职业技术教育, 2018, 659 (07): 10-15.
③ 吴金铃. 企业参与职业教育校企合作的成本构成及补偿机制构建 [J]. 教育与职业, 2020, 954 (02): 50-56.

次，完善校企合作的价值共创机制，需要构建多方参与的合作平台。可以是企业共同参与的对话机制，也可以是常态化的校企合作委员会。通过这个平台，利用技术研发等进行广泛交流和深入合作，达成共识，并将其转化为具体的合作成果。再次，为了保障校企合作的可持续性和有效性，需要建立健全的合作机制。同时，还应建立健全质量监控与评价体系，对合作项目的实施效果进行定期的跟踪评估，确保合作活动能够达到预期目标，实现教育资源与企业资源的最大化利用。最后，完善校企合作的价值共创机制还需强化政策支持和激励机制。政府应出台相应的政策措施，如信贷担保等，鼓励和引导企业积极参与职业教育。同时，通过建立合作成果分享机制，确保合作双方在合作过程中的利益能够得到合理分配和保障。

完善校企合作的价值共创机制，是服务地方经济和社会发展的重要途径。政策支持的合作平台，可以有效促进教育资源与企业资源的深度融合，为社会培养出更多符合产业发展需求的高素质技术技能人才。

### （三）建立校企合作的效能评估机制

建立一套科学的校企合作效能评估机制是产教融合的重要内容之一。一是具有导向、激励、监督、优化等作用。评估机制通过对合作成果的评价，为学校和企业提供方向指引，促进双方明确合作目标，优化资源配置，提高合作效率。二是通过建立绩效评价体系，可有效激励学校和企业双方积极参与合作，充分发挥各自优势，共同推动教育与产业的发展。三是评估机制为校企合作过程提供了有效的监督手段，有助于及时发现合作中的问题，促进合作质量的提升。四是通过对合作成效的持续跟踪和评估，可帮助学校和企业不断优化合作策略和方法，实现持续改进和发展。

为建立有效的校企合作效能评估机制，应具备以下几个条件：一是制订标准，明确评估指标体系和标准，确保评估的客观性和可操作性[①]。二是多元参与，构建包括第三方评价组织在内的多元评估体系，确保评估的公正性和权威性。三是动态调整，建立动态调整机制，对评估内容和方法进行定期更新，以适应不断变化的合作环境。四是结果应用，评估结果可作为项目申

---

① 向罗生. 职业教育产教融合、校企合作第三方评价研究 [J]. 教育与职业，2021，978（02）：59-63.

报等的重要参考,以提高评估结果的实际应用价值。五是信息共享,建立评估结果的信息共享机制,增强透明度,促进经验交流和相互学习①。

## 第三节　微观层面:职业教育与民营经济融合发展的路径长效机制

职业教育与民营经济的深度融合,在突破宏观制度设计与中观区域适配后,最终需落脚于校企协同的实践场域,直面人才培养的"最后一公里"挑战。微观层面的创新本质上是产教要素的化学反应过程,其核心在于构建"教育链—产业链—人才链"三链融合的共生生态。当前校企合作虽已形成多元模式,但仍普遍面临三大结构性矛盾:企业技术标准与教学内容的异步性矛盾,生产性资源与教育场景的割裂性矛盾,以及短期利益诉求与长效育人目标的冲突性矛盾。这些矛盾的破解,亟须通过机制创新、平台重构与教学改革,将企业的技术基因植入教育肌理,使职业教育真正成为民营经济发展的"人才孵化器"与"创新策源地"。

在数字化转型与产业变革的双重驱动下,微观层面的校企协同已超越传统的资源互换阶段,向价值共创的生态化合作演进。这种演进体现为三个维度的范式突破:其一,合作机制从"物理叠加"转向"化学融合",通过混合所有制改革构建利益共生体;其二,教学场景从"模拟实训"转向"数字孪生",借助工业互联网与元宇宙技术构建虚实融合的教学环境;其三,育人模式从"标准输出"转向"能力进化",通过岗位能力画像系统与区块链认证体系,实现人才培养的精准供给。

本节将从平台建设、教学改革、人才共育、双师流动、模式创新五个维度展开论述,旨在构建具有自组织、自适应特征的产教融合发展微生态,为职业教育与民营经济的深度融合提供可复制、可持续的实施范式。

---

① 吴南中. 职业教育校企合作评价制度的价值、维度与策略 [J]. 教育与职业, 2016, 867 (11): 12-16.

# 一、搭建融合发展平台

## (一) 校企共建混合所有制产业学院

混合所有制产业学院的建设是当前职业教育改革和发展的重要方向，是校企合作的一种深化形式。通过职业院校教学资源和企业实践经验的有机结合，共同培养符合产业发展需要的高素质技术技能人才[①]。混合所有制产业学院作为中国职业教育改革的创新模式，近年来在政策推动下快速发展。各地职业院校与龙头企业通过资本、技术、人才等要素的深度融合，形成了多元共建模式。

混合所有制产业学院通常具有如下三大特征：一是治理结构多元化。引入企业董事会、学术委员会等治理主体，形成"双法人"管理模式；二是资源整合深度化。企业设备、技术专家等资源直接嵌入教学全流程；三是服务功能延伸化。从单一人才培养拓展到校企技术研发、社会服务等领域[②]。

有效推进混合所有制产业学院建设需着重做好以下几方面工作：一是明确建设目标，以提升人才培养质量和效率为核心，促进教育链与产业链的深度融合。二是建立合作机制[③]，校企双方应共同参与产业学院的治理结构，建立联席会议等制度，促进合作关系的稳定和沟通协调机制的畅通。三是资源共享与优势互补。职业院校应通过完善课程体系和教学方法提升学生的专业知识和能力水平，同时企业应提供实践平台，增强学生的实践技能。四是加强成果转化。校企合作在技术服务等方面取得的科技成果，应实行高效快捷的成果转化，增强其对区域产业发展的贡献度[④]。

混合所有制产业学院正处于从规模扩张向质量提升的关键转型期，需通过治理创新、数字赋能与政策突破，构建教育与产业深度互嵌的新型办学生

---

① 张羽，王伟. 高职混合所有制产业学院建设的关键点、运行机制与实施路径[J]. 教育与职业，2022, 1009 (09): 45-52.

② 严世清，孙建. 公办职业院校举办混合所有制产业学院的时代契机、现实困境与发展对策[J]. 中国职业技术教育，2022, 820 (24): 58-62.

③ 周桂瑾，俞林，吴兆明，等. 职业院校混合所有制产业学院发展需求、现实困境与建设路径[J]. 中国职业技术教育，2022, 803 (07): 90-93.

④ 黄文伟，郭建英，王博. 混合所有制产业学院的生成逻辑与制度建设[J]. 职业技术教育，2019, 40 (13): 37-41.

态,这既是职业教育现代化的必然选择,更是支撑制造强国战略的核心支点。

**(二) 搭建产教联盟、市域产教联合体、行业产教融合共同体**

1. 产教联盟。是由职业院校、企业(尤其是民营企业)、行业协会、科研机构、政府等多元主体组成的协作平台,旨在通过资源整合、信息共享和协同创新,实现教育链、产业链与创新链的有机衔接。其核心目标是解决职业教育与产业需求脱节的问题,提升技术技能人才培养的精准度。

2. 市域产教联合体。是以产业园区为基础,整合政府、企业、学校等资源形成的协作平台,旨在推动人才培养与区域经济联动。

3. 行业产教融合共同体。行业产教融合共同体是以行业协会或龙头企业为主导,联合产业链上下游企业、职业院校、科研机构等形成的利益共享组织。其核心目标是建立行业标准、优化资源配置、提升全行业竞争力,并通过职业教育为行业输送标准化、高质量人才。产教联盟、市域产教联合体、行业产教融合共同体建设,旨在通过教育资源与产业资源的有机结合,达成合作共赢的目标。这种模式的实施,不仅能够提升职业教育的质量和效率,而且有助于提高产业的技术创新能力和竞争力,为职业教育提供更具针对性的技能培训和实践机会。

**(三) 共建共享生产性实训基地**

共建共享生产性实训基地作为产教融合的重要实践,是指学校与企业基于互利共赢的原则,使用和管理实训基地,以满足双方的教学和研发需要[1]。其目的在于加强理论与实践的结合,提升学生的职业技能和创新能力,从而提高其就业竞争力。同时,企业可以直接参与到教育过程中,提供实际操作的平台,使学生能够在真实的工作环境中学习和实践,为企业提供培养和选拔人才的平台[2],降低企业的人才招聘成本和风险。

学校与企业的合作可以采取多种形式。首先,可以通过校企合作项目,

---

[1] 汪婷婷,师帆. 制药类专业"产教一体化生产性实训基地"建设机制的探索与实践——以上海市医药学校为例 [J]. 中国职业技术教育,2015,546 (02):109-112.

[2] 陈玉峰,池卫东,何林元. 共建共享型生产性实训基地建设的探索与实践 [J]. 中国职业技术教育,2018,672 (20):13-17.

共同开发课程，将企业的实际操作和管理经验融入课程内容中，使课程与实际工作环境保持一致[①]。其次，可以共同开发实训项目，让学生在模拟的或真实的工作场景中进行操作实践，强化学生的职业技能训练。最后，还可以共同开发教学资源，如教学视频等，以支持实训教学活动的有效开展。

然而，共建共享生产性实训基地也面临着一些挑战和问题。例如，校企合作的稳定性和持续性需要双方不断沟通和协调、管理机制缺乏等。此外，企业参与教学过程的管理和质量监控也需要相应的制度安排和人员培训。因此需要学校和企业之间建立有效的合作机制，共同面对管理和运营中的挑战，达到共同发展的目标。

## 二、开展课程教学改革

### （一）岗位能力标准融入课程体系

岗位能力标准是对特定岗位所需能力、知识和技能的系统化要求，旨在明确员工胜任工作的基本条件及优秀表现的评价依据[②]。其核心作用在于通过量化指标和分级描述，确保人岗匹配并提升组织效能。岗位能力标准由核心能力、通用能力与专业能力构成三维结构。

1. 岗位能力标准融入课程体系的设计路径。聚焦企业需求开放课程体系。在岗位能力标准融入课程体系的过程中，首先，进行岗位能力解构，通过深入分析企业需求，提取典型工作任务，设计与之相匹配的课程体系，其次，将能力要素转化为课程模块，最后，形成模块化课程。

2. 岗位能力标准融入课程体系的注意事项。岗位能力标准融入课程体系，可确保教育内容与实际工作岗位的要求相匹配，从而提高学生的就业竞争力和企业的人才培养效率。首先，岗位能力标准的制订需要深入分析民营

---

① 唐细语. 高职教育校企合作生产性实训基地的建设研究与实践探索［J］. 职教论坛，2018，692（04）：123－127.

② 刘海明，方益权. 职业教育与民营经济融合发展的问题与实践——以浙江省为例［J］. 职业技术教育，2024，45（18）：64－69.

企业的实际需求。这些标准应当具有前瞻性，能够预见行业发展趋势和技术进步对岗位能力的影响。其次，课程体系的设计应当以岗位能力标准为基础，确保教育输出与企业需求的对接。这意味着课程内容不仅要涵盖基础理论知识，还包括创新思维的培育以及持续学习的能力培养。课程设置应当灵活多样，既要满足不同层次教育的需要，也要适应不同学生的学习路径和职业发展规划。

通过岗位能力标准与课程体系的深度融合，实施校企协同的教学实施策略，可有效破解校企合作"形合神离"的困境，最终形成教育链、人才链与产业链的协同发展生态。

### （二）企业技术标准融入课程标准

企业技术标准是企业为保障产品质量、规范生产流程而制订的技术规范集合，其本质是产业技术话语权的具象化表达，通常包含：生产流程标准（包括标准操作程序、工艺参数、设备操作规程等）、质量控制标准、职业行为规范等。企业技术标准融入课程标准，可及时将企业新技术、新工艺、新流程等融入课程标准，以便及时更新课程内容，使职业院校课程与产业发展同步，避免理论与实践的脱节[1]。

企业技术标准融入课程标准的过程通常包括以下几个步骤：①需求分析。教育机构需与企业建立紧密的联系，通过分析技术标准和人才培养需求，从而为课程标准的更新提供依据。②课程开发。基于企业技术标准，教育机构的课程开发团队应设计或更新现有课程内容、教学材料等，确保课程内容的实用性和先进性。③师资培训。为保证课程的有效实施，需要对教师进行专业培训，使其熟悉相关的企业技术标准，提升其教学设计与实施能力。④教学实施。在教学过程中，技术标准融入教学实践，采用案例分析等教学方法，增强学生的实践操作能力。⑤效果评估。通过企业反馈等多种方式，对课程标准的实施效果进行评估，以便不断调整和优化课程内容。⑥持续更新。鉴于技术的快速发展和产业的持续变化，课程标准的更新是一个动态过程。教育机构应建立课程更新的机制，定期将新的企业技术标准融入课程标准，保

---

[1] 李文. 从经济高速增长阶段迈入高质量发展阶段：企业深度参与职业教育的推进策略研究[J]. 中国职业技术教育，2025，908（04）：43-51.

持教育内容的时效性。

企业技术标准融入课程标准不仅是内容更新,更是职业教育范式的系统性变革。需通过"标准解构—课程重构—评价创新—生态共建"的闭环路径,构建教育供给侧与产业需求侧的动态平衡机制,实现教育场景与生产场景的无缝衔接。

### (三) 真实生产项目融入教学内容

1. 意义。将真实生产项目融入教学内容是提升学生实践能力、促进产教融合的重要途径,具有重要的意义。

(1) 将真实生产项目融入教学内容为学生提供了接近实际工作场景的学习经历。一是通过这种方式,学生直接参与到项目的具体操作中,从而增强其对专业知识的理解和应用能力[①]。二是学校通过与企业合作开设"订单班"等模式,让学生在真实的工作环境中学习专业技能,这种模式不仅提高了学生的实践技能,也提高了企业的人才培养效率。

(2) 真实生产项目的学习有助于学生形成解决复杂问题的能力[②]。在新时代背景下,工作环境的复杂性和动态变化要求学生不仅要有扎实的理论基础,还需要具备快速适应新环境的能力。通过参与实际项目,学生可以学会如何面对不确定性,如何协调多方资源解决问题,这些经验对于其未来的职业发展具有重要的意义。

(3) 真实生产项目的融入有助于促进校企合作的深入发展。在这个过程中,学校和企业可以共同开发课程内容,制订人才培养方案,以及设计评估和认证体系。这种合作模式不仅能够使教育更具针对性和实用性,还能够建立起长期稳定的合作关系,为企业和学校双方创造更多的价值。

(4) 实践中的项目学习有助于学生形成良好的职业道德和职业素养。通过参与实际的工作项目,学生可以更好地理解团队合作的重要性,培养责任感和使命感,同时也能够更好地理解企业文化和组织行为,为其未来的职业生涯奠定坚实的基础。

---

① 石芬芳. 高职院校学生实习管理案例研究——以武汉职业技术学院为例 [J]. 职教论坛, 2018, 692 (04): 62-66.

② 黎明. 新质生产力引领高素质技能人才培养质量提升的机理、困境与对策 [J]. 教育与职业, 2024, 1067 (19): 51-56.

2. 真实生产项目融入教学内容流程。

（1）对接行业需求，分解教学目标。包括：分析专业培养方案，梳理核心能力（如工程设计、数据分析、项目管理等），筛选与课程知识点高度契合的真实项目（如企业的产品研发、技术改造、流程优化等）。

（2）对接教学需求，筛选课程项目。一是建立分层分类项目筛选机制，在课程内融入基础性项目，跨学期跨专业融入综合性项目。二是对接企业技术攻关需求，将创新性项目融入学生的毕业设计、技能竞赛等项目，以培养学生的科研与工程实践能力。

（3）实施项目教学，创新教学模式。一是通过创新教学模式，采用多元方法提升参与度。例如，双师协同授课，企业工程师与教师共同设计课程，前者讲解行业标准，后者解析理论原理，课堂穿插企业现场视频、实时数据演示等。二是利用虚拟仿真系统、校内实训基地或企业现场教学，让学生"做中学、学中做"。三是实施动态分组与角色模拟，按企业岗位分工分组，学生在项目中轮换角色，培养沟通协作与责任意识。

（4）重构评价体系，完善政策支持。一是从技术维度、管理维度、职业素养三个层面构建考核指标，将评价重点从"知识掌握"转向"能力产出"，构建多维评价标准。二是提升成果转化激励，通过推进优秀项目落地企业、参加技能竞赛或专利申请等，提升学生获得感和成就感。三是进一步加强政策与资源支持，学校层面设立产教融合专项经费。四是进一步增强与政府、行业协会的合作，争取地方"产教融合型企业"认证，推动企业享受税收优惠，形成"企业出题—学校解题—学生答题"的良性循环。

将真实的生产项目融入教学内容是提高职业教育质量的重要途径，它不仅能够加强学生的实践技能和问题解决能力，还能够促进校企合作的深入发展，并有助于学生形成良好的职业道德和职业素养。因此，各职业院校应积极探索与企业合作的新模式，不断优化教学内容和方法，以适应不断变化的社会需求和劳动市场的变化。

## 三、创新人才共育模式

### （一）产业学院育人模式

产业学院是在政府引导下，由职业院校与行业企业深度合作，以服务产业发展为宗旨，以培养高素质技术技能人才为目标，集人才培养、技术研发、社会服务、创新创业等功能于一体的新型办学实体[①]。其核心内涵在于打破传统教育与产业之间的壁垒，构建起"产教融合、校企双元、协同育人"的办学模式。产业学院不是简单的学校与企业的合作，而是形成一个利益共享、风险共担、共同发展的命运共同体，实现教育链、人才链与产业链、创新链的深度融合。产业学院作为职业教育产教融合的创新载体，通过整合学校与企业资源，构建起深度融合的育人平台，成为解决人才培养与产业需求"两张皮"问题的有效途径[②]。

1. 产业学院育人模式的特点。

（1）实践导向的课程体系。课程内容紧密结合产业发展的实际需求，强化实践教学和案例分析，使学生在掌握理论知识的同时，能够快速适应实际工作需要。

（2）企业化的管理运营。产业学院通常采用企业化的管理模式，通过引入企业管理的理念和方法，提高管理效率和教育的市场适应性。

（3）灵活多样的学习路径。产业学院模式下，学生的学习路径更加灵活多样，可以根据自身的兴趣和未来职业规划选择不同的课程和实训项目。

（4）全方位的人才培养。通过校企合作，产业学院能够提供全方位的人才培养服务，如就业指导等。

（5）持续的职业发展支持。产业学院通常会提供持续的职业发展支持，助力学生实现持续的职业成长，能够提高学生的就业率和就业质量，为企业输送更多符合需求的优秀人才，实现校企双方的共赢。

2. 产业学院育人模式的实践路径。

（1）产教协同的专业建设。一是对接产业需求，动态调整专业设置。产业学院围绕区域主导产业与新兴产业发展需求，组建由行业企业专家与学校专业教师构成的专业建设指导委员会。定期开展产业人才需求调研，依据产业发展趋势与企业岗位需求，灵活动态地调整专业设置与人才培养目标。例如，某产业学院针对当地智能制造产业的迅猛发展，及时增设工业机器人技术、智能控制技术等专业，同时停招与产业需求脱节的传统专业，使专业设

---

① 聂伟. 产业学院的理论认知和实践形塑[J]. 职教论坛, 2021, 37（09）: 28 – 32.
② 吴金铃. 基于产教融合的高职产业学院建设探析[J]. 教育与职业, 2019, 946（18）: 33 – 37.

置与产业结构高度适配。二是构建基于产业需求的课程体系。邀请企业技术骨干参与课程开发,将企业的新技术、新工艺、新规范融入课程内容,构建"课岗对接、课证融合"的课程体系。以工作过程为导向,开发项目化课程,将企业真实项目引入课堂,推行"做中学、学中做"的教学模式。同时,结合职业资格标准与行业技能大赛要求,开发相应课程模块,提升学生职业能力与竞赛水平。比如,在计算机应用技术专业课程体系中,融入软件开发企业的敏捷开发流程与软件测试标准,开发"软件项目管理""软件测试技术"等课程,让学生在学习过程中熟悉企业工作流程与规范。

(2)"双元双师"的师资队伍。一是打造校企互聘的"双师型"教师队伍。产业学院推行校企双导师制,从企业聘请实践经验丰富的技术专家、能工巧匠担任兼职教师,承担实践课程教学与学生实习指导任务;同时,选派学校教师到企业挂职锻炼,参与企业项目研发与生产实践,提升教师实践教学能力。建立校企教师交流合作机制,定期组织校企教师开展教学研讨、技术交流等活动,促进校企文化融合与教学资源共享。例如,某产业学院与当地知名企业合作,建立"企业导师库",目前已有600余名企业专家担任兼职教师,同时选派300余名学校教师到企业实践,有力提升了教师队伍的双师素质。二是开展校企协同的教师培训。结合产业发展最新技术与企业实际需求,开展校企协同的教师培训项目。邀请企业高管、技术专家为学校教师开展新技术、新技能培训,同时组织学校教师为企业员工开展理论知识与教学方法培训,实现校企教师共同成长。此外,鼓励教师参与企业技术研发项目,通过项目实践提升教师科研能力与解决实际问题的能力。比如,某产业学院与企业合作开展"智能制造师资培训"项目,邀请企业工程师为学校教师讲授工业互联网、大数据分析等新技术,同时,学校教师为企业员工开展职业教育理论与教学技巧培训,营造出良好的校企互动氛围。

(3)"项目化"教学模式改革。一是引入企业真实项目开展教学。将企业的实际生产项目、技术研发项目、管理创新项目等引入课堂,作为教学内容与教学载体。教师依据项目需求,设计教学任务与教学情境,学生在完成项目过程中学习专业知识与技能,培养解决实际问题的能力与团队协作精神。例如,在机械制造专业教学中,引入企业的"零部件数控加工"项目,学生在教师与企业导师共同指导下,完成从零件图纸分析、工艺制定、数控编程到加工调试的全过程,使学生在实践中掌握数控加工技术。二是实施"教、学、做、评"一体化教学。在项目化教学过程中,打破传统课堂教学模式,将教学场所设置在实训基地、企业车间等生产现场,实现教学环境与工作环境一体化。教师作为项目负责人,引导学生完成项目任务;学生作为项目组成员,分工协作,共同完成项目。在教学过程中,注重过程性评价与形成性评价,将学生在项目实施过程中的表现、项目成果等作为评价学生学习效果的重要依据,同时引入企业导师评价意见,使评价更加客观、全面。比如,某产业学院在电子商务专业教学中,开展"网店运营"项目化教学,学生在企业电商平台上开设网店,进行商品推广、营销策划、客户服务等实践活动,教师和企业导师根据网店销售额、客户满意度等指标对学生进行评价,有效提升了学生实践能力与职业素养。

3. "多元协同"的质量评价体系构建。一是建立校企共同参与的评价标准。制订涵盖职业素养、专业技能、实践能力、创新能力等多个维度的人才培养质量评价标准,邀请行业企业专家参与评价标准制订,确保评价标准与产业需求相契合。例如,在评价机械制造专业学生时,除考查学生专业课程成绩外,还将企业岗位技能要求、职业素养标准纳入评价体系,如安全操作规范、团队协作能力、质量意识等。二是实施多元主体的评价方式。采用学校评价、企业评价、学生自评、社会评价等多元主体评价方式,对人才培养质量进行全面评估。学校教师主要评价学生理论知识掌握情况与学习态度;企业导师主要评价学生实践能力与职业素养;学生自评主要反思自身学习过程与成长进步;社会评价主要通过毕业生就业质量、企业满意度等指标体现。例如,某产业学院建立了毕业生跟踪调查制度,定期对毕业生就业情况、职业发展状况进行调查,收集企业对毕业生评价意见,及时反馈到人才培养过程中,持续优化人才培养方案。

4. 产业学院育人模式的保障机制。

(1) 组织保障。一是成立产业学院理事会。作为产业学院的最高决策机构,由政府部门、行业企业、职业院校等各方代表组成,负责制定产业学院发展规划、重大决策与资源调配。二是设立产业学院管理办公室,作为日常管理机构,负责产业学院具体事务管理与校企合作协调。同时,成立各专业建设指导委员会、教学指导委员会等专门机构,负责专业建设、课程开发、教学改革等具体工作,形成分工明确、协调有序的组织管理体系。

(2) 制度保障。一是建立健全产业学院校企合作制度、人才培养制度、师资队伍建设制度、教学管理制度、质量评价制度等一系列规章制度,明确校企双方权利与义务。二是规范产业学院运行管理。例如,制订《产业学院校企合作管理办法》,对校企合作项目申报、审批、实施、考核等流程进行规范。三是制订《产业学院兼职教师管理办法》,加强对企业兼职教师聘任、考核与管理,确保兼职教师教学质量。

(3) 资源保障。一是加大对产业学院资金投入,建立多元化资金筹措机制,包括政府财政拨款、企业投资、社会捐赠等,为产业学院建设与发展提供资金保障。二是加强实训基地建设,整合学校与企业实训资源,共建共享实训基地,为学生提供真实实践教学环境。三是加强教学资源建设,开发数字化教学资源、校企合作教材等,丰富教学内容与教学手段,提升教学质量。

产业学院育人模式作为一种校企合作的创新教育模式,对服务地方经济发展具有重要意义。未来,随着这种模式的不断完善和推广,将会成为职业教育领域的一大亮点。

### (二) 企业订单班、工匠班模式

在民营经济高质量发展背景下,职业教育通过订单班与工匠班模式深度对接产业需求,成为破解技能人才供需错配的关键路径[①]。

1. 订单班人才培养模式。订单班作为职业教育与企业深度合作的产物,以其独特的人才培养机制,在解决技能人才供需矛盾方面发挥着关键作用。这种模式的核心在于紧密围绕企业的岗位需求,实现人才培养与就业的无缝对接。

岗位定制化是订单班模式的显著特征。职业院校根据企业的岗位需求,灵活设置专业方向,使人才培养更具针对性。如某职业院校的新能源汽车订单班,针对新能源汽车行业对智能网联汽车维修人才的需求,开设相关专业课程,从新能源汽车的电池管理系统、电机控制系统到智能网联技术,课程内容紧密围绕企业实际岗位需求,使学生在学习过程中能够掌握到最实用的

---

① 陈慧. 产教融合背景下高职院校订单班人才培养模式探索[J]. 教育与职业,2021,978 (02):55-58.

技能。通过这种岗位定制化的培养方式,学生毕业后能够迅速适应企业的工作环境,成为企业急需的专业人才①。

完善的就业保障机制是订单班模式的另一特征。学生入学即与企业签订就业协议,明确双方的权利和义务。企业为学生提供实习补贴,帮助学生减轻经济负担,同时提供系统的技能培训,提升学生的专业能力。在学生毕业后,企业优先录用订单班学生,确保学生能够顺利就业。据统计,订单班毕业生的就业率普遍达到98%以上,远高于普通职业院校毕业生的平均水平。这种就业保障机制,不仅让学生和家长放心,也为企业提供了稳定的人才来源,实现了学校、企业和学生的三方共赢。

2. 工匠班人才培养模式。工匠班人才培养模式以培育工匠精神为核心,通过深度的校企合作,在培养学生专业技能的同时,注重塑造学生精益求精、专注执着的职业素养,为产业升级培养高素质技术技能人才。

其核心特征为:一是双主体育人。校企联合制订高于行业标准的人才培养方案,充分发挥学校与企业的优势。以某职业技术学院与某集团共建工匠班为例,企业导师承担50%的实践课程教学任务,将企业的先进技术、管理经验与文化理念传授给学生;学校则负责学生的基础理论知识教学与综合素质培养,双方共同致力于培养符合企业需求的高素质技能人才。二是工学交替机制。采用"2+1"培养模式,即学生前2年在校内进行理论知识学习与基础技能训练,第3年进入企业进行实训。在企业实训期间,学生参与真实生产项目,在实践中锤炼技能,解决实际生产问题;同时,有机会参与企业技术攻关项目,提升创新能力与解决复杂问题的能力。三是工匠精神融入。通过多种方式将工匠精神融入人才培养全过程。开设劳模讲堂,邀请行业内的劳动模范、大国工匠分享成长经历与职业感悟,激发学生对工匠精神的向往;举办技能竞赛,营造比学赶超的良好氛围,培养学生精益求精的精神;开展企业文化浸润活动,让学生在企业环境中感受企业文化,培养专注执着的职业态度。

通过企业订单班和工匠班模式的实施,不仅可以提高职业教育的针对性和实效性,还能促进学生的全面发展和满足企业的人才需求,对于推动职业

---

① 余思瑶. 高职院校校企协同育人模式的实践探索——以订单班人才培养为例 [J]. 职教论坛, 2018, 694 (06): 140-143+149.

教育与产业发展的深度融合具有重要意义。

### (三) 中国特色学徒制模式

《中华人民共和国职业教育法》第三十条明确推行中国特色学徒制，要求企业按比例设学徒岗，鼓励产教融合型企业与院校合作，实施中国特色学徒制人才培养[1]。中国特色学徒制是学徒制本质属性与中国国情结合的产物，强调企业对技能培养的主导作用，学徒需在真实岗位环境中学习，强调学生兼具"在校生"与"企业学徒"双重身份，实行"招生即招工、入校即入企"的一体化模式，校企共同制订培养方案，形成"双导师制"（学校教师+企业师傅），实现教学与实践深度融合。

在实施中国特色学徒制的过程中，企业的参与至关重要。企业不仅提供实践平台，而且其技术和管理经验的注入，能够显著提高教育内容与实际岗位能力要求的符合度。通过企业的参与，学徒制的培养模式能够更好地适应市场变化，提高教育的针对性和实用性。例如，企业可以根据自身需求设立学徒岗位，并与职业培训机构合作，共同设计和实施教学计划，使教育内容与实际工作紧密结合，提高学生的就业竞争力。

同时，中国特色学徒制还强调了政府在校企合作中的引导与协调作用。政府通过立法和政策引导，为校企合作提供了规范和保障，如财政补贴等激励措施，鼓励企业深度参与职业教育。这种政策支持不仅降低了企业的成本和风险，而且提高了企业参与职业教育的积极性。此外，中国特色学徒制的实施还需要建立有效的校企合作机制[2]、利益分配机制等。通过建立稳定的合作关系，可以有效地解决合作中的各种问题，保障学徒的学习效果和培养质量。

## 四、畅通双师流动机制

校企师资双向流动机制是指职业院校与企业之间，教师与企业技术技能

---

[1] 李博，姜乐军. 新《职业教育法》背景下中国特色学徒制未来指向与发展路径[J]. 职业技术教育，2023，44 (21)：35-39.

[2] 林徐润，高军. 组织生态学视角下中国特色现代学徒制发展的逻辑解析、现实困境与推进策略[J]. 教育与职业，2023，1037 (13)：44-50.

人才按照一定的规则和程序,进行双向的交流与流动,实现师资资源的共享与优化配置。具体包括学校教师到企业实践锻炼,企业技术技能人才到学校兼职授课或担任实践导师等形式。这种流动不只是人员的简单交换,而是知识、技术、经验的双向传递与融合[①]。

### (一) 校企师资双向流动存在的问题

1. 制度保障不足。

(1) 人事管理制度的限制。目前,职业院校和企业在人事管理方面存在较大差异。学校属于事业单位,教师的编制、职称评定、考核等都有严格的规定,而企业则实行市场化的人力资源管理模式。这种差异导致学校教师到企业实践时,在人事关系、工资待遇、职称评定等方面面临诸多困难。例如,教师到企业实践期间,其工资待遇可能无法得到保障,职称评定时实践经历的认可度不高,影响了教师参与企业实践的积极性。

(2) 缺乏统一的政策法规。虽然国家出台了一系列关于校企合作的政策文件,但对于校企师资双向流动的具体规定和操作细则还不够完善。目前,缺乏统一的政策法规来明确校企双方在师资流动中的权利和义务,以及相关的激励措施和保障机制。这使校企合作在师资流动方面缺乏明确的指导和规范,容易出现合作不顺畅、责任不明确等问题[②]。

2. 激励机制不完善。

(1) 学校对教师的激励不足。学校在教师考核和评价体系中,往往更注重教学工作量、科研成果等指标,而对教师到企业实践的经历和成果重视不够。教师到企业实践需要花费大量的时间和精力,但在职称评定、评优评先等方面,实践成果的权重较低,导致教师缺乏参与企业实践的动力。此外,学校为教师到企业实践提供的经费支持和政策保障也不足,增加了教师的实践成本。

(2) 企业对技术技能人才的激励不足。企业技术技能人才到学校兼职授课或担任实践导师,需要牺牲自己的工作时间和精力,但企业往往缺乏相应的激励措施。例如,企业没有将技术技能人才参与学校教学的经历作为其职

---

① 赵丽英. 产教融合背景下教师实践能力提升策略 [J]. 教育与职业, 2016, 873 (17): 65-68.
② 王剑, 李宇红, 田志英. 职业院校教师企业实践的问题和促进策略 [J]. 职业技术教育, 2015, 36 (04): 51-54.

业发展的重要考核指标,也没有给予相应的物质奖励和精神表彰,导致企业技术技能人才参与学校教学的积极性不高。

3. 合作深度不够。

(1) 校企双方的需求对接不精准。学校和企业在人才培养目标、课程设置、教学内容等方面存在一定的差异,导致校企双方在师资流动过程中,需求对接不精准。学校往往根据自身的教学计划和课程安排,邀请企业技术技能人才来校授课,而没有充分考虑企业的实际需求和技术发展趋势。企业则更关注自身的生产经营目标,对学校的教学需求了解不够,导致派出的技术技能人才可能无法满足学校的教学要求[①]。

(2) 缺乏长效的合作机制。目前,校企之间的师资流动大多是短期的、松散的合作,缺乏长效的合作机制。学校教师到企业实践往往是一次性的,缺乏后续的跟踪和反馈,无法实现与企业的长期合作和深度融合。企业技术技能人才到学校授课也大多是临时安排,没有参与学校的人才培养方案制订、课程开发等全过程,难以发挥其应有的作用。

**(二) 畅通校企师资双向流动机制的对策**

1. 完善制度保障,构建立体化政策体系。

(1) 建立弹性人事管理制度,推行"双岗双聘"制度。完善教师企业实践锻炼考核制度,实践期间绩效按"企业评价+教学贡献"双重标准核定;企业技术人员到学校任教可申请"产业讲师"专项编制,任期内享受高校同等科研资源,解决"身份转换"的核心障碍。

(2) 出台专项政策实施细则,如制订《校企师资流动管理办法》,明确教师实践期的工资待遇;对于接收教师实践超过一定数量的企业,给予抵扣企业所得税等优惠政策;建立跨部门协调机制,解决政策执行中的交叉问题。

(3) 健全校企合作标准体系。发布《校企师资流动服务规范》标准,对企业导师、教师锻炼等制订准入标准。加强过程管理,推行实践日志电子化存档,每周校企双导师签字确认等;规范成果认定,建立"双师成果

---

① 郝天聪. 企业参与职业教育产教融合缘何动力不足?——基于对教师企业实践政策落实困境的分析[J]. 教育学术月刊, 2024, 387 (10): 106-114.

库",包含教学案例、技术方案、专利转化等成果,形成可追溯的标准化流程。

2. 健全激励机制,打造可持续动力系统。

(1)完善教师发展的多维激励机制,实施"双师能力提升计划"。如设立实践成果专项奖励,实践经历折算成一定的科研工作量;建立"企业实践—职称晋升"紧密联系,将"要我实践"转为"我要实践"。

(2)建立企业参与的价值回馈机制,构建"产教融合贡献度"评价体系。一是对年度接收教师超过一定数量的企业,优先承担政府购买服务项目;二是企业导师授课课时计入企业员工培训成本等;三是建立校企成果共享基金,反哺师资流动项目。

(3)建立社会认可的多元评价机制,建立"双师型人才认证中心"。一是面向企业导师颁发"职业教育导师资格证",作为跨企业流动的能力凭证;二是将教师实践成果纳入"双师型教师星级评定";三是定期举办"校企师资流动成果展",通过主流媒体宣传优秀案例,提升社会认同度。

3. 深化校企合作,创建沉浸式融合模式。

(1)以项目为驱动,深化双向流动。一是教师带教科研项目进企业,企业导师带生产项目进课堂;二是共建技术攻关团队,教师团队驻企3—6个月,企业导师每周到校指导,形成"教学项目化、项目生产化"的深度融合。

(2)以平台为依托,促进长效管理。一是建立数字赋能的长效管理机制,开发"校企师资流动数字平台"。二是建立校企师资人员库,包含教师的技术专长、企业导师的教学风格等,实现智能匹配。三是搭建过程管理模块,实时追踪实践进度,自动生成能力提升报告。四是构建成果转化通道,在线对接技术需求,促成校企合作横向课题。五是通过数字化手段将短期合作转化为长期生态,使流动机制从"项目式"走向"平台化"。

畅通校企师资双向流动机制,本质是构建产教融合的"人才立交桥"。通过制度创新破解体制障碍,通过机制设计激活主体动能,通过深度合作实现价值增值,为职业教育改革提供可操作的解决方案,推动职业教育真正成为产业升级的发动机,实现"教育链、人才链、产业链、创新链"的深度耦合与协同进化。

## 五、促进技术技能融合

### (一) 进行企业员工精准培训

企业员工的精准培训是现代企业人力资源管理的重要组成部分。在快速变化的商业环境和技术发展的影响下，企业员工的精准培训不仅关系企业的即时竞争力，也是推动企业可持续发展的关键因素[①]。企业需要通过对内部和外部环境的深入诊断，明确企业的战略方向和人才需求，设计出符合企业需求的培训计划。

在精准培训的过程中，企业应注重以下几个关键步骤：一是做好需求分析。企业需要对现有员工的技能和知识水平进行评估，并与企业的发展目标和业务需求相对接，找准技能点和改进点。二是做好定制化设计。根据需求分析的结果，制订包括培训时间和培训地点等在内的综合培训计划，确保培训内容的针对性和实用性。三是实施执行。在执行培训计划时，企业应确保培训的有效性，选择合适的时间地点、合适的培训师，确保参训员工的参与度和学习兴趣。四是评估反馈。培训结束后，企业需要对培训效果进行评估，对技能提升和态度改变等多方面进行评估，并根据反馈结果对培训计划进行调整和优化。五是持续发展。企业应建立起持续的员工发展机制，通过新员工入职培训等方式，确保员工的知识和技能始终保持在企业需求的水平。

精准培训的优势在于可以提高培训的有效性和效率，使员工的个人发展与企业的战略目标紧密结合。通过精准培训，企业不仅能够提升员工的工作绩效，还能增强员工的工作满意度和忠诚度，从而构建企业的人才优势和竞争优势。

### (二) 开展企业技术服务

企业技术服务是指职业院校根据自身专业和技术优势，为企业或组织提供的技术支持和服务。通过对企业技术痛点的调研，形成"企业技术需求清

---

① 张梦茹. A 公司员工培训体系优化研究 [D]. 中南财经政法大学，2022.

单",搭建供需对接平台,为企业制订定制化技术服务方案,确保服务实效①。

1. 精准对接企业技术需求,构建协同创新体系。一是建立技术需求动态响应机制。定期走访中小微企业,通过问卷调查、座谈会等形式收集技术难题,形成企业技术需求清单。二是搭建供需对接平台,整合院校科研资源与企业需求,建设区域性产教融合信息平台。三是制订定制化技术服务方案,根据企业规模和需求层次,提供差异化服务。四是对小微企业开展"短平快"技术改良,对规上企业提供长期技术攻关,确保服务实效。

2. 完善技术服务支撑体系,强化长效合作。一是规范成果转化机制。在合作协议中明确知识产权归属,按技术贡献度分配,明确学校、企业、教师的产权份额。二是建立"双师成果库",记录教师技术服务成效,允许技术转让收益按比例奖励团队,激发创新活力。

3. 数字化赋能,助力技术服务升级。一是搭建技术服务线上平台。整合院校技术成果(如专利、工艺方案等)、企业需求(如设备改造、产品研发等)、人才信息(如教师技术专长、研究方向等),实现智能匹配与在线对接。二是推广"互联网 + 技术服务"模式。通过远程诊断、云端培训为异地企业提供服务,突破地域限制。三是建立服务效果评估体系。引入企业满意度、技术转化效益、人才培养质量等多维指标,定期发布《校企技术服务白皮书》,提升社会认可度。

职业院校开展技术服务需紧扣企业实际需求,通过"技术研发 + 人才培养 + 政策保障"三位一体模式,实现从技能输送到技术赋能的升级。

## (三) 共建技术攻关团队

为更好汇聚技术服务、技术研发与攻关力量,校企双方需共建团队,打造"双师型"攻关小组。选拔既有教学经验又懂企业生产的教师,联合企业技术骨干组成混编团队,聚焦企业实际需求开展技术研发。一是开展"技术诊断进企业"活动,定期组织教师深入车间,为企业设备检测、流程优化等提供诊断服务,形成"企业技术改进建议书"。如浙江某职业学院通过该活

---

① 李孝轩,陈子涵.社会力量参与技术技能人才培养的优势及其实现路径[J].教育与职业,2023,1046(22):28-35.

动,帮助 127 家民企优化智能制造流程,使新员工培训周期缩短 40%。二是转化教学成果反哺企业。将学生实训作品、教师科研成果(如实用新型专利、工艺改进方案)与企业生产结合。江苏某高职学校将学生在"教学工厂"生产的合格零部件直接提供给合作企业,年生产价值超 200 万元,实现了"实训即生产、作品即产品"的目标。

(四)共建技术创新平台

一是与企业联合申报省市级工程技术研究中心、大师工作室,共享设备资源,联合攻关产业共性技术。二是搭建供需对接平台,整合院校专业教师团队、实验室设备等科研资源,与企业需求紧密对接,建设区域性产教融合信息平台。

附录一

# 现代职业教育与民营经济融合发展的台州报告（2021—2023 年）

浙江省职业教育发展研究院

2023 年 12 月

## 前　言

民营经济作为国民经济的重要组成部分，不仅是经济制度的内在要素，也是推进供给侧结构性改革、推动高质量发展、建设现代化经济体系的重要主体。台州是我国民营经济发祥地、股份合作经济发源地、市场经济先发地，同时也是民营经济最集中和最活跃的地方之一，但是台州部分民营企业面临着技能人才缺乏、技术发展滞后、管理机制落后、产业转型升级困难等问题。这些问题的存在及纾解都归结为高技术技能的积累与高技术技能型人才的培养。2021年1月29日，教育部、浙江省人民政府印发《关于推进职业教育与民营经济融合发展 助力"活力温台"建设的意见》，旨在推进职业教育与民营经济的融合发展，强化职业教育对于民营经济高质量发展的人才与技能关键支撑。三年来，台州以部省共建职业教育创新高地建设为契机，全力推进职业教育与民营经济融合发展，以机制改革为重点，以产学研一体协同发展为路径，现代职业教育体系基本成型，职业院校办学能力显著提高，与市域经济发展特别是民营经济发展共融共生，实现了一年成"式"、两年成"是"、三年成"事"的蝶变。高地建设得到了省委省政府领导的批示肯定，工作经验在全国职教论坛做典型交流，获得了国家层面肯定。

## 一、搭建产教融合发展平台

台州充分发挥区域产业资源、教育资源、技术资源集群的优势，以区域职业教育一体化赋能民营经济高质量发展为目标，健全区域内合作育人、共建共享、协同治理机制，通过"平台融合、资源融合、师资融合、技术融合、发展融合"，构建"平台共建、资源共用、人才共育、师资共培、成果共享"，实现"产业链、教育链、人才链、供应链、价值链"五链一体，探索形成了"五融五共五链"三位一体的职业教育与民营经济融合发展的"台州模式"。

### （一）构建区域职业教育一体化协作平台

台州是中国民营经济发祥地、股份合作经济发源地、市场经济先发地，按照《教育部 浙江省人民政府关于推进职业教育与民营经济融合发展 助力"活力温台"建设的意见》要求，牵头建立了定期商会、信息互通、资源共享、齐抓共管等工作推进机制，通过高位推动、政策拉动、创新驱动，有序推动了区域职教高地建设，为"活力温台"高质量发展提供了高技能人才支持。一是加强制度供给，为区域职业教育一体化的发展提供完善的配套制度。注重收益分配、成本分摊、任务承担等硬性指标，结合各个主体在协同合作、资源共享中的弹性要求，完善教师互聘、学分互认、课程互选、成果互评、资源共享等相关政策。二是转换治理模式，为区域职业教育一体化的发展组建一支多中心治理的协调组织，由政府统筹、地方教育部门协调、多元主体共同参与，实行多中心治理、多层级管理的现代化区域治理模式。三是促进多维联动，为区域职业教育一体化发展形成多主体联动的长效格局，由"点—线—面—体"逐步演变，推动不同主体的多维联动，加强不同类型、不同层次院校之间的交流合作。四是以发展区域职教共同体为抓手，推动台州经济共同体的建设。组建了长三角汽车、模具等19个产教联盟，成立了"活力温台"高职大学生双创联盟、非遗文化传承职教联盟、技工院校（产业）联盟。

## （二）打造多主体共融职教综合体

建设由产教融合型企业牵头、中高职院校、科研院所、相关企业、行业协会等共同参与的职教综合体，将企业生产、学校教学、学生学习、技术创新、科技研发、科研转化实现全过程全方位的融合对接。一是构建政企校协同科研创新共同体平台。统筹产教融合发展规划，提升职业院校人才培养、科技研发、技术服务的能力，依托院士工作站、科技创新团队、产业技术联盟、重点实验室、技术孵化中心等科技服务平台，实现职教综合体的联动。二是完善以民营企业为中心的共同体协同机制。围绕民营企业技术创新关键问题开展协同创新，联合开展应用技术研究、科技攻关、成果转化、项目孵化等服务，共同完成教学科研任务。三是实施"高水平科研团队"培养计划。实施校企科研人员双向流动机制，建立台州市教师企业实践流动站、台州市技术技能传承创新工作室，激励教师跨专业跨学科组建科技创新团队和校内研究平台，拓宽服务面向，汇聚各环节专家和行家，组建服务全链条的科技创新团队，打好科技服务"组合拳"。四是深化技术攻坚合作，推动行业龙头企业和职业院校联合组建技术研究平台与技术创新联盟，共同申报科技重大项目和研发计划，近3年全市职业院校校企合作技术服务转化累计到款额增长超过5倍，共获得国家实用技术专利1216项，专利发明171项，其中，台州职业技术学院入选浙江省知识产权服务业示范集聚区、浙江省知识产权信息公共服务网点，在"中国专利转让排行榜"上连续两年居全国高职院校前两位。

## （三）共创人才共育联动平台

一是建设"匠才荟"职教云中心，搭建互联互通的信息服务平台。以市教育行政主管部门为主导，协同其他部门、行业协会、企业共同完善数字内容，依托大数据、云计算等现代化信息技术，及时收集、发布和更新人才资源供需信息，促进职业教育供需多方全要素流通，建立健全专业性、开放性、市场化的区域信息服务平台，汇聚本区域内产业结构、人才需求、专业建设、技能要求、研发服务、招生计划等供求信息，通过信息服务平台及时公示区域内产业趋势及行业的动态，提升职业院校人才培养的敏锐性和前瞻性，为职业院校的专业设置建立风向标，提高职业院校人才培养和企业人才需求的耦合度。二是打破区域行政壁垒，联合培养高水平"双师型"教师。提升职业院校内"双师型"教师的比例，建设一批区域内龙头企业和高质量职业院校共建融合性、开放性的师资培训基地，以产业建造师资培训基地，并制订针对性的培训计划，提升区域内职业教育教师的胜任力。三是搭建学生横向技能拓展平台，打通学生纵向学业提升通道。完善学生学分互认、学分转换制度，明确学生学分转换规则，增强学生区域间的流动性和灵活性；激励以"引企入校"和"引校入企"的方式建设面向区域的生产实训基地，通过共建、共享、共治的方式，确保实训基地与企业生产保持同频共振，真正实现区域协同育人；建设一批市级以上精品在线开放课程、搭建一批专业教学资源库等数字化资源平台。近3年建立了30个教育教学创新团队、28个中高职一体化教科研训团队，重点开展了专业带头人、校长等6类师资培养。台职院首获国家职业教育教学成果一等奖，台科院两个教师团队在全国职业院校技能大赛教学能力比赛中分获一等奖、二等奖，4本教材入选"十四五"职业教育国家规划教材，实现了历史性突破。

### （四）建设开放型公共实习实训基地

2021年9月10日，台州市发改委、台州市教育局等八部门联合印发《台州市产教融合"五个一批"工作方案》，全面推进全市产教融合"五个一批"和实训基地项目建设。市场化运营的开放型公共实习实训基地除了具备其他基地的公共性、公益性、可持续性的特征，更加强调区域性、市场化、可持续发展性。目前，台州市已共建校内生产性实训基地和校外实习实训基地1000余个，共建共享生产性实训基地工位3万余个，为民营经济的高质量发展提供了人才培养平台。一是通过转变政府角色来激发公共实习实训基地的市场化活力。地方政府以提供资源、资金、政策、监管等服务的方式来发挥其引导作用；职业院校主动承担起实训基地的管理和服务责任，发挥其主导作用，提升校企合作能力；行业协会针对公共实习实训基地出台相应标准，并提供行业指导；企业积极参与公共实习实训基地的建设，将企业的人才需求及培养要求充分体现在实习实训基地的建设中，组建"政、校、行、企"四位一体的职业培训网络。二是不同主体加强协作和互动。政府对参与实习实训基地共建的企业给予一定的政策扶持和资金支持，让企业在实习实训基地的建设中得到相应的权益保障。

## 二、创新产教融合发展机制

### （一）推进职业院校混合所有制改革

职业院校混合所有制改革就是通过跨界合作、多元共治的方式，以尊重差异、寻求共识为共同目标，形成一套动态可持续的长效机制，保障多个主体在增强互动、权力制衡中实现有序合作。目前，已培育80余个混合所有制试点项目、教师企业实践流动站、职业教育集团、产业学院和产学研合作平台，推进了职业教育集团的实体化运行。

1. 以立体化政策布局推动多元协同办学。台州率先将职业教育混合所有制办学纳入全市经济社会整体规划，把混合所有制改革项目任务纳入县（市、区）政府考核内容。2021年5月，出台了《关于建设职业教育"窗口"城市工作方案》，开展32个混合所有制办学项目试点，建立由市政府主要同志担任领导小组组长的全面协同推进机制，出台支持台州市混合所有制办学相关配套政策，加快转变企业参与职业院校办学的角色定位，让企业成为职业院校混合所有制办学重要主体，优化民营经济参与渠道，强化过程管理与监督保障，让企业必须参与，参与不难，参与有利。通过二级学院混合办学、共设专业、共创研发中心、共建实训基地的方式开展混合所有制办学模式，逐步形成了"政府统筹、多元办学、立体育人"的"台州经验"，台州职业技术学院首创的"院司一体"混合所有制二级学院合作办学模式在国内产生了广泛影响。

2. 以制度标准规范混合办学运行。台州市借助创新高地先行先试的优势，2021年10月，市教育局协同14部门共同印发《关于推进职业院校混合所有制办学实施意见》，对职业院校混合所有制办学的设立办法、投入管理、运行机制、支持保障及监督管理等方面进行了规范，围绕混合所有制办学的法人治理结构、产权归属、企业投入收益、师资绩效奖酬等问题提供了突破性解决方案。其一，制度建设方面，政府充分发挥统筹协调的作用，建立教育、发改、经信、财政、人社等多部门对民营企业参与职业教育办学中的土地使用、税收优惠、财政投入等决策部署的快速响应机制，优化职业教育联席会议制度，加大金融政策与财政支持力度，激发企业利用技术、资本、设备、设施和管理等要素参与职业教育的积极性，加强过程管理和绩效评价制度，健全国有资产评估、产权流转、权益分配、人事管理等制度，用足混合所有制办学所带来的高素质技术技能人才"红利"。其二，学校治理方面，建立"党委领导、董事会决策、校长负责"的治理体系，明确各项资产权益，明晰各个主体的职责，由政府、企业、职业院校组建的多方代表董事会制定学校办学章程、管理机制，保障企业的合法权益，充分发挥企业在专业设置、课程开发、实训安排、产业衔接等方面的优势，在企业人才需求的基础上建立学业评价机制。其三，师资队伍建设方面，强化灵活用人的方式，允许以社会自主招聘、校企选派教师和管理人员等多种方式打造多元师资队伍，同时要求企业选派教师数不得低于办学机构专业教师总数的30%，保证企业一线生产经验真正进入课堂；要求企业教师参与混合所有制办学授课量不低于学校专业课课时总量的35%，加强企业师傅在专业技能传授中的主体作用。其四，利益分配方面，明确提出营利性办学机构前三年不进行股东利益分配，学费及财政资金不作为收益进行分配，营利性办学机构在进行利润分配前需提出不少于50%的利润作为办学发展经费,实现混合所有制办学市场化运作与教育公益性兼顾。

3. 以数智化改革提升职业教育治理能力。以数字化改革牵引推动地市级统筹职业教育发展责任落地落实。以提升职业教育智慧校园服务能级为着力点,完善职业教育的两平台建设,9所职业院校列入省教育信息化标杆校,其中台州科技职业学院、温岭市职业技术学校列入教育部教育信息化标杆校。第一,完善"基础设施平台"建设,升级现有数据中心服务器群,实现设施上云、服务上云、安全上云,提供稳定、便捷、可扩展的信息化公共基础设施服务;第二,建设"全量数据平台",规范数据生产、共享和应用行为,编制数据目录,从源头上消除"数据孤岛",提升学校治理体系和治理能力现代化水平;第三,构建"整体智治综合应用"主题场景,建成多维度动态数据可视化平台,对接职业教育"数字大脑";第四,构建"教学科研数字化"主题场景,适应职业教育教学个性化、智能化新需求,推动职业教育的课堂教学改革;第五,构建"校园生活数字化"主题场景,以"校园一张图"为载体,以"服务智慧化"为目标,建立综合集成、协同高效、闭环管理的校园生活智慧服务体系,全面提升校园生活智慧感知力。

## (二)完善产业学院建设体系

台州市政府鼓励民营企业积极参与产业学院建设,以政策扶持和财政支持的方式保障企业利益。在财政支持方面:其一,将参与产业学院建设的民营企业纳入产教融合型企业建设,企业可以享受相应财政补贴(投入金额与补贴额,如3:1配套)、金融支持(设立产业发展基金,加大信贷投入,提高贷款额度等)、税收优惠(享受一定比例税收减免)等政策;其二,企业若以出让、租赁方式提供土地用于产业学院发展,建设用地按科教用地管理,加大产业学院财政支持力度;其三,对产业学院及共建民营企业新引进的人才,依据人才层次设立相应的生活补助及购房补贴。在政策扶持方面:探索以产业学院为主体建立相关产业的中小企业联盟,形成多主体参与的理事会(董事会)制度,纳入联盟的中小企业共享产业学院政策红利、共担义务,在联盟内部强化民营企业岗位(群)与职业院校专业(群)的匹配发展路径,有效提升人才培养与企业需求的契合度。

在政策、财政的支持下,形成了"政府+企业""企业+二级学院""企业+学校"的办学模式,成立了企领学院、工匠学院、精雕产业学院、凯华模具产业学院、智能制造学院、永高产业学院、恩泽护理学院等一批品牌产业学院,搭建了20余个产业学院和产学研合作平台,新增国家级职教集团培养单位1个、国家产教融合型企业1家。

### (三)加强政策制度保障力度

台州市积极落实《关于深化产教融合的若干意见》《职业学校校企合作促进办法》,2023年9月制订了《台州市职业教育校企合作促进条例》,出台了"金融+财政+土地"激励相结合的措施。

1. 财政政策。加强资金保障,设立专项经费。对于在校企合作中具有较好合作经历与实践的产教融合型企业,可以享受政策福利和专项经费的支持。《台州市职业教育校企合作促进条例》规定市、县(市、区)人民政府应当安排校企合作相关经费,并在年度教育经费预算中予以明确,用于校企合作项目或者活动,鼓励单位和个人依法通过捐赠、设立基金等方式参与校企合作。支持共建共享产教融合平台、探索区域协同创新发展等重点项目,设立接受学生实习实训专项补贴资金、校企创新技术技能开发研究专项资金等,对民办非营利性机构给予公办生均经费20%的支持。

企业参与办学投入可按照一定比例抵免企业当年应缴教育费附加和地方教育附加,减少对混合所有制办学机构的金融担保费用。此外,台州市政府会优先考虑将校企合作实训基地项目纳入教育现代化推进工程产教融合工程资金支持范围。对纳入产教融合型企业建设培育范围的试点企业,按投资额的30%比例抵免企业当年应缴教育费附加和地方教育附加。信用良好的产教融合型企业在办理申请、审核各项业务时可享受简化手续、绿色通道等服务,优先推荐其参与评优评先活动。优先开展现代学徒制或企业新型学徒制培训,按规定开展新型学徒制培训给予企业每人每年4000—6000元的培训补贴。

2. 土地政策。台州市规定企业投资或者企业与政府合作建设职业院校的建设用地,市、县(市、区)人民政府应当优先安排,按照教育科研用地管理,符合国家划拨用地目录的,可以通过划拨方式供地。鼓励开发区、产业集聚区规划建设标准厂房、国家大学科技园、科技企业孵化器,供中小企业进行生产、研发、设计、经营多功能复合利用。标准厂房用地按工业用途管理,国家大学科技园、科技企业孵化器实行只租不售、租金管制、租户审核、转让限制的,其用地可按科教用途管理,等等。对国家级、省级科技企业孵化器、大学科技园和国家备案众创空间自用以及无偿或通过出租等方式提供给在孵对象使用的房产、土地,免征房产税和城镇土地使用税;对其向在孵对象提供孵化服务取得的收入,免征增值税等。

3. 金融政策。企业建设实训基地可以优先获得国家开发银行贷款申请资格,并视情况给予贷款利率优惠。支持符合条件的企业申请发行专项债券,主要用于开展校企深度合作、产教融合实训基地建设项目。对轻资产运营、融资抵押物不足的创新型产教融合企业,鼓励运用知识产权质押融资模式,并鼓励金融机构开发适合产教融合项目的融资产品。

## 三、融合培养高素质技能人才

### (一)创新职技融通模式

技工教育具备职业教育的"类"属性,同时,其也具备"型"的特质,表现在实施主体形态、人才培养形态、人才评价形态、教学形态和师资形态方面,职技融通具有应然性。2022年4月8日,台州市出台《职技融通改革实施方案》,明确了11项工作举措和17条重点任务,清单化项目化统筹推进,实施职业院校和技工院校同目标引领、同政策保障、同平台支持、同归口管理、同频率发展等"五同"改革行动,构建学历与技能"双培养"育人体系。

1. 职技融通管理机制。2020年8月14日,浙江省印发《关于实施新时代浙江工匠培育工程的意见》,开展学分互认试点。台州立足汽车产业优势,先行先试,首先,在浙江汽车职业技术学院与浙江吉利技师学院进行学分、证书互认试点,对已有工作经历、技术技能达到一定水平及在相关领域获得一定级别奖项或荣誉称号的学生,经学校认定后可折算成相应学分或免试相应技能证书考核。其次,推广试点经验,启动实施职业院校与技工院校课程学习、企业实践等学分互认,加快推进技能人才学历证书和技能等级证书互通转换。最后,建立职业院校和技工院校学分互认、证书互通体系,逐步形成管理体制顺畅、布局规划合理、办学理念先进、培养模式科学、服务社会功能显著、"双轨融合"发展的现代职业教育培养培训体系,目前已在全市16所学校43个专业开展试点。央视东方时空栏目对台州"职技融通"做法进行了专题报道。

一是协同推进机制。建立以市教育局、市人力社保局主要领导担任组长的职技融通改革工作领导小组，定期召开职技融通协商会。支持符合条件的职业院校按程序加挂技师学院或高级技工学校牌子、符合条件的技工院校按程序加挂职业院校牌子。二是统筹管理机制。不改变学校原有隶属关系、加强分工统筹。教育部门牵头统筹管理教育教学、学籍学历、考试招生等业务，人社部门统筹管理社会培训、技能人才评价、毕业生就业创业等业务。三是学分证书互认机制。支持职业院校与技工院校之间开展学分互认试点，双方互认课程学习、企业实践等取得的学分，完成规定学分的学生，可取得相应学历证书或技能等级证书。

2. 职技融通运行机制。一是统筹开展招生。发改、教育和人社部门统一制订年度招生计划、发布招生简章、开展招生宣传，实现中职学校与技工院校统一招生政策、统一招生计划、统一招生代码、统一招生平台。二是统筹学籍学历管理。将中职学校和技工院校学籍纳入平台管理，实现统一管理、分工负责、数据共享。在教育部、人社部关于学籍管理规定的框架下，实现中等职业学校三年制中专学生与技工院校前三年学制学生学籍互转互认。三是统筹推进"三教"改革。统筹推进职业院校与技工院校"双师型"教师队伍建设，研发新型活页式、工作手册式教材。深化职业院校与技工院校教学改革，依据《中等职业学校专业目录》《全国技工院校专业目录》以及国家职业技能等级证书有关规定，修订专业人才培养方案，逐步建立以国家职业标准为依据、以工作任务为导向、以综合职业能力培养为核心的一体化教学课程体系。台州职业技术学院的"标准研制 行动教学 持续改进：高职成果导向课程建设的创新与实践"荣获国家教学成果一等奖；台州科技职业学院参与的"'技能创富'到'技能带富'：涉农高职院校培养智慧新农匠的创新与实践"荣获国家教学成果一等奖、"匠心铸魂·数智赋能·四维通融：基于智慧生态圈的大关贸育人模式创新与实践"荣获国家教学成果二等奖。四是统筹开展技能大赛。定期举办全市技能大赛，鼓励职业院校（技工院校）参加各级职业技能大赛并承办各级大赛，加强世界、全国、全省技能大赛备赛合作，共享训练设备、共建专业师资团队。近3年，职业院校学生比赛获国家级奖项77个、省级奖项168个；在首届世界职业院校技能大赛中荣获铜奖，中职学生创新创业大赛的获奖等次及数量连续12年居全省前列。

3. 职技融通培养机制。2022 年 3 月 22 日，台州市人力资源和社会保障局印发《台州市技术工人职业发展通道设置指引》，提出以"职技融通"改革为牵引，突破学历"天花板"、打通技工"成长链"，推动构建"全生命周期、全技能贯通、全领域覆盖、全社会认可"的职业教育体系，让技术工人在技能致富方面有"奔头"、有"学头"、有"盼头"，实现学历能力"双提升"。一是中高职一体化培育"台州工匠"。统筹编制全市"中高职一体化五年制职业教育"招生计划，支持技师学院开展长学制试点。支持职业院校与技工院校互派师资，加强对专业设置、人才培养方案和教材使用的指导和监督，逐步统一课程设置、教材标准、质量体系等。二是共推产教融合校企合作。充分发挥企业在技术技能人才培养中的主体作用，全面推广现代学徒制和企业新型学徒制，职业院校、技工院校按相关规定同等享受学徒制相关补贴。支持校企在专业规划、教材开发、教学设计、课程设置、实习实训、评价考核、共同就业等方面深度合作。建设一批名师、技能大师工作室及公共实训基地，全面提高技术技能人才的培养能力。三是统筹开展职业技能培训。充分利用职业院校（技工院校）优质培训资源，协同做好在职职工、退役士兵、新型职业农民、农村转移劳动力、失业人员、残疾人等重点群体职业教育和培训，支持企业和职业院校（技工院校）以混合所有制合作共建技能培训中心、举办产教分院或产教培训中心，落实开展社会化培训的激励政策，全市职业院校近五年培训技术技能人才近 80 万人次。

## （二）创新一体化人才培养模式

台州市以"中高企"一体化改革为契机，鼓励企业深度参与开发一体化专业教学标准、研发一体化专业课程和教材、建设一体化教学资源、完善一体化质量监测与评价制度，挖掘企业技能工匠典型案例，通过强化企业价值的引领拓展"升学—就业"一体化通道内涵。

1. 中高职（企）一体化。台州市本着"产教融合、友好合作、院校企三方联动培养人才"的原则，打造"中高企（业）"产教联合体，构建"中高一体、工学结合、多元发展"人才培养体系，培育人人出彩的高素质技能人才。如台州职业技术学院采用"中高职一体化+企业新型学徒制"培养模式，携手浙江华海技术学校，与国家产教融合企业华海药业共建华海学院；台州科技职业学院携手仙居县职业中专，与浙江仙琚制药股份有限公司等 4

家药企、神仙居旅游集团有限公司等 4 家旅游服务企业共同推行中高企一体化人才培养模式；温岭市职业技术学校、浙江工业职业技术学院通过与本地名企爱仕达电器股份有限公司合作的"电气自动化技术（爱仕达班）3+2"订单班，打造"中职—高校—企业"一体化长学制人才培养模式。

目前，台州已开展长学制人才培养改革培育项目 11 个，其中，温岭市职业技术学校等 4 所中职学校入选省"区域中高职一体化"改革试点学校；积极推进中高职一体化课程资源建设，组建 28 个中高职一体化教科研训团队、研制 27 项一体化专业教学标准和课程标准、编写 40 本一体化课程新形态教材，其中获评国家在线精品课程 2 项、省级精品课程 15 项。

2. 中本（企）一体化。中本一体化是将中职和应用型本科阶段教育全面打通，以培养学生能力为核心，以区域行业企业对应用型人才的需求、学生个体发展的需要为导向，由中职院校、本科高校、行业企业三方协同，围绕改进质量评价、实施教学改革、重构课程体系、找准培养定位来构建人才培养体系框架。实施路径是：综合分析各主要办学相关方的利益诉求以及区域内企业、行业的人才需求，根据中等职业院校与应用型本科院校办学情况设置中本一体化专业，以专业推导岗位并分解岗位能力要求，以能力为导向开发中本（企）一体化的课程体系，划分阶段性人才培养目标，兼顾人才培养的连续性与阶段性，在中本（企）一体化人才培养过程中建立监测和反馈机制。2023 年，开展中本一体化招生的学校与专业如表 1 所示。

表 1　　2023 年台州市中本一体化招生学校与专业

| 中职学校 | | 本科院校 | |
| --- | --- | --- | --- |
| 学校名称 | 专业名称 | 院校名称 | 专业名称 |
| 临海市中等职业技术学校 | 模具制造技术 | 台州学院 | 材料成型及控制工程 |
| 临海市高级职业中学 | 幼儿保育 | 台州学院 | 学前教育（师范） |
| 温岭市职业中等专业学校 | 汽车运用与维修（新能源方向） | 温州理工学院 | 新能源汽车工程 |
| 玉环市中等职业技术学校 | 数控技术应用 | 台州学院 | 机械电子工程 |
| 天台县职业中等专业学校 | 工艺美术 | 浙江外国语学院 | 艺术与科技（传统手工艺） |
| 台州市黄岩区第一职业技术学校 | 模具制造技术 | 台州学院 | 材料成型及控制工程 |
| 温岭市职业技术学校 | 机电技术应用 | 浙江水利水电学院 | 电气工程及其自动化 |

3. 学历教育与职业培训一体化。学历教育和职业培训作为职业教育的重要组成部分，共同构成了职业教育的类型结构。职业技能培训的载体主要包括行业企业、公共实训基地、普通高校、职业院校、职业技能培训机构等。职业院校作为职业教育的学校形态，始终坚持学历教育与技能培训并举，2021—2023年，每年开展各类职业技能培训20万人次。一是积极争取地方职业技能培训资源和政府补贴性培训项目，以培训为切入点，全面服务地方技术技能人才需求。二是争取政府公共实训基地建设和数字培训资源建设项目，不断完善职业技能培训基础。三是实施教师职业技能培训能力提升工程，将培训能力与教学能力充分融合，加强"双师型"教师队伍建设，提升教师的个体技能水平与团队合作能力。

## 四、服务民营企业高质量发展

秉承习近平总书记"再创民营经济新辉煌"的发展理念，坚持"两个毫不动摇"，加快重塑台州民营经济发展的动力模式、开放形态和发展生态，全力建设中国民营经济示范城市，以民营经济高质量发展推动中国式现代化的台州实践。

### （一）强化产教多元生态体系建设

1. 激发企业参与职业教育新动能。一是建立企业参与职业教育办学负面清单和企业利润替代补偿机制，落实政策性补贴、税收优惠、融资支持、教育附加费减免等政策。二是支持企业举办职业院校，鼓励特色化高质量发展，财政部门给予一定的补助。三是完善多元主体参与的办学治理结构，健全国有资产评估、产权流转、权益分配、人事管理等制度。四是支持行业龙头企业、产业园区与职业院校合作举办产业学院、职业技能培训机构、产学研协同创新公司。五是印发了《关于深入推进职业教育集团实体化运行的实施意见》等文件，成立了台州市职业教育与产业研究院和产教融合专家指导委员会，成立了19个产教融合联盟，建立了50余个教师企业实践流动站、技术技能传承创新工作室、职业教育集团和产学研合作平台。

2. 完善协作开放的职业培训新体系。一是建立职业培训"两清单一指数"制度，开展职业培训机构"信用及质量星级指数评价"管理，推进职业培训供给侧结构性改革，构建政府统筹、主体多元、社会参与的职业培训体系。二是职业院校参与企业大学建设，与龙头企业共建面向行业的职工培训基地，联合开发优质教育资源，广泛开展非学历教育和技能培训。三是建设远程职业教育培训基地，建立产业技术课程和职业培训包交易制度，政府购买职业教育培训服务。四是开展企业职工技能培训和退役军人、农民工、建档立卡贫困劳动力、残疾人就业创业培训，以及失业人员再就业培训。五是校企共建职业培训综合体，面向中小微企业提供"共享员工"培训服务，打造服务民营企业技术技能人才蓄水池。六是加大职业技能培训品牌建设，打造乡村厨师、红色月嫂等一批在浙江"叫得响""立得住"的特色培训品牌。七是构建"1+3"社区培训体系，以台州开放大学为引领，在每个县（市、区）建设一个开放学院，在每个乡镇街道建设一个社区教育中心，在每个中心村建设一个乡村技能服务站。重点开展农村劳动力转移培训、农民实用技术培训、下岗失业人员培训、城乡新增劳动力培训、外来务工人员培训等普惠性技能培训项目。2021—2023年，全市社会培训规模达35万人次、职业技能考核评价32万人次，培养本专科农民大学生7000人。

**（二）夯实产教协同服务社会能力**

1. 建设校企协同创新中心。一是根据主导产业发展需求，积极搭建院士工作站等科技服务平台，为校企联合推进人才培养、科学研究、社会服务等提供了新路径。二是推动浙江省（台州湾）知识产权服务业集聚发展示范区建设，发挥高校创新孵化器作用。三是紧紧围绕台州产业发展的重点领域、重大需求，重点建设台州市智能制造协同创新中心、台州市微反应技术研究推广应用平台，强化以应用技术研究为主的科研工作定位，重点面向台州先进制造产业集群开展科研应用研究、技术服务和成果转化，帮助企业解决转型升级中的技术问题。四是政府支持企业与学校、科研机构共同组建技术研究平台与技术创新联盟，推进校企协同成果转化，加强"高校+中职+企业+研究院"新型综合体、教学工厂、高技能人才培训基地、技能大师（劳模）工作室建设。五是鼓励职业院校主动与企业、科研机构合作，共同组建技术创新、产业研究院等技术技能创新服务平台，开展协同创新。

2. 提升职业院校社会服务价值。一是落实职业院校可提取培训收入的35%用于教师劳务报酬激励政策，做大做强职业院校参与社会培训、社会人员学历提升行动，推进社会人员学历、职业院校职业培训等职业教育实事项目，让有学习意愿的社会人员"愿学尽学""想学尽学"。二是优化中高级技能人才留台政策，大幅度提高留台率，2023 年高职院校毕业生留台率达50.6%。三是有针对性地开展企业职工岗位培训、退役士兵技能培训、家政服务培训、就业困难人员培训等普惠性技能培训项目，每年培训人次达 10 万以上。四是建设基于互联网的远程职业教育培训基地，广泛开展线上线下结合的培训。五是实施社会人员学历提升行动，力争让有意愿学习的低学历社会人员在学历上提升一到两个层次，每年新增成人初高中学历提升 1 万人、大专及以上学历层次教育学员 3 万人。近 5 年为退伍军人、失业人员、进城农民等培训技术技能 80 万人次，有力促进了产业工人等重点群体增收受益。六是大力提升职业院校的科技研发技术服务能力，助推新型学校建设。七是将成果转化成效作为职业院校评价、项目评价和人才评价的重要内容。八是吸引来自全国各地的多所高校与当地企业开展产学研合作，为企业产生利润上千万元。仅浙江银轮机械股份有限公司一家企业就与 17 所高校开展校企合作，近三年投入校企联合开发经费 3000 多万元，申请专利 12 项，合作开展基层管理和技术研发培训 100 多人次。

3. 推动职业教育国际交流合作。引导职业院校中外合作办学，鼓励职业院校引进海外高层次人才、优质教育资源和通用证书，联合优势产业研制产业行业技术标准和教学标准，培养国际化技术技能人才。首先，实施职业教育伴随计划，在"一带一路"沿线国家和地区建设鲁班工坊、丝路学院，开展"中文＋职业技能"项目，为企业"走出去"提供本土化高素质技术技能人才，积极筹措资金建设中德职业教育园区；其次，依托商（协）会，实施携手计划，联合研制泵阀、智能卫浴、智能缝制等特色优势产业行业区域性技术标准和教学标准，培养国际化技术技能人才，携手民营企业抱团"走出去"；再次，拓宽职业院校教师海外培训渠道，推进专业教师海外轮训，提高海外教育培训经历的专业教师比例；最后，支持职业院校师生参加国际技能大赛，承办高层次技能大赛。在顶层设计下，引入"悉尼协议"专业建设范式，推进 OBE 工程教育改革，引入国际通用工程技术人才标准，建设德国 BBW 学习型工厂，开展德国 IHK 国际通用职业资格及相应培训师认证，与德国 IHK、西门子等合作开展"1＋X"考证。台州职业院校的中德学院推进"双元制"育人模式，形成对接德国职业标准、适应区域产业需求的本土化职业教育新模式,用人单位对其毕业生综合素质满意度居全省第 2 位,2021届毕业生初次就业平均起薪比一般高职毕业生增长 47%。

**(三)深化产教融合赋能提升新行动**

2021 年 1 月,《中共台州市委关于制定台州市国民经济和社会发展第十四个五年规划和二○三五年远景目标的建议》明确提出"大力推进国家职业教育创新高地试点工作,探索多元办学,深化产教融合,推进职业教育高质量发展"。以企业的生产引领学校的教学,建立以提高实践能力为引领的人才培养流程,实现专业链与产业链、课程内容与行业标准、教学过程与生产过程对接、人才培养与产业需求相融合。

台州将产教融合作为促进经济社会协调发展的重要举措,融入经济转型升级各环节,贯穿人力资源开发全过程,纳入全市经济社会发展总体规划。一是推进产教融合与产业集聚发展、园区建设等同谋划、同推进、同落实,与产业转型升级和动能转换相适应,与职业院校建设布局相衔接。二是深化"六业"联动机制,同步推进产教融合发展政策制定、要素支持和重点项目建设。2022 年 6 月,印发了《台州市临港产业带发展规划》,随后出台了《台州市临港产业带职业教育发展规划》,对接临港产业带新能源城、新材料城、新医药健康城、未来汽车城、精密制造城等"五大产业城"建设,重点推进"1 个园区、9 个中心、N 所特色化学校"的总体布局。2024 年实施的《台州市职业教育校企合作促进条例》,从地方立法角度促进产教深度融合,明确校企责任和权益,深化产教协同育人成效。同时,以实施产教融合"五个一批"项目工程为抓手,着力推进人力资本强市建设。三是明确职教"窗口"城市建设重点任务清单,成立了 19 个产教融合联盟,10 个产教融合示范基地(高水平公共实训基地),立项市级产教融合"五个一批"项目 248 个,获批省级项目 85 个,台州湾职教集团入选国家级职教集团培育单位,摸索出一套产教深度融合相适应的创新发展机制。

1. 加快构建市域现代职业教育体系。台州是"民营经济发祥地",制造基础扎实,是长三角重要的先进制造业基地,浙江制造的重要板块,已形成了 35 个工业行业大类、170 多个行业种类的产业体系。台州职业教育办学体系丰富,全市共有职业院校 28 所,其中高职 3 所,中职 25 所,技工院校 11 所;获国家级重点职校 10 所,省中职名校 4 所,省一流技师学院建设单位 2

所，创成国家、省级中等职业教育改革和发展示范校分别为3所、7所。开设339个专业，专业与支柱产业对接率达90%以上。每年培养3.3万名技能人才，有效夯实了民营经济高质量发展的人才根基。一是基于雄厚的民营企业经济基础，建立具有台州特色的现代职业教育和培训体系，助力"技能台州"建设，服务共同富裕先行市建设。二是统筹教育、人力资源和社会保障等多方资源，主动对接产业发展趋势和市场需求，优化职业院校与技工院校学校、专业布局，深化办学体制和育人机制改革，共同推进职业院校与技工院校融合发展、协调发展，学分互认、证书互通，逐步形成了管理体制顺畅、布局规划合理、办学理念先进、培养模式科学、服务社会功能显著、职业院校与技工院校"双轨融合"发展的现代职业教育和培训体系。

2. 全力打造市域产教联合体。推进产教深度融合、实施创新驱动发展是国家作出的重大决策部署，是新时代职业教育发展的重大战略，是促进教育链、人才链与产业链、创新链有机衔接，推进人力资源供给侧结构性改革的迫切要求。一是以体制机制创新为突破口，推进产教深度融合，打造多要素创新联合体，涌现出施耐德产业学院、石梁旅游产业学院、台州湾产业学院、绿翼环保产业学院、供应链管理产业学院等一系列实体化运行的产业学院，通过引入社会资本，共建专业、共培师资、共育人才、共研项目、共同发展。二是成立市域高端模具智能制造产教联合体、精密智造产教联合体、医药大健康产教联合体等，推进组织管理机制创新，组织结构涵盖决策层、协调层、管理层和执行层。三是引入市场机制，多要素协同参与，纵横同向联动下，产生了较好的"雁群效应"。例如，玉环职教中心新建工程总投资13.4亿元，占地面积380.88亩，建筑面积23.6万平方米，是集中高等职业教育、职业培训、产学研联合体、社会公共实训中心于一体的现代化职业教育中心，可提供6000个学位。再如，玉环现代制造公共实训中心，通过PPP模式投资6500万元建成建筑面积达10000平方米的智能制造实训大楼，形成集"职业教育、公共实训鉴定、产学研联合体、技术服务"于一体、辐射台州现代制造业的公共实训基地。

3. 创新打造行业产教融合共同体。台州积极探索市域产教协同育人机制，加强市区职业教育统筹，编制市区职业教育发展共同体建设行动方案，创新打造"学校、专业、教师、学生、产教融合、双创教育"六大市域共同体建设。目前，台州市共有1500多家企业与职业院校签订长期合作协议、打造了 70 余个校企合作共同体。通过技术共研、师资共培、人才共育的融合方式，推进职业教育与民营经济融合发展。成立筹备旅游产教融合共同体、智能建造产教融合共同体等 9 个，如台州市旅游产教融合共同体由 90 家旅游产业企业、1 个科研机构、1 所高校和 8 所中职学校等 100 个成员单位组成，涵盖职业院校、行业组织、科研机构、上下游企业等，目的是以服务台州市高素质技能人才需求为导向，以产教融合、校企合作为宗旨，深入推进多种形式的校企深度合作，将院校专业建设和产业企业发展有机结合，实现校企协同、育用贯通、资源共享、优势互补、合作共赢。

## 五、提技增收助推共同富裕

### （一）构建"扩中提低"分配格局

坚持把职业教育发展作为"扩中提低"改革的一项重要内容，助推居民收入十年倍增计划。秉持职业教育"使无业者有业，使有业者乐业"的使命，组织实施职业教育助推共同富裕行动计划，深入推进"职技融通"改革和职教体制改革，系统重塑技术工人全周期培养路径。将技工院校纳入中高职一体化五年制招生计划，开展学分互认试点，突破技工学历"天花板"，打通技工"成长链"，使学生既能拿到全日制学历也能取得职业技能等级证书。同时坚持学历教育与培训并举，推动更多的劳动者通过自身努力跨入中等收入群体行列。

1. 出台"股权激励"改革方案。台州率先探索实施"职技融通""薪酬分配""股权激励"三大改革，制定了《台州市技能创富型企业激励办法》《台州市技能创富型企业建设质量等级遴选评价办法》《台州市技术工人职业发展通道设置指引》《台州市上市公司技术工人股权激励改革方案（试行）》等相关制度，强化"技高者多得"导向，让技能等级与薪酬待遇"挂钩"。积极引导上市公司开展对技术工人股权激励，符合技工"扩中提低"改革目标导向（技工股权激励比例 30% 以上）的，给予中介服务费补助（最高不超 30 万元）和股份支付成本费用补助（按成本的 1%—2% 比例支付，最高不超 100 万元）。比如，在浙江艾迪西流体控制股份有限公司，15% 股份纳入员工红利分配体系。2022 年，该公司员工平均收入达 9.48 万元，近两年来年均增长 16% 以上，更多技术工人从"打工者"变为"合伙人"，技术工人队伍能够更多分享经济发展红利，为实现共同富裕提供了台州样本。

2. 出台"薪酬分配"改革方案。台州共有技术工人约 124 万人，其中高技能人才约 42 万人，分别占全市人口总数的 18.7% 和 6.3%。为提高技术工人薪酬待遇，让技术工人"能者多得"，实现高技能高收入，中等收入群体不断扩大的目标，台州出台了全省首个技术工人薪酬分配指引，制订了《行业性能级工资集体协商操作标准》，以强化"技高者多得"导向，让技能等级与薪酬待遇"挂钩"。截至目前，台州开展能级工资集体协商覆盖企业 3913 家，惠及职工 48.15 万人，技术工人年度预期薪酬同比往年提升 6%。同时，积极引导上市公司调整和优化股权激励对象结构，加大对高技能工人收入激励力度，台州市人力社保局对台州 500 多家企业进行抽样调查，结果显示，2022 年技术工人薪酬同比增长 8.9%。

3. 促进重点群体增收。一是成立乡村振兴研究院、现代农业产教联盟，开展劳动力就业技能培训、新型职业农民培养、高素质农民培育。二是成立全国首家在校大学生专业合作社"一冉花果合作社"，累计产值近千万元，培养新型职业农民数万名。三是成立台州区域工会联盟，成员单位以创建"山海情"品牌为抓手，打造思想共处、人才共育、服务共推、活动共办和集体共富 5 大平台，引导企业园区工会形成工资正常增长理念。在技能创富型企业打造技术工人职业发展通道，推动技术工人提技增收，助推建设共富城市。比如，相较于 2022 年，浙江汇富春天电商产业园工会委员会通过召开职工代表大会选举协商代表，与企业方召开工资集体协商会议，明确平均工资提升 2.2%，温岭市祥龙中通速递服务有限公司职工平均工资提高 6%。

### （二）构建"共同富裕"科创引擎

高质量发展建设共同富裕示范区是党中央赋予浙江新的光荣使命。浙江省第十五次党代会确定"两个先行"奋斗目标，提出"更大力度建设教育强省"的工作要求，为台州适应新形势，探索职业教育助力共富先行创造了良好的实践环境。一是把职业院校作为"创新台州"首位战略的重要板块，搭平台、优服务、提能力，助推做大做强共同富裕的科创引擎。职业院校通过打造科技创新团队、产业技术联盟、重点实验室、技术孵化中心等科技服务平台，为企业提供技术服务。二是推进智能制造协同创新中心建设，着力打造集机器视觉与机器人研究室、智能制造与物联网研究室、材料精密加工研究室等于一体的科技创新服务场所。三是推进数字农业综合体、智能模具协同创新中心、上市公司研究中心,全市职业院校每年承接技术服务项目达400多项,科技成果转化450项以上、科技服务实际到款额6000万元以上。

1. 立足人才质量畅通资源要素。一是深入推进"招生工作＋学籍学历管理＋'三教'改革＋技能大赛"全链条全领域全方位一体化统筹体系,打造"机制共商、平台共建、人才共育、利益共享"的台州特色职技教育发展共同体。二是实施"中高企""校校企"等一体化人才培养模式改革,编制中高职人才一体化培养实施方案。三是深化教材教法和学业考核评价改革,全面推行现代学徒制和企业新型学徒制。印发《台州市匠苗成长行动计划》,构建"团队＋体系＋平台＋模块"的人才培养路径,推行"校企协同、中高一体、育用贯通"的人才培养新模式,形成台州特色的职业教育标准,深化教材教法和学业考核评价改革,构建线上线下协同教育新体系。四是全面推进"1＋X"证书制度试点,建立学分积累与转换制度。鼓励企业开发优质教育资源,按职工总数3%及以上安排实习岗位,接纳学生实习。五是构建"中—高—本—硕"贯通的现代职业教育体系,把长学制一体化培养作为提升职业教育人才培养质量的重要通道,有序推进中职与高职"3＋2"、高职与职业教育本科和应用型本科"3＋2"贯通式培养,整合多方资源提升高端技术技能型人才产出效率。

2. 立足就业创业培训职业技能。职业教育是国民教育体系和人力资源开发体系的重要组成部分,肩负着培养多样化人才、传承技术技能、促进就业创业的重要职责。台州以构建技能型社会为抓手,持续推进职业教育高素质人才高地建设,促进技术技能积累;以学校、企业职业技能大赛为抓手,大力培育高素质技术技能人才、能工巧匠、大国工匠;以职业技能培训为抓手,提升新生代农民工、农村转移劳动力、"再就业"重点人群的职业技能,健全面向全体劳动者的终身职业技能培训制度。围绕企业职工技能培训、重点人群就业创业培训、失业人员再就业培训、职业指导和就业服务、培训资源建设和模式改革、培训师资队伍建设、多方合作共建培训实训基地等领域的体制机制建设,开设创业教育课程,培养在校生和社会人员的创新意识和创业精神,提升创业素质和创业技能,完善创业带动就业的支持体系。比如,台州实施"金蓝领"职业技能提升行动,大规模多层次开展职业技能培训,

2022年全市技能人才占从业人员的比重达33.24%，跃居全省第2位。

3. 立足民生构建服务新格局。鼓励职业教育以开放的格局服务社会各领域发展，以启蒙型、体验型职业教育为抓手，赋能"朝阳"职业潜力，常态化开放图书馆、体育馆、美术室等便民空间，向周边社区提供医疗护理、教育咨询、文化科普等信息资源供给服务，开展面向中小学生的职业体验、面向社会的便民服务、职教成果展示等宣传展示及服务活动；以城乡社区教育为抓手，构建学习型社会，赋能"正阳"职业技能；以老年职业教育为抓手，增强"夕阳"职业能力代际传递，赋能银发经济动力。推进社区教育系统服务农村文化礼堂，覆盖率达97.68%，每年开展社区教育进礼堂活动1万场次以上。

出台《关于推进社区教育高质量发展的实施意见》，将学前教育、青少年教育、成人教育、老年教育、外来人口教育等全范围、全过程社区教育纳入服务社会；强化职业学校的继续教育功能，职业学校要面向多种社会群体开展多种形式的继续教育；运用云计算、大数据、人工智能、区块链、5G等新技术，解决公共文化数字资源开发中的实际问题；以提供公共性、公益性服务为主，遵循市场规律，无偿服务与有偿服务相结合，形成充满活力、高效有序的发展机制。台州开放大学成为全省首个完成更名挂牌开放大学的地市级电大，创成全国首家乡村振兴学院、全国首家垃圾分类公众教育学院、全省首个市级社区家庭教育指导中心。打造国家优秀成人继续教育院校3所、国家级终身学习品牌5个、国家级品牌项目45个，入选教育部"智慧助老"项目11个和"能者为师"实践创新项目3个，建成省级现代化社区学校17所。

# 结束语

作为全国职业教育创新发展改革试点市域高地，近年来，台州以高质量发展建设共同富裕先行市为引领，通过多元混合办学、创新产教融合和服务民营企业发展，在建设市域职业教育高地方面进行积极探索并取得了明显成效。与此同时，台州也面临职业教育助推民营企业发展、激发校企深度合作动能和建立主体多元化协同机制等全局性困难与挑战。随着国家对民营经济的高度重视，特别是2023年7月中共中央、国务院《关于促进民营经济发展壮大的意见》的出台，意味着民营企业作为推进中国式现代化的生力军，面临着前所未有的发展机遇。

下一步，台州将立足职业教育与民营经济融合发展这一关键核心命题，以申报国家产教融合型试点城市为契机，进一步加强顶层设计，加大政策供给力度；完善利益分配与激励制度，打通行业资源流通壁垒，建立高端产业协同育人长效机制，推动产教深度融合；打通职业教育内外部体系壁垒，建立不同层次贯通培养通道，提高职业教育吸引力。全面对照任务清单，落实落细各项工作举措，拟于2023—2025年，投资7200万元建设高端模塑智能制造产教联合体，投资7000万元建设医药大健康产教联合体，投资8000万元建设精密智造产教联合体，投资1.1亿元建设精密智造、智能建造等八大产教融合共同体，并确保进度和成效。聚焦民营经济再创新辉煌，加快建设一批省级及以上高水平专业（群）、产教融合重大项目、公共实训基地、优质师资和企业实践基地。形成在全国有影响力、辨识度高、推广性强的台州职业教育品牌，努力打造全国职业教育与民营经济融合发展的示范产教融合型城市。

# 附录二 产教融合案例

第一篇 金华职业技术大学：探索实体化、一体化的产教融合发展新路 ………………………………………………… 225

第二篇 杭州职业技术学院：深化产教融合 推进科教融汇 构建职业教育高质量发展新生态 ……………………… 229

第三篇 宁波职业技术学院：校企全周期协同共育高技能人才服务区域高端装备产业链发展
——以共建"蓝金领"复合型高技能人才工厂为例 ……… 232

第四篇 温州职业技术学院："四联三通"嵌入产业发展"向新求质"创新人才培养
——瑞安市产教联合体探索与实践 …………………… 237

第五篇 温州科技职业学院："群院共建"模式下宠物行业人才培养的创新与实践
——温科院 & 新瑞鹏共建共享产教融合型动物医院 ……… 242

第六篇 杭州科技职业技术学院：创新"校友型"产教融合机制涵养协同育人新生态 ………………………………… 249

第七篇 台州科技职业学院：构建产教融合生态圈 产业学院高质量发展探索与实践 ………………………………… 252

# 第一篇 金华职业技术大学：探索实体化、一体化的产教融合发展新路

产教融合、校企合作是职业教育办学的逻辑主线，也是打通教育链、人才链与产业链、创新链的重要手段。针对产教融合的突出问题，金华职业技术大学从体制机制破题，依托国家产教融合发展工程，建设"智能化精密制造产教园"，打造产教综合体形式的实体化新平台和"产学研训创"一体化新形态，构建"三融三通"产教综合体运行新机制，探索"全链式"产教融合人才培养新模式，形成了高水平产教融合推动高质量人才培养的"金华方案"。

## 一、基本情况

1. 产业转型亟须产教融合平台新支撑。高端装备产业是浙江省"十四五"重点打造的产业。金华是浙江第四大都市区，将先进装备制造业列为重点培育的"五大千亿"产业之一，但金华制造业尚处产业链低端、技术创新不强的阶段。2021年年初，金华提出"十百千万"协同创新智造工程，作为区域人才赋能的重要主体。打造"产"与"教"实质性融合的平台，培养支撑产业转型的智能制造人才，是时代赋予地方高职院校的一道必答题。

2. 多元主体亟须产教融合体制新突破。国务院《关于深化产教融合的若干意见》明确指出，"鼓励区域、行业骨干企业联合职业学校、高等学校共同组建产教融合集团（联盟），带动中小企业参与，推进实体化运作"。针对企业参与渠道不通畅的问题，如何通过实体化运作，搭建具有校企平等话语权的平台，增强企业参与动力，是实现产教真"融"的关键。

3. 利益双赢亟须产教融合机制新变革。因多元主体的价值诉求存在差异，校企之间时常出现"合而不深""独角戏"问题。如何统一多方利益主体行动，实现生产、教学、研发、培训、创新创业各要素一体化？能否通过建构产教深度融合、校企深度合作的常态化机制，实现不同主体的利益双赢，是产教能否真正"合"的关键。

## 二、主要做法

1. 聚力实体化运作，创建"3+1+N"产教综合体新平台。金华职业技术学院聚焦实体化运作，发挥各方优势资源，探索形成了"3+1+N"产教综合体新平台。"3"是指学生实训中心、技术研发中心和企业技术服务中心，"1"是1家学校资产经营公司，"N"是指与企业合作成立的多家实体性公司。在遴选企业或引进社会资本共同建设产教综合体过程中，综合考虑目标公司类型、股权结构。目前，产教综合体已成立了3家不同类型的合资公司：学校设备入股，与骨干企业合资成立生产型公司，开展精密零部件规模化生产，建设教学车间；学校技术入股，引入风投基金成立研发型公司，联合省重点实验室等研发中心，开展技术创新，实现科研反哺教学；学校品牌入股，引入产业基金成立培训型公司，与校内专业融通师资和设备，实现民用航空器维修领域技术技能人才培养培训一体化。

2. 聚力一体化提升，打造"产学研训创"产教综合体新形态。①围绕协同育人，实现"产学一体"。通过校企双方设备、场地、师资技术团队共享、共同制订人才培养方案、共同建立实践教学体系等手段，合作开发生产标准和教学资源，推动教学组织与企业生产紧密契合。②依托高端平台，实现"产研一体"。依托产教综合体的省级重点工程实验室、院士工作站等科研平台引进高端人才，开展核心技术领域科研攻关。结合省技能大师工作室、企业技术服务中心等应用技术服务平台，使"研发工程师"和"能工巧匠"融合，保障技术研究成果落地。③聚焦产业新技术，实现"产训一体"。依托产教综合体的企业技术服务中心，开展手板制作、专机研发、精密件加工等技术服务，以实际案例为载体，对内开展项目制、导师制培训，进行拔尖人才培养，对外开展"回炉班"等特色培训项目，有效助力高端技术人才的输入和稳定。④激发创新创业，实现"产创一体"。通过成立创客空间，开展各项创客活动，充分利用产教综合体实验实训平台的技术和资源优势、师资力量、创新实践教育资源，以及丰富经验，共同开展创业活动，培养创新创业人才，同时将优质项目产业化。

3. 聚力全方位融通，构建"三融三通"产教综合体新机制。"三融"是将企业的真实岗位能力需求作为学校的人才培养目标，校企双方共同制订培养方案、设置教学内容和标准，实现培养目标融合；将企业的生产任务和技术研发项目作为学校教学内容载体，校企双方合作开发教学资源，实现教学内容融合；校企双方建立更具有弹性的教学组织方式，设计一体化校企学习内容，实现培养方式融合。"三通"是将学校与企业共营实体公司的政策打通，将学校老师进入实体公司的身份打通，将实体公司资源共享与利益分配方式打通。

4. 聚力全过程协同，探索"全链式"人才培养改革新模式。①分层分段，校企协同创新工学交替"现代学徒制"。发挥产教综合体实体化公司场地、技术、设备优势，建成开放式教学实训车间，组建校企无界化"讲师团"，实施分层分类教学，保障"工"与"学"内容与进程的衔接，提升岗位能力。②双能并重，校企协同推行学研互动"项目导师制"。依托产教综合体实体公司，实施校企双导师指导下的"项目导师制"，将航空零部件制造、柱塞泵研发等实际案例，经过凝练、派生，再设计成应用创新实践项目，学徒以专利、实物、实施方案等成果形式完成结题，培养学生创新实践能力。③三融教育，校企协同推进精益求精"职业素养"养成。产教综合体已通过行业 AS9100D 质量管理体系标准和 CCAR-147 认证，学校紧密对接标准，设置贯穿六个学期的"精益管理"课程，形成工匠精神培育与体系内容、企业岗位训练、课程教学及学生日常规范相融合的"三融教育"职业素养养成路径。

## 三、主要成效

1. 开创性探索"产教综合体"实体化运行机制，实现了产教深度融合的关键突破。在地方政府支持下，学校以资产经营公司为桥梁，以设备、场地、品牌等入股，企业以资本、技术和订单入股，组建实体公司，保证政校企各方的平等话语权，为构建良性互动产教关系提供了新样板。

2. 系统性实施一体化的"产学研训创"育人路径，形成了产教协同人才培养体系。通过强化真实生产、实训教学、科技研发、社会培训、创新创业等产教综合体平台"产学研训创"的一体化建设，以产助学、以研促产，学训结合、训创融合，找到了校企育人新路径。

3. 创新性构建产教对接的"全链式"人才培养模式，提供了制造类专业人才培养新范式。将行业企业生产性资源融入知识学习过程，教学场所在"教学车间""生产车间"之间按需轮换，推动"封闭课堂"走向"职场化、生产性"教学，缩短了学生"专业技能"与"岗位技术"的距离。

4. 服务产业贡献突出。所在专业群入选了国家双高 A 档院校高水平群，建成省内唯一高职院校的省重点实验室等科研服务平台 10 个，主持国家自然科学基金项目 7 项，参与制订国家和行业团体标准 37 项。年均企业服务到款持续增长超 1000 万元，实体公司年产值超 8000 万元，被地方政府誉为"产业发展的助推器"。

5. 人才培养成果丰硕。2017—2022 年，学生在全国职业院校技能大赛等国赛中获奖 44 项（一等奖 13 项），以学生为第一发明人获授权专利 373 件；毕业生就业率达 98.38%，毕业生用人单位满意度达 100%，学生就业率、创业率、月均收入等指标全省领先；各专业招生录取分数线排名全省第 1 位，100% 超浙江省一段线。

6. 应用推广辐射广泛。在《高等工程教育研究》等期刊发表理论成果 20 余篇，《光明日报》《中国教育报》等主流媒体专题报道 60 余次。每年有近百家政府部门、中高职院校和行业企业来校考察交流。教育部职业教育和成人教育司、浙江省委办公厅等来校作专题调研，认为"通过体制机制创新，破解产教融合之困，推动了校企实质性资源协同与整合，走出了一条产教融合实体化运行的新路径"。

## 四、经验总结

1. 产教综合体走出了一条产教融合实体化运行的新路径。产教综合体的建设模式破解了产教融合之困，推动了学校和企业进行实质性的资源协同与整合，保证了各方的平等话语权和利益平衡。通过专业企业一体统筹和政策、岗位、利益"三个打通"的制度创新，推动了校企利益、资源、技术和人员的全面融合，打通了产教融合的"最后一公里"。

2. 产教综合体创设了"产学研训创"一体化运行的新形态。以"产"拓维度，促进了人才培养"供给"和产业发展"需求"的有效对接；以"学"把宽度，提升了教学内容的鲜活性和教学组织实施的柔性；以"研"掘深度，推动了专业发展从跟跑产业到并跑、领跑产业的转变；以"训"促强度，深化了课堂教学模式创新和教学资源转化；以"创"提高度，增强了教师服务产业能力和学生工程创新实践能力。通过一体化提升，为智能制造工匠人才培养提供了可借鉴的方法路径。

## 第二篇 杭州职业技术学院：深化产教融合 推进科教融汇 构建职业教育高质量发展新生态

### 一、基本情况

杭州职业技术学院率先开展"校企共同体"办学，坚持"立足钱塘区、服务杭州市、助力长三角"办学定位，主动融入国家战略，推进校企共同体迭代升级，不断深化产教融合、推进科教融汇，促进产业、教育、科技、人才系统有机融合协同发展，构建高质量发展新生态，形成了可供复制推广的新经验范式。

### 二、主要做法

1. 深化产教融合，创新打造产教融合共同体，塑造高质量发展新动能

牵手杭州钱塘区、杭州医药港产业园，打造市域医药产教联合体。聚焦医药万亿产业战略目标，政园行企校共建市域医药产教联合体。基于杭州医药港千亿产业平台，钱塘区、杭州医药港、杭职院共建杭州医药港学院产教融合基地，聚焦生化制药、医疗器械等，打造兼具人才培养、创新创业、促进产业经济高质量发展功能的市域产教联合体。钱塘区给予专项建设经费支持，杭州医药港联合园区内企业成立了产业联盟，共建实训基地，开展人才协同培养、技术交流等。

深化各主体协同育人机制，成立环杭州湾医药人才培养联盟。钱塘区、杭州医药港、行业企业、中高本院校共建"杭州湾医药产业人才培养联盟"，学校任理事长单位。通过产教融合实训基地、职业技能培训评价中心、生物医药人才培养基地和课程资源共享平台建设，形成了"政园行企校"多方联动、"产学研用"立体推进的办学新生态。

深化产教协同创新机制，打造技术创新和服务体系。积极与医药龙头企

业、高等院校开展技术协作，建立协同创新机制，组建技术创新团队，面向千余家制药类企业开展技术攻关、成果转化、质量评价、信息咨询等服务。

携手浙江省特科院、头部企业，打造电梯行业产教融共同体。打造行校企协同育人共同体，形成行业引领、多元主体协作的育人生态。浙江省特科院引领行业协作，聚合西奥等六大头部企业，构建行校企协同育人共同体。"行校搭台、名企入驻、育训并举"，建成国家电梯产品质量监督检验中心及全国电梯检验员培训考证、国家职业教育示范性虚拟仿真、省特科院电梯培训、96333电梯故障数据综合实训、西奥电梯产教融合实训"五基地"，构建了"成本折股、市场共拓、收益反哺"的可持续发展路径和协同育人生态。

共建电梯产业学院，构建三链对接、育训合一的育人生态体系。省特科院、杭职院、西奥等共建产业学院，优化设置电梯工程技术、智能制造、检验检测等专业方向，打造电梯国家双高专业群；企业投入34部电梯建成生产性实训基地，构建了从业资格、技能等级、检验员、管理员等覆盖培训和学历教育的全生命周期培养体系。

共建产业研究院，打造多维一体、科技引领的产教协同发展平台。聚合省电梯评估与改造协同创新中心、电梯大数据中心等，共建集技术研发、社会服务、人才培养功能于一体的产业研究院，打造协同育人和技术服务平台。建成"学做一体、教研合一"电梯工程创新中心，师生参与智慧监控、升级改造方案制订等，提升了学生综合能力。

联合杭州钱塘区、联想新视界，打造工业互联网赋能共同体。聚焦"世界级智能制造产业集聚区"战略，政企校共建"三位一体"工业互联网赋能共同体。钱塘区、联想新视界、杭职院三方共建联想工业互联网研究院，共筑工业互联网技术创新研发、赋能企业数字化转型发展、人才协同培养三大高地，打造工业互联网赋能共同体系，充分发挥工业互联网赋能属性，精准服务企业数字化转型、技术改造等需求，推动了企业合作、产业生态体系的构建。

健全赋能共同体工作机制，形成政策、资金、技术和人才等赋能协同矩阵。联想新视界和钱塘区投入专项资金用于研究院研发投入。杭职院围绕工业互联网、智能制造相关专业加强技能人才培养。钱塘区专项扶持研究院赋能企业工业互联网转型，企业项目通过验收，按投资额30%给予资助。当前赋能共同体提供咨询诊断171家，重点服务40家，12家入选杭州"未来工厂"。

**2. 推进科教融汇，统筹深化教育科技人才工作，构建高质量发展新格局**

推进科技创新与人才培养交融贯通，厚植科技创新和人才成长沃土。以科教融汇培养拔尖技能人才为核心，推进教育理念、培养模式、教学体系变革，创新构建"一体两院"人才培养生态，即基于产教融合共同体共建产业学院和产业研究院，高效整合行业、学校和企业资源，统筹推进科研、人才培养、学科建设，推进校企协同创新，推动科研教学紧密结合，把科研资源转化为育人资源，支撑技能人才培养，教学改革成果荣获省教学成果特等奖。

聚焦国家战略和产业需求，构建科技创新及成果转化生态。"政产学研金服用"等共建开放、高效的协同机制，全面整合人力、资金、技术等创新要素，优化资源配置，构建科技创新及成果转化生态。建成省电梯改造与评估协同创新中心等创新平台27个，围绕产业关键技术等开展协同创新，服务近千家企业，获专利授权近1200项，承担技改近550项，技术成果转化收益超2亿元。打响科技成果"杭职拍"品牌，三届成果拍卖76项，成交额近4000万元，有力地服务了国家创新驱动发展战略。

打造领军人才和创新团队，为教育教学、科技创新等提供坚强人才支撑。基于产教融合体，持续提升人才水平，共引共育共用各类高端人才，共建创新团队，建立灵活人才发展机制，打造区域人才高地和创新高地。培养了两个国家级教师教学创新团队，国家"万人计划"科技创新领军人才、国家创新人才推进计划中青年科技领军人才、国家"万人计划"教学名师、全国技术能手等，与科技领军、专精特新企业等联合攻关，解决超长跨度扶梯、电梯智慧监管平台构建等技术难题15项，突破了关联产业发展瓶颈。

# 第三篇　宁波职业技术学院：校企全周期协同共育高技能人才 服务区域高端装备产业链发展
## ——以共建"蓝金领"复合型高技能人才工厂为例

宁波职业技术学院聚焦浙江省"415X"先进制造业集群和宁波"361"产业集群，设置有绿色化工、高端装备、人工智能、供应链等 8 大专业群，并与 3 所本科院校以"4+0"和"3+2"形式联合开设有 5 个本科专业。学校以"融港链天下、荟智育匠才"为发展愿景，持续推进政校企三方联动的合作办学体制机制改革，不断深化产教融合、校企合作，创新形成"地市共建、区校合作、院园融合"的地方高职院校办学"宁波模式"。持续与海天集团、吉利汽车、镇海炼化、浙江恒河等全球、全国行业领先企业开展"订单式""现代学徒制""现场工程师"等人才培养，共建职教集团、产业学院。学校有国家"双高"专业群 2 个（含 10 个专业）、国家示范专业 7 个、国家骨干专业 10 个、国家现代学徒制试点专业 4 个、国家级教学资源库 4 个，拥有央财支持职业教育实训基地 3 个、生产性实训基地 6 个，入选教育部示范性职业教育集团培育单位、教育部深化创新创业教育改革示范高校、国家级创新创业学院建设单位。

## 一、基本情况

宁波职业技术学院与海天塑机集团有限公司的合作始于 2018 年，旨在通过校企协同培养高技能人才，服务区域高端装备产业链的发展。海天塑机集团有限公司是中国最大的注塑机生产企业之一，对高技能人才的需求极为迫切。双方合作的核心项目是共建"蓝金领"复合型高技能人才工厂，通过全周期协同育人模式，培养符合企业需求的高素质技术技能人才。在产教融合方面，宁波职业技术学院与海天塑机集团有限公司坚持合作办学、合作育人、合作就业、合作发展，积极探索高技能人才培养新路径，共建"海天数智产业学院—蓝金领高技能人才工厂"，以产业上下游生态链人才需求为导向，打造职业技能标准体系，开放共享育人资源，建立就业薪酬联动机制，打通"招生—培养—就业"全周期，持续为上下游产业链培养输送符合发展需求的高技能人才，形成学生、企业、产业、学校共生、共长、共赢的高技能人才培育新生态，服务区域高端装备产业链发展。

## 二、主要做法

1. 创新人才培养模式，打造"招—培—就"长效机制

作为注塑机行业的龙头企业，宁波海天塑机集团有限公司高级技术人才的缺口一直很大。宁波经济技术开发区产教联合体由宁波经济技术开发区、宁波职业技术学院和海天塑机集团有限公司共同牵头，围绕化工新材料、高端制造、集成电路等行业龙头企业，联合宁波市教育局、区科技局、区人社局、区教育局等政府职能部门及宁波相关院校、科研机构和行业协会等108家单位共同组成。联合体凝聚政、行、企、校工作合力，致力于破解产教融合的难点、堵点和痛点，不断优化产业和教育生态。

作为牵头企业，海天塑机集团有限公司率先进行了尝试，投资1.3亿元与院校共建"蓝金领高技能人才工厂"，联合宁职院、北仑职高、浙大宁波理工学院等院校采用"2+1"学习模式，根据前期摸排的产业链内企业的整体用工需求，定制专业方向、自己开发课程、自行研制教具。学生在学校进行两年的理论和实践学习，再到企业进行一年的轮岗实训，顺利结业的学生都可以选择与企业签约。

截至目前，"蓝金领工厂"已为区域百余家企业培养输送了高技能人才4000余名，毕业生月收入高于同行薪资水平1000元以上。

产业发展离不开人才支撑。宁波经开区正全力推动新型工业化高质量发展，联合体聚焦区域产业升级所需、行业企业所缺、职成教育所能，致力于在劳动者队伍整体素养、高技能人才总量、产教融合的深度广度等领域，取得新的升级与突破。同时，探索技能人才全链条集成化服务，持续放大"青年北仑"品牌效应，构建起北仑"产教训融合、政企社协同、育选用贯通"的高技能人才培育体系，成立"北仑区高素养劳动者培育联盟"，成立大榭石化、灵峰高端汽配模具等产业学院，校企深度共建专业，畅通了中高本贯通人才培养机制。

2. 统筹整合科研资源，赋能企业科技创新

随着中小企业对科技创新的需求越来越迫切，联合体统筹中国科学院材料所、北航宁波研究院等本土"最强力量"科技创新策源力，与高职、企业联合开展压铸模具等领域"10—100"创新服务。同时，依托"宁波高端装备海外工程师协同创新中心"国际智力，促进海外资源和开发区创新智力资源对接。

宁波臻至机械模具有限公司是北仑的一家明星企业。2020年3月29日，习近平总书记正是在这里为民企、中小微企业点赞，称它们"有灵气、有活力，善于迎难而上、自强不息"。然而，中小企业的研发能力毕竟有限，从传统汽车零部件模具开发向世界最大压铸模具研制进军，臻至这条路走得并不顺畅。

针对高端创新资源先天不足的短板，联合体协调北京航空航天大学宁波创新研究院为企业把脉问诊，送技术上门，用了5个月的时间，联手攻破了臻至的研发难题，完成了世界上最大的一体化压铸模具，令国外同行刮目相看。

有了科创赋能，臻至模具的一体化压铸模具一举从3年前80吨重跃升至现在200多吨重，产值也由此前1亿多元增长至3.5亿元，生动诠释了联合体机制下，教育链、人才链与产业链、创新链融合发展的乘数效应。

与此同时，联合体还注重强化建设科技服务"最小单元"，组织由院校专家担任的"科技副总""科技特派员"等长期驻点中小企业开展企业技术摸排、研发投入评估、项目研发等，助力小微企业升级。

截至目前，开发区内共有13家企业入选国家制造业"单项冠军"，42家企业入选国家专精特新"小巨人"，开发区获得全市唯一的浙江省"科技创新鼎"。

3. 构建"工匠人才"培训体系，打通服务企业"最后一公里"

目前，宁波经济技术开发区拥有特有的20个技能型社会基本单元"工业社区"，集聚了6000余家企业。企业的转型升级和快速发展，对工匠人才培养提出了新的要求。

自联合体成立以来，宁职院已经累计开设了三废处理、化工总控等6批次高级工匠培训班，累计培训企业职工1200余人。在7月初举办的化工总控工技能大赛上，300多名职工踊跃报名参赛。

目前，联合体已面向产业工人开设"苗圃学院""工匠学堂"，面向企业创新创业开展"海享私董会"，面向技能竞赛设立"港城技能之星"，面向生

产服务组织"安全卫士"等品牌培训项目……串起了帮企惠企的"千根线",形成"社区搭桥、院校嵌入、企业承接、社会参与"的服务格局,成功打造了"30分钟职业技能培训圈",覆盖从业人员近30万人。

4. 实施出海扬帆工程,拓展国际产能合作

近年来,宁波经济技术开发区内海天集团、申洲针织、旭升集团等企业纷纷出海,到越南、塞尔维亚、墨西哥等地投产办厂。以企业"走出去"为需求,联合体将"职教出海"纳入必修课,助力企业与海外投产地职业教育之间的合作。

目前,联合体构建了平台引领、援外培训、境外办学、技术支撑四大板块,建设有金砖国家职教联盟执行秘书处、中国-中东欧国家职业院校产教联盟等平台,同时依托商务部唯一的"职业教育援外培训基地"累计培训了来自129个国家的4672名官员。联合体院校还通过开展境外办学建设"贝宁鲁班工坊""中罗丝路工匠学院""中泰暹罗丝路工匠学院""中塞丝路学院"4个丝路学院,还协作打造了"宁波高端装备海外工程师协同创新中心",吸纳国际力量解决技术难题,助力企业"出海"。

以国家级市域产教联合体建设为契机,联合体将深化实施"125"行动计划,完善多元有序组织、产教资源共享、人才培养共育、产业发展服务、保障条件优化等配套机制,搭建产教融合综合信息平台、公共资源平台等两大平台,实施筑梦振兴工程、六融育人工程、科创未来工程、工匠精益工程及出海扬帆工程等五大工程,构筑认同互信的融合生态和协同发展文化。

## 三、主要成效

1. 人才培养质量显著提升

通过校企合作,学生的实践能力和职业素养得到了显著提升。毕业生就业率保持在95%以上,且多数毕业生能够快速适应工作岗位,成为企业的技术骨干。

2. 企业满意度高

海天塑机集团有限公司对合作培养的学生给予了高度评价,学生具备扎实的理论基础和熟练的操作技能,能够迅速融入企业生产体系,为企业的发展提供了有力支持。

3. 社会影响力扩大

该合作模式得到了社会各界的广泛认可，成为校企合作的典范。多家媒体报道了合作成果，吸引了更多企业和院校参与类似合作项目。

4. 区域经济发展贡献显著

通过培养高技能人才，合作项目为区域高端装备产业链的发展提供了人才保障，推动了区域经济的转型升级。

## 四、经验总结

1. 校企深度融合是关键

校企合作的成功离不开双方的深度融合。只有企业全程参与人才培养过程，才能确保培养出符合企业需求的高技能人才。

2. 实践教学基地建设至关重要

实践教学基地是学生技能提升的重要平台。通过建设高水平的实践基地，学生能够在真实的生产环境中进行实践操作，提升技能水平。

3. 双导师制有效提升培养质量

双导师制能够充分发挥学院和企业的优势，确保学生在理论和实践两方面都得到充分的指导，从而提升培养质量。

4. 课程开发与教材编写需紧密结合企业需求

课程内容和教材编写必须紧密结合企业实际需求，注重实用性和前瞻性，确保学生掌握最新的技术和工艺。

5. 实习与就业对接实现无缝衔接

通过实习与就业的无缝对接，学生能够提前适应工作岗位，企业也能够提前培养和选拔人才，实现双赢。

6. 技能竞赛与认证提升学生竞争力

技能竞赛和行业认证能够激发学生的学习兴趣和竞争意识，提升他们的技能水平和就业竞争力。

宁波职业技术学院与海天塑机集团有限公司的校企合作模式，通过全周期协同育人，有效提升了高技能人才的培养质量，为区域高端装备产业链的发展提供了有力支持。这一合作模式的成功经验，为其他院校和企业的合作提供了有益的借鉴。

# 第四篇　温州职业技术学院:"四联三通"嵌入产业发展"向新求质"创新人才培养

——瑞安市产教联合体探索与实践

温州职业技术学院通过深化校地合作、产教融合、科教融汇等机制,开辟了"分布式"办学赋能发展新路径。学校全面嵌入温州大都市区和产业集聚区,政校行企联动打造了服务区域高质量发展的职教共同体。牵头成立的全国高等职业院校技术应用服务联盟入选国家示范性职教联盟,牵头成立的长三角高职院校应用技术协同创新联盟被列入教育领域长三角公共服务重大平台。学校与1000多家世界500强企业、行业龙头企业和50多个行业协会深度合作,共建产业学院11个,吸引县域政府投资超30亿元、企业等投入超3.1亿元。学校获批总额2.17亿元全国首批教育强国产教融合项目,获批全国性产教融合示范基地3个,入选全国产教融合典型案例2个。

## 一、基本情况

近年来,温州职业技术学院顺势而上、不断进行改革创新,坚持"链接融合,共生共荣"的办学理念,形成以"东西南北中"分布式办学布局为物理形态、五大职教共同体为治理模式的办学实践,实现了职教链、人才链、科技链、产业链、创新链"五链融合"。学校和瑞安市人民政府共建瑞安学院,打造瑞安市产教联合体。短短九年来,瑞安学院坚持自治联合共治、院校联合区域、专业联合产业、内生联合外溢等,实现了主体联合、学城联动、专产联接、内外联通,办学成效已初步凸显,为瑞安经济社会发展提供强了有力的人才支撑。

## 二、主要做法

1. 自治联合共治,实现主体联合

学院充分发挥政府统筹、产业聚合、企业牵引、学校主体作用,以瑞安高新技术产业园区为依托,多主体联合,成立瑞安市产教联合体理事会,每半年召开一次理事会会议。充分发挥理事会聚能作用,集聚资金、技术、人才、政策等要素,实施"规划决策—统筹协调—组织实施"三级运行模式,开展实体化运作,构建起人才共育的保障机制、过程共管与责任共担的运行机制和成果共享的激励机制等长效机制,打造政校行企多方协同的命运共同体。

2. 院校联合区域,实现学城联动

学院集聚联合体内各类产教资源,将大学校区、产业园区、城市社区有机联结,制定产教联合体发展规划。地方对深度参与联合体建设的学校、行业、企业给予税收、项目、土地、资源、经费等政策保障,积极推进瑞安学院二期建设,谋划三期规划建设开放型区域产教融合实践中心。

学院积极融入区域,在人才引进、科技研发、文化辐射、推动共富等方面助力瑞安产业振兴、文化振兴和乡村振兴。同时,学院与区域行业协会、龙头骨干企业开展深度合作,打造产教融合平台,与瑞立、通力等区域优质企业共建校外产教融合基地,推动教育、经济、社会融合互动发展。

3. 专业联合产业,实现专产联接

为适应园区发展需要,学院设置了新能源装备技术等11个专业,形成与浙南产业相适应的专业新格局。同时,实施技能人才培养供给侧改革,为促进产业高质量发展提供强有力保障。学院以"三教改革"为抓手,共编以实践为主体、知识重构为支撑的新型教材;以岗课赛证为标准,共建目标多元、方式多种、考核多样的教学评价,形成产业适应型的教学模式;探索"招生—培养—就业"一体化、"培养—就业"预就业模式,实现了职业院校人才培养供给侧和区域产业需求侧结构要素的全方位融合。

4. 内生联合外溢,实现内外联通

学院积极开展区域企业科技创新服务活动,搭建了共性技术服务平台;校企双方通过合作共建混合所有制办学实体——瑞安市温职毓蒙智能制造研究院,打通了科研开发、技术创新、成果转移链条,并与企业资源整合,实现了内外联通。

学院立足地方企业技术研发需求,积极沟通需求、对接项目,进一步提升科技成果转化率,助力解决区域企业发展难题和技术应用"最后一公里"等问题。积极引进高水平科研领军人才,构建综合科创平台,开展电气自动化、互联网+智能制造等领域的科研创新成果转化,助力"瑞安智造""瑞安创造"。每年开展产业工人、社区人员及中职教师等各类技能提升培训,将"订单式服务"转化为"可持续合作",促进区域经济发展。

5. 打造市域产教联合体,实现"1+1+1>3"多赢目标

学院以共同育人为本,构建了校企双方长期可持续合作、互融发展的生态循环,实现了学生、企业和学校三方共赢的良好局面。

学生赢在"择好业、就好业"。学院提前"把脉",推行一体化、预就业模式,25%学生提前就业,成为企业"准员工",其余学生就业率达到98.4%。

企业赢在"留住人、创好业"。产教联合体持续稳定为企业提供人才支撑,"政校行企"综合运用资源,与师生团队共同研发进行技术创新,提高生产效率,培育更多的创新项目,帮助企业扩展新业务与新市场,获得可持续发展的新动力。

学校赢在"好请进、易走出"。产教联合体通过引入研发中心、生产性实训基地,引进优秀产业导师,组建"双师多能"的职业教育师资团队;通过把学校"搬进企业",将真实生产场景带进实践教学现场,助推"产、学、研、创、用"的聚合创新。

## 三、主要成效

1. 人才培养成效显著

瑞安学院通过实施"招生—培养—就业"一体化和预就业模式,有效提高了学生的就业率和就业质量。25%的学生提前就业,成为企业的"准员工",其余学生就业率高达98.4%。学院的人才培养模式与区域产业需求紧密对接,为瑞安经济社会发展提供了强有力的人才支撑。

2. 产教融合深入发展

学院与瑞安市人民政府共建瑞安学院,形成了政校行企多方协同的命运共同体。通过成立瑞安市产教联合体理事会,实现了资金、技术、人才、政策等要素的集聚和有效配置。学院与区域行业协会、龙头骨干企业开展深度合作,共建校外产教融合基地,推动了教育、经济、社会的融合互动发展。

3. 科技创新与服务能力提升

学院通过搭建共性技术服务平台，校企双方通过合作共建混合所有制办学实体，打通了科研开发、技术创新、成果转移的链条。学院积极引进高水平科研领军人才，构建综合科创平台，开展电气自动化、互联网＋智能制造等领域的科研创新成果转化，助力"瑞安智造""瑞安创造"。

4. 社会效应广泛

学院通过开展各类技能提升培训，提高了产业工人、社区人员及中职教师的技能水平，促进了区域经济的发展。产教联合体的建设不仅提升了学院的教育教学质量，也增强了企业的创新能力和市场竞争力，实现了学生、企业和学校三方共赢的良好局面。

## 四、经验总结

1. 坚持政府统筹、多方协同

瑞安学院的成功得益于政府的统筹规划和多方主体的协同合作。政府提供了政策保障和支持，学院、企业、行业协会等主体共同参与，形成了产教融合的良好生态。

2. 紧密对接产业需求，优化专业设置

学院根据园区发展需要，设置了与浙南产业相适应的专业新格局。通过实施技能人才培养供给侧改革，为产业高质量发展提供了有力保障。

3. 深化教学改革，创新人才培养模式

学院以"三教改革"为抓手，共编新型教材，共建多元化教学评价体系，探索一体化和预就业模式，实现了职业院校人才培养供给侧和区域产业需求侧结构要素的全方位融合。

4. 加强科技创新与服务，促进成果转化

学院注重科技创新和服务能力的提升，搭建了共性技术服务平台；校企双方通过合作共建研发实体，积极引进高水平科研领军人才，开展科研创新成果转化，助力地方经济发展。

5. 构建长效机制，保障产教融合持续发展

学院通过构建人才共育的保障机制、过程共管与责任共担的运行机制和成果共享的激励机制等长效机制，确保了产教融合的持续稳定发展。

瑞安市产教联合体的探索与实践取得了显著成效，积累了宝贵经验。这些经验和做法对于其他地区推进产教融合、创新人才培养具有重要的借鉴意义。

# 第五篇　温州科技职业学院:"群院共建"模式下宠物行业人才培养的创新与实践

——温科院 & 新瑞鹏共建共享产教融合型动物医院

宠物行业的迅速发展带来了宠物医疗与护理类人才供需结构性失衡。高职院校培养的宠物医护类毕业生,由于学制短、实践不足等原因,在就业时出现临床技术薄弱、适应期长、起薪低、流动性大等问题,造成宠物医院、美容院等行业企业引才难、用才难。温州科技职业学院针对宠物医护类人才培养短板和宠物行业企业用才难的问题,依托浙江省高水平建设畜牧兽医专业群,与新瑞鹏宠物医疗集团有限公司探索建立"群院共建"产教融合新模式,通过打造"股份合作"动物医院、创新"双师双岗"互聘机制、构建"助理跟诊"实践育人体系、优化"产创赛服"社会服务载体四大途径,从根本上提升人才培养质量,使毕业生在就业时能被企业"招得来,用得起,留得住"。

## 一、基本情况

习近平总书记对职业教育工作作出重要指示,职业教育要深化产教融合、校企合作,深入推进育人方式、办学模式、管理体制改革。要进一步激发行业企业参与职业教育的内生动力,推动职业教育与企业生产精准对接,及时调整专业人才培养定位,建立新的技术技能人才培养标准,为学生成长成才搭建多元化的平台。

近年来,宠物行业迅速崛起,催生了宠物诊疗、医药、美容、驯导等相关产业的发展。据《2020 年中国宠物行业白皮书》,宠物行业总产值已达到 1700 亿元,连续 8 年实现 25% 的增长。行业的快速发展带来宠物医护类人才需求日益剧增,据调研,长三角是宠物医疗、美容行业较发达地区,以新瑞鹏集团为代表的行业头部企业,每年对宠物医护类岗位人才需求约 1 万—2 万人,延伸至上下游产业人才需求达 4 万—5 万人。而江浙沪地区目前仅有 7

所高职院校开设宠物医护类专业,年输送毕业生仅 1000 余人。可见,宠物医疗与护理类(以下简称"宠物医护类")人才供需存在严重的结构性失衡。此外,高职院校培养的宠物医护类专业毕业生由于学制时间短、实践不足等,就业时出现临床技术薄弱、适应期长、起薪低、流动性大等问题,造成企业引才难、留才难的困局。因此,如何提升产教融合、校企合作育人实效,成为当前宠物医护类高职院校的重要命题。

## 二、主要做法

温州科技职业学院在 12 年校企合作经验基础上,围绕"如何吸引企业""校企如何共赢""如何促进师生成长",与新瑞鹏宠物医疗集团有限公司探索"群院共建"产教融合新模式,依托浙江省高水平建设畜牧兽医专业群,立足宠物医疗与护理产业高端,共建教学动物医院。

通过打造"股份合作"动物医院、创新"双师双岗"互聘机制、构建"助理跟诊"实践育人体系、优化"产创赛服"社会服务载体,实现企业与学校的基地共建、资源共享、人才共育,从根本上提升宠物医疗与护理类人才培养质量,使毕业生在就业时能被企业"招得来,用得起,留得住"(见图 1)。

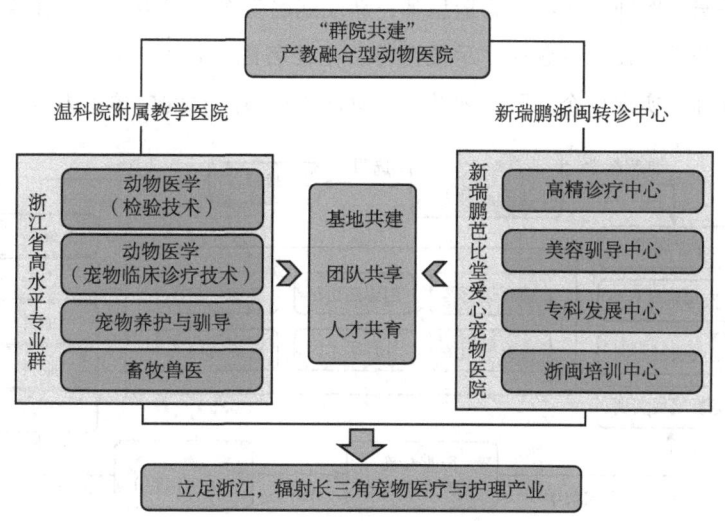

图 1 "群院共建"产教融合型动物医院组织架构

1. "股份合作"共建产教融合教学医院

企业以资金入股,学校以技术入股,共同建设、管理动物医院,校企双方优势互补,企业"借智"提升医院医技水平,学校"借力"丰富真实医疗实践教学场景,促使产教融通。

企业出资金,以定制标准赢得"职教"青睐。新瑞鹏集团坚持以深度关怀式医疗、无断点式的高端宠物医疗为服务理念,以转诊医院高标准定制"医院即实训室"为建设目标,出资2000万元建成产教融合型动物医院。设计前台运营、门诊药房、影像化验、住院护理、外科手术、洗护寄养等六大综合实践模块,对应学校专科特色化课程实训,比如,前台运营模块对应"动物行为",影像化验模块对应"宠物临床诊断"等。

学校出场地,以教师智力"助企自助"。学校为集团提供市场化运行的场地1700平方米,吸引企业"入住"。将专业教研室建在医院中,实行"教师即医师"团队共享,助力企业研发应用医疗、美容新技术,自助式提升教师临床技术更新,个性化培养宠物医生、美容师等人才,实现"毕业即就业"培养目标。

2. "双师双岗"创新团队互聘机制

"双师"指专任教师与企业导师,"双岗"指教师岗与兽医岗。校企实行"双师双岗"互兼互聘、待遇同享机制,兽医、美容专业教师"持证上岗",到医院担任宠物医师、宠物美容造型师,新瑞鹏名兽医、名美容师担任兼职讲师,结合课程开设新技术专题课、示范课等,担任名医工作室、创业项目与技能竞赛项目导师,实现校企团队人才共享,盘活了产教融合的内源动力(见图2)。

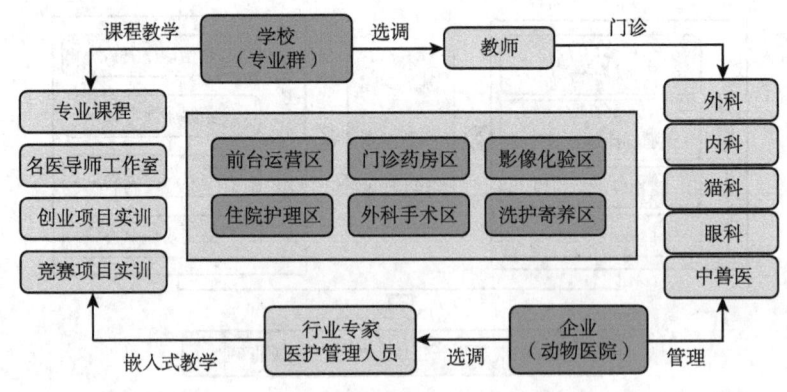

图2 校企双师双岗互聘工作示意图

教师兽医拿技术津贴。专业教师实行"上课+门诊"双岗锻炼：一是数量有要求，每周进医院门诊至少2个班次。二是质量有考核，按照医院市场化机制考核机制以病例诊疗质量享受"技术津贴"。教师团队入医院，一则充实企业技术力量，提升企业新技术研发应用能力，助力企业增加运营效益；二则以临床新经验反哺教学，提升课堂教学改革质量。

企业讲师拿课时补贴。实行校内校外教师同上一门课活动，建立外聘教师库，将宠物医院名医、名美容师聘为兼职讲师，让有专科特长的企业导师进入课堂，例如，引入宠物眼科白内障手术专家讲授"宠物外科技术"实训课，将医院手术现场搬入实践示范课堂，确保医疗新技术、诊疗新标准第一时间融入课堂教学，融入数字化教学资源建设中。

3. 构建"助理跟诊"实践育人体系

学生跟随校企双师，通过跟岗认知、轮岗实训和顶岗实习实行三阶段递进式"助理跟诊"制度，实行"1+2+5"即1名医师带2名助理和3—5名实习生组团跟诊。学生"入学即实习"，在"跟着看""带着干""轮着考"的医院跟诊体系中，按照学生个体学习进展、实施分类分层的宠物医师（美容师）助理个性化培养，依托课程体系要求定制"菜单式"岗位实践项目，在动物医院化验员、影像师、外科护理等7个岗位轮诊实践，实现实习就业"最后一公里"的无缝对接，提升宠物医疗护理人才技术技能（见图3）。

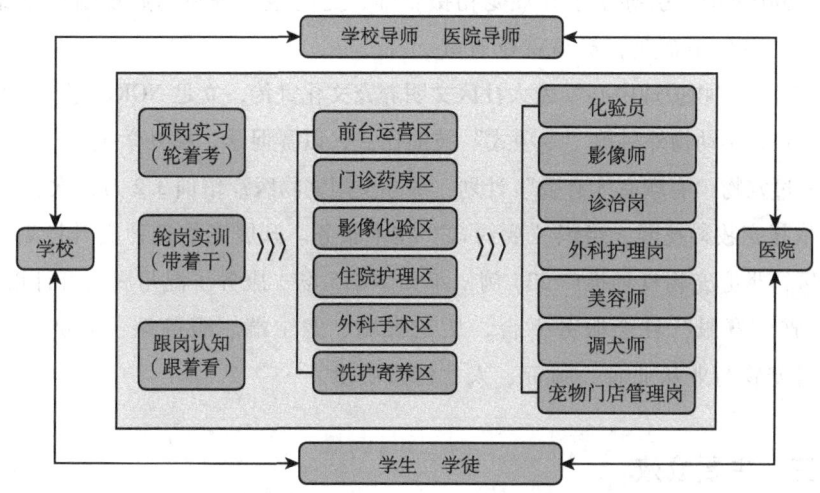

图3 宠物医院"助理跟诊"实训任务与岗位折射关系

跟岗认知阶段"跟着看":学生跟随双导师,以实习助理的身份到医院参观学习,感受企业文化,在专业基础课程对应的单项实训中,需要完成≥10个工作日的实训任务,加深对医院流程和岗位设置等方面的认识。

轮岗实训阶段"带着干":结合专业核心课程,设置跟岗实训制度,学生作为综合实训区的实习助理,进入住院护理、前台接待、检验化验等区域的岗位实习实践,由宠物医师、医师助理等示范带教,经过每个岗位实习≥15个工作日的锻炼,全方位提升专业技术技能。

顶岗实习阶段"轮着考":学生依据未来职业方向选择不同岗位,以正式助理身份跟诊进修。例如,影像师岗位顶岗实习与企业影像岗位职级考核对接,实习并通过影像诊断流程、设备使用和报告出具等模块,直接以企业等级技师顶岗,打通实习与就业的壁垒,缩短职业适应期,实现"毕业即获岗位证",提高宠物医师初次就业薪酬水平。

4. 优化"产创赛服"社会服务载体

围绕宠物全生命周期产业(产),搭建"产创赛服一体"社会服务新平台。开展"项目式"创业(创)、"专项式"比武(赛)、"要约式"服务(服),提升学生创新创业能力和技术服务综合素养。

结合专业特色,推进"项目式"创业孵化。依托"医院医疗中心"做强流浪动物关爱行动,开展宠物义诊、普免疫计划、流浪动物节育计划,救助动物1000多例;引导学生开展宠物摄影师、宠物卫士等新职业规划和创业计划设计,孵化小企业,提高就业质量。

依托"宠物护理中心"做大社区文明养宠文化宣传,立足NGKC等行业举办宠物美容、小动物外科等"专项式"技能比武,以赛促学,提升学生专项技能水平,通过宠物"有颜有才有爱"计划,举办全国宠物医疗培训3.2万人次。

依托宠牧科技园,组织"要约式"技术服务。开展宠物良种提升计划,走进社区,举办宠物良种推广235例,年义诊115场,服务了温州周边万计市民。

"产创赛服"社会服务平台,从宠物端、宠主端、服务端三管齐下,全面提升宠物行业从业者、师资、人才储备质量。

## 三、主要成效

教育部职业教育与成人教育司林宇副司长来考察指导时曾高度评价,指出"产教融合就是要吸引行业头部企业入教,校企深度融合师资、基地等资源,要有实践工位确保学生学有所得"。

1. 人才融入医院,为企业增效提供人才支撑

医院为了提质增效,新增宠物 ICU、CT 与 MRI 影像诊断等新技术 8 项,成立中兽医、眼科等专科门诊,门诊流水量增长 80% 以上;校企共编写动物医院门诊服务等工作手册 5 本,优化共建 3 级医疗助理(实习生)培训考核体系,2020 年,新瑞鹏集团吸纳 45 名温科毕业生中 13 名员工,晋升周期缩短 3—6 个月,离职率降低 20%—35%,有效解决了企业留人难的问题(见表1)。

表 1    基地共建前后人才就业质量对比

| 项目 | 共建前 | 共建后 |
| --- | --- | --- |
| 医院门诊月流水 | 1 万元 | 1.8 万元以上 |
| 实习月薪资 | 1200 元 | 2800 元 |
| 学生在新瑞鹏实习后就业数量 | 15 个 | 45 个 |
| 实习生晋升周期 | 6 个月 | 0—3 个月 |
| 毕业生专业对口率 | 65.3% | 90.1% |

2. 医院对接课堂,为人才培养提供实训支撑

医院提供宠物住院护理等实训工位 40 个,为"宠物实验室诊断技术"等 12 门专业课程提供实践教学场景,学生轮岗率达 100%;专业技能大幅提升,曾获全国高职院校技能竞赛一等奖,在全国骨科等竞赛中获奖 82 次,培养出林莉君等检测、麻醉类医疗专技人才 42 人;培养出宫雯雯等创业先锋 100 余人。

3. 研发融入服务,为企业发展提供科技支撑

产教融合共建宠物诊疗产业研究院,制订了狗咬胶等新标准,申请专利 5 项,推广宠物行为纠正等新技术 15 项;开展公益医疗 1.8 万只/年、开展培训教育 3.2 万人次等,校企成为促进职教改革的命运共同体。

## 四、经验总结

1. 构建了"群院共建"产教融合新模式

校企立足宠物精准诊疗与健康护理产业高端建"医院",聚焦"专业群"

推动宠物类高职专业链改革，分别以资金、设备、管理和技术、场所入股，共建独立法人、实体化运行的产教融合型动物医院，按照公司化、市场化运行机制促进团队人才、设备基地等资源共享、协同育人，助推浙闽宠物诊疗与护理产业新发展，解决了校企合作"一头热、一面冷"的问题。

2. 形成了"双岗互聘"的双师培养新机制

双师双岗互聘，促进教师"入职"医院、医生"兼职"课堂，推动了企业高技能人才和职业院校教师的双向流；将动物医院建成"双师型"教师培养培训基地，解决了动物医院人才短缺的问题，改善了学校人才培养与企业需求不相符的痛点，达到了校企合作共赢和可持续发展的目的。

3. 完善了全真式全岗新型学徒制

依托动物医院全真实训基地，实行宠物医疗与护理类人才的全岗位"助理跟诊"实践育人和"产创赛服"服务育人。校企共用共育人才资源，开拓宠物产业服务新格局，不仅成为学校提高专业人才培养质量的最佳路径，而且成为企业"选人、用人"的保障基地。

# 第六篇  杭州科技职业技术学院：创新"校友型"产教融合机制涵养协同育人新生态

杭州科技职业技术学院现有全日制在校学生近13500人，成人学历教育在籍学生近14000人。现有教职员工逾千人，其中在编教职工680余人，专任教师中具有硕士及以上学历学位的约占80%、具有副高及以上职称的约占35%。学校下设8个高职二级学院和新制造培训学院、马克思主义学院、继续教育学院、基础教学部，当前开设智能制造、智慧建造、物联网技术、汽车工程、艺术人居、新零售管理、会展旅游、学前教育8大专业群32个招生专业。

## 一、基本情况

随着杭州从"建筑业大市"向"建筑业强市"加速迈进，建筑行业加快"三化"转型升级，建筑企业和高职院校均面临因应行业变局、实现跨越式发展的机遇和挑战。杭州科技职业技术学院智慧建造专业群充分发挥40余年中高职办学所积累的资源优势，在2万余名校友、1800余名企业校友高管的支持下，创新"校友型"产教融合机制，涵养协同育人新生态。

## 二、主要做法

1. 成立"校友型"职教联盟，画好助力行业转型升级"同心圆"

与杭州市城乡建委、行业协会、中高本院校等共同组建"杭州市建设职业教育联盟"，得到100余家校友企业积极响应，入盟校友企业包括建筑施工、建筑管理、建筑运维等类型，覆盖现代建筑业全产业链。联盟本着"价值共识、资源共享、利益共生"原则组建理事会、制定工作章程，举办联盟发展论坛、理事年会、校友联谊会，推动协作交流、科研合作和人才培养。在"校友"情感纽带的有力维系下，职教联盟有效发挥了产学研共同体的联动效应，校友企业间业务协作、校友企业与中高本院校的项目合作逐年递增。

2. 重构"校友型"培养模式，按下校企协同双元育人"快进键"

充分调研校友企业岗位人才需求，依托萧宏、五洲、中天智汇等行业头部校友企业，开办"萧宏智慧施工学徒制班""中天智汇智慧运维学徒制班""五洲现场工程师班"等特色创新班。按照企业用人标准与职业能力发展标准互嵌共生、互动共长的原则，个性定制人才培养方案。发挥企业校友高管作用，重构新时代校企人才培养模式，形成"学长+师傅"传授"职场经验+技术技能"的"中国学徒"特色，实现学生、学徒、准员工、员工"四位一体"的全过程培养。

3. 搭建"校友型"项目载体，打造科教融汇创新发展"助推器"

围绕建筑行业数字化智能化转型升级需要，联合校友企业搭建产业学院、研究所、创新团队、博士企业工作站等产教科平台组织，成立地下管廊、BIM、装配式建筑、绿色建筑等四大产教科联合中心，为校友企业的关键技术研发、知识产权转移与转化、科研成果培育与孵化等提供支撑。承接相关横向课题，联合举办新技术新工艺培训，以"需求—供应—推广"的服务模式促进创新链与产业链融合。大力开展创新创业教育，与校友企业合作培育创新项目，形成"学创—实创"交互模式，促进人才培养与产业升级同向同行。

## 三、主要成效

"校友型"职教联盟起到了"火车头"作用，集群发展效应明显，智慧建造产教融合联盟入围浙江省发改委"五个一批"储备库名单。校友型"双元育人"模式加速了学生成长，所培养的1306名新型学徒技术应用能力和创新能力明显优于同届毕业生，在校友企业留用率达95%以上，就业起薪点同比高30%。《东西协同，校企合作：探索中国特色学徒制育人新范式》入选全国住房和城乡建设职业教育行指委优秀案例。"校友型"科创项目孵化步入高产期，校企联合开展横向课题研究48项，授权专利7069余项、专利转化20余项，其中发明专利18项，开展培训达2.58万人次，社会服务到款额达4860万元，为企业产生经济效益达5000万元。

## 四、经验总结

杭州科技职业技术学院智慧建造专业群通过创新"校友型"产教融合机制,成功涵养了协同育人的新生态,这一创新机制取得了显著成效,校友型职教联盟起到了"火车头"作用,校友型"双元育人"模式加速了学生成长,校友型科创项目孵化步入高产期。这些成果充分证明了"校友型"产教融合机制的有效性和可行性,主要经验如下:

一是成立"校友型"职教联盟,汇聚行业、企业、院校等多方力量,形成产学研共同体,有效推动了协作交流、科研合作和人才培养。这一联盟的成立,为建筑行业的转型升级画好了"同心圆",可助力行业实现高质量发展。

二是重构"校友型"培养模式,通过充分调研校友企业岗位人才需求,开办特色创新班,实现了学生、学徒、准员工、员工的全过程培养。这种"学长+师傅"传授"职场经验+技术技能"的"中国学徒"特色,加速了学生的成长,提高了他们的技术应用能力和创新能力。

三是搭建"校友型"项目载体,联合校友企业搭建产教科平台组织,为企业的关键技术研发、知识产权转移与转化等提供支撑。同时,大力开展创新创业教育,与校友企业合作培育创新项目,促进了人才培养与产业升级的同向同行。

## 第七篇　台州科技职业学院：构建产教融合生态圈　产业学院高质量发展探索与实践

产业学院是产教融合的新形态，也是产教融合的高级阶段。产业学院是高等学校深化校企合作、产教融合，突破传统路径依赖，充分发挥产业优势和企业育人主体作用的重要载体和创新实践模式。2017年国务院办公厅印发的《关于深化产教融合的若干意见》，首次提出"产业学院"的概念。经过不断优化，2020年，教育部、工信部联合印发的《现代产业学院建设指南》，进一步明确了现代产业学院建设目标、建设任务等。此后，浙江省出台推动了一系列政策。近年来，产业学院正朝着高质量发展目标不断迈进。

### 一、基本情况

台州科技职业学院构建了"1+1+1+N"产教融合生态圈，即实现一个高水平专业群牵头建一个行业共同体（产教联盟），与产业园区（或头部企业）共建1个产业学院，与中小微民营企业（或行业协会）共建"冠名班""工匠班"等N种育人模式，畅通民企参与办学渠道。专门成立了产教融合与校地合作处，牵头组建台州市产教融合专家指导委员会。同时，出台了系列文件，如《台州科技职业学院深化产教融合实施意见》《校企合作促进办法》《产业学院建设与管理办法》。一是优选链主企业，校企双向赋能。"链主"企业如同产业链的"扩音器"，具有示范引领、辐射带动等显著特点；学校紧密对接浙江省"415X"先进制造业集群和台州市"5+5+6"产业布局，依托高水平专业群，建成一批与区域特色产业集群联动发展的产业学院，推动人才培养供给侧与产业需求侧紧密对接，同时为"链主"企业的提档升级、技术革新提供平台、人才等全方位的支持。二是坚持三性原则，规范流程程序。围绕"先进性、可看性、实用性"的建设原则，校企双方按照1∶1的比例投入形成"一院一方案"或"一院一协议"开展项目共建。

## 二、主要做法

**1. 发挥双方优势,开展混合试点**

从 2020 年 9 月至今,学校构建了"学校、二级学院、专业"三层多元混合办学新模式,累计吸引社会资本投入近 8000 万元。学校层面与路桥区政府、路桥区民营经济联合体签署了共建台州湾产业学院协议,学院层面目前建有凯华模具、北京精雕、海天塑机、安恒信息、顺丰供应链、智慧财税等实体化运行产业学院 10 多个,专业层面建有绿翼环保产业学院(45% 股份)等。部分企业研发中心、精密制造车间、营销中心整体搬入产业学院,企业技术人员、管理人员在产业学院上班,实现了学校教学与企业生产无缝对接。同时将办学资源下沉县域,建有温岭学院、新能源产业学院、药械产业学院、智慧财税产业学院(玉环分院)等县域产业学院 5 个,以服务县域特色产业发展。具体有机电与模具工程学院的"114"高精数字模具全链式产业学院,其构成图如图 1 所示。

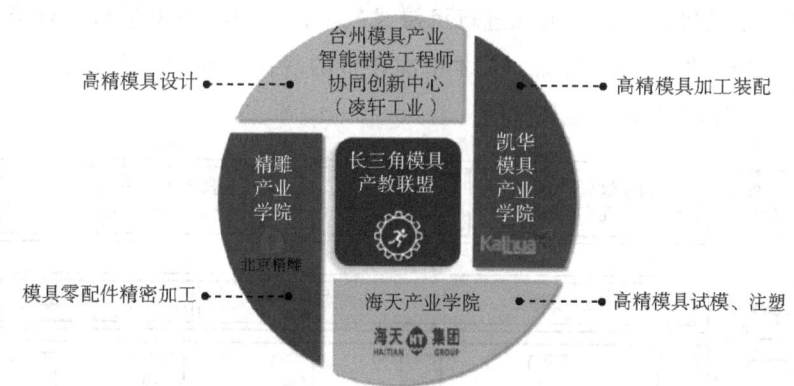

图 1 "114"高精数字模具全链式产业学院关联图

**2. 聚焦共建共享,赋能人才培养**

通过产业学院建设,有效拓展生产性实训基地数和工位数,截至目前共建共享校内实训基地、工作室增加 13 个,共建共享实训基地工位数提升近 600 个。产业学院深度融入人才培养全过程,共同制(修)订 10 个专业人才培养方案。深度参与教材编制和课程建设,产业学院共开设课程 50 余门、校企共编教材 20 余本。

校内精雕数控、凯华模具、海天塑机等智能制造全链条产业学院，通过探索创新形成了模具设计与制造省高水平专业群人才培养模式。施耐德产业学院的目标是打造工业互联网人才培养孵化器和企业员工技能培训基地，通过与华为共建创新者开发中心，努力打造技术共建、人才共培开发者创新服务平台，加速区域鸿蒙产业发展进程。顺丰供应链管理产业学院建有高标准直播间，学生"网红"直播可助力台州农产品销售。智慧财税产业学院通过承接长三角、珠三角 30000 多家中小微企业账务，并全部由在校生处理，实现真账真做，为企业节约成本 70% 以上。具体有机电与模具工程学院的"114"高精数字模具全链式产业学院构建的"三领域、六平台、四精准"校企协同实践育人新模式。学校依托全链式产业学院建设，通过校企共创理论学习领域、校内实训领域、校外顶岗领域，共建认知实习平台、现代学徒制跟岗实习平台、岗位工匠班学习平台、高技能精准训练平台、校企协同多元评价平台、顶岗实习平台六个技能递进式的协同育人平台，将思政教育融入实践教学中，将企业案例融入专业课程中、将技能课搬到实训基地、研发中心、产业学院等企业生产场地进行沉浸式教学，从而实施思想精准对接、岗位精准选择、技能精准训练、人才精准评价的现代工匠"三领域、六平台、四精准"培养新模式（见图 2）。

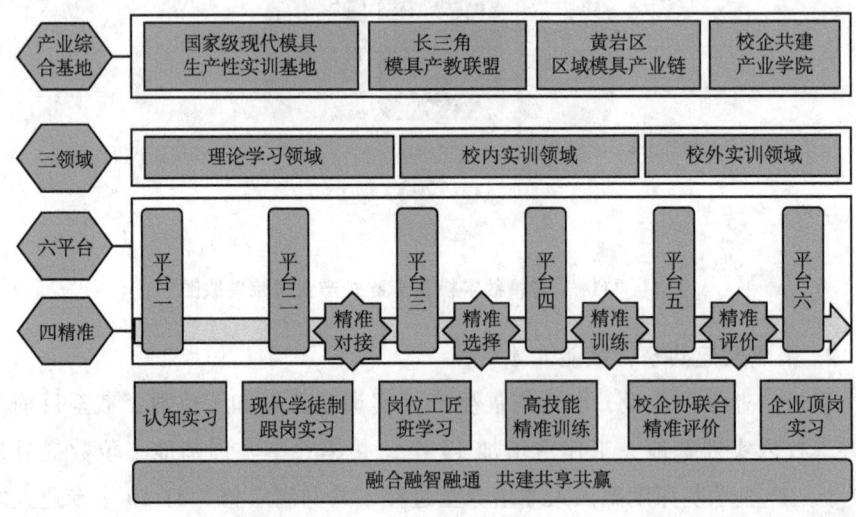

**图 2** "三领域、六平台、四精准"的人才培养新模式

形成"2+0.5+0.5"人才培养实施路径,其路径图如图3所示。

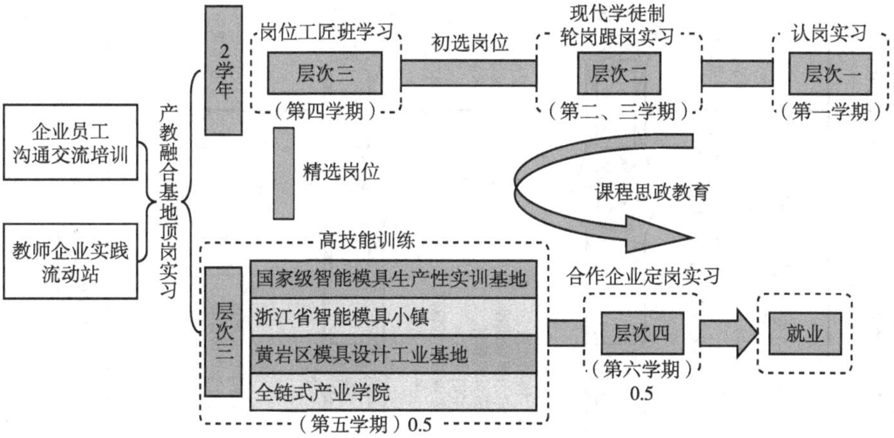

**图3 "2+0.5+0.5"人才培养实施路径图**

凯华模具产业学院采取"校中厂"模式,引入凯华公司一条完整的产品产线,为学生提供浸润式学习实践环境;北京精雕产业学院构建的"三明治"校企协同人才培养新模式,按照校企协同、学岗对接、工学交替的指导原则,开展"上游企业+学校+下游企业"的"三明治"中国特色学徒制高标准人才培养模式的创新与实践(见图4)。

3. 互聘互兼师资,打造双师团队

学校现有客座教授117人,客座导师1181人。一是依托产业学院引入企业资源,校企双方共同制订培养目标,共同设置专业核心课程,共同开发教材,共同担任理论和实践教学等,形成了课内外贯穿连通的实践教学培养模式。二是与企业联合培养具备精操作、懂工艺、会管理、善协作、能创新的现场工程师。三是打造职业培训综合体,共同开发多层次、多类型、高水准的培训服务项目,提高企业从业人员素质,满足职工岗位技能提升和在岗培训需要。具体有北京精雕产业学院校企双主体育人体系(见图5)。产业学院作为学徒培养基地,建立协同沟通工作机制,每个星期讨论一次学徒制培养过程中学生、学院的技能落实情况,每个月召开一次论证课程体系的建设情况,每个季度讨论一次人才培养岗位技能的落实情况,每年提出、反馈一次学徒制人才培养和学徒管理问题和解决办法,形成校企命运共同体,协同做好规划设计、项目实施、课程开放、教学改革、人才管理等学徒制现场培养工作。

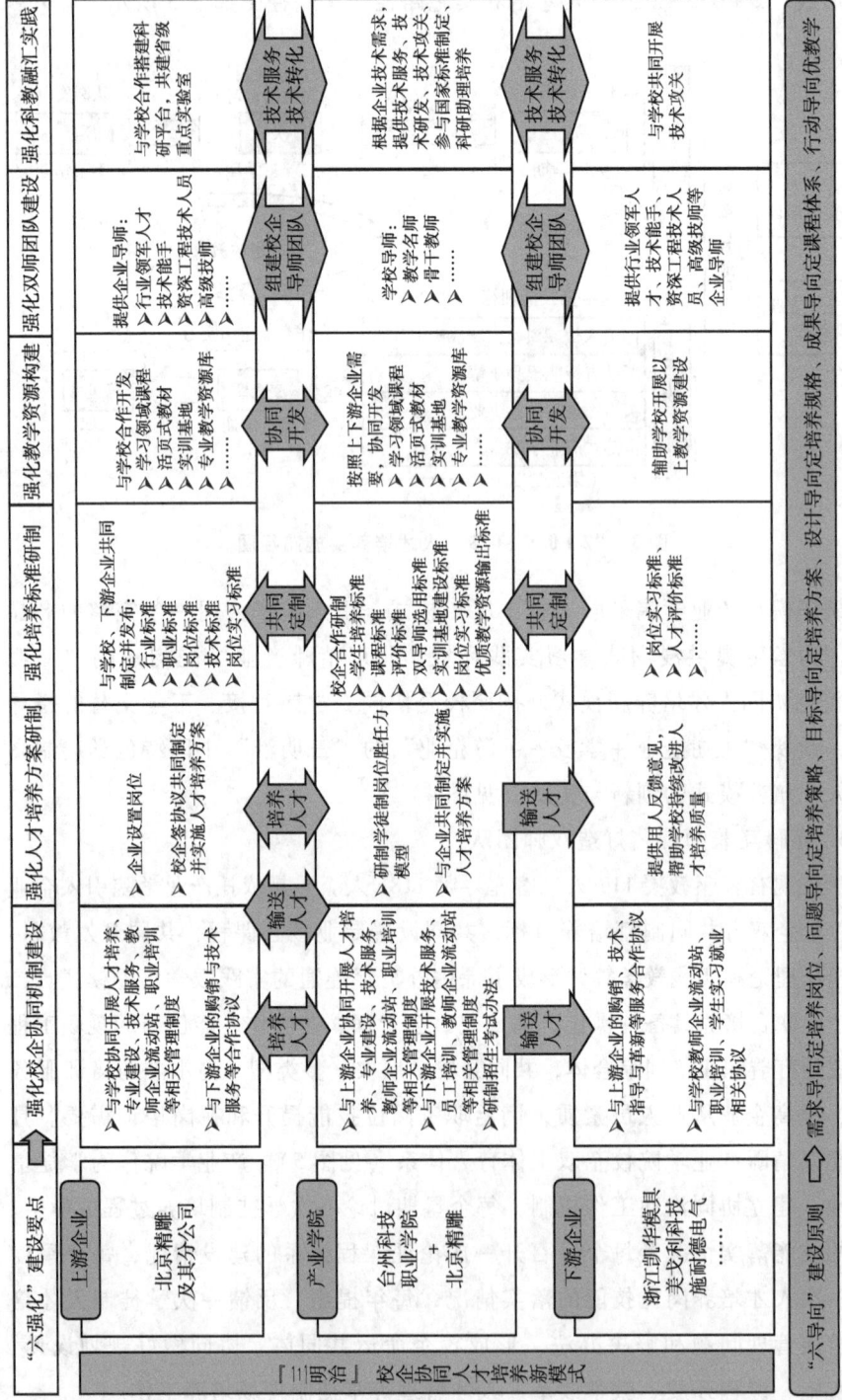

图 4 "三明治"校企协同人才培养新模式

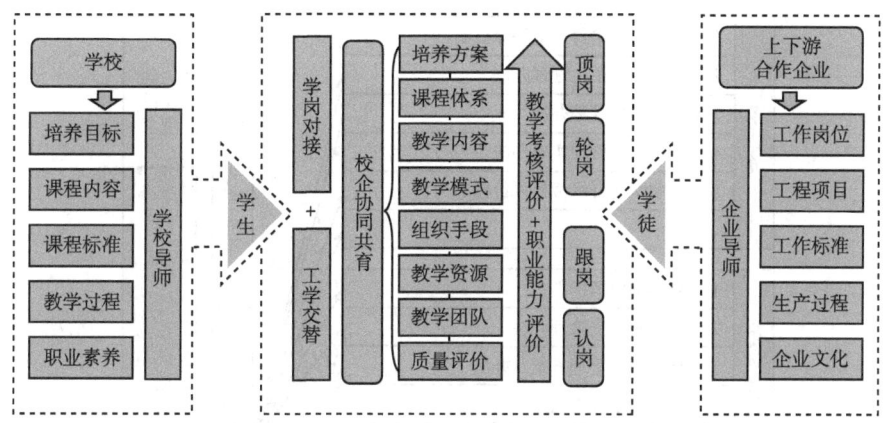

图 5　校企双主体

4. 三共协同管理，共建管理制度

按照人才共建、资源共享、发展共赢的"三共"建设理念，遵循问题导向、目标导向、成果导向，联合上下游企业构建现代学徒制学院校企协同管理制度新体系。共同制定了《现代学徒制人才培养质量保障机制》《现代学徒制学徒招生管理办法》《现代学徒制学徒管理办法》《现代学徒制学徒实习管理制度》《现代学徒制学徒实训考核制度》《现代学徒制岗位员工实习管理制度》《现代学徒制安全管理处理办法》等系列校企协同管理制度。其管理制度体系如图 6 所示。

## 三、主要成效

1. 人才培养质量与服务产业能力显著提升

通过多年的探索与实践，产业学院在撬动发展引擎，赋能高质量发展中取得了显著成效。学校联合企业申报产教融合项目获市级及以上立项近 100 项。学校入选《2023 中国职业教育质量年度报告》全国产教融合卓越高等职业学校。近年来，学生获国家一类技能（学科）竞赛一等奖 6 项、二等奖 17 项、三等奖 6 项；教师获职业院校教学能力比赛国赛一等奖 1 项、二等奖 2 项，省赛特等奖 2 项、一等奖 6 项、二等奖 12 项、三等奖 14 项，总成绩名列全省前茅。2024 年毕业生去向落实率 98.4%，留台率 48.8%，企业满意度

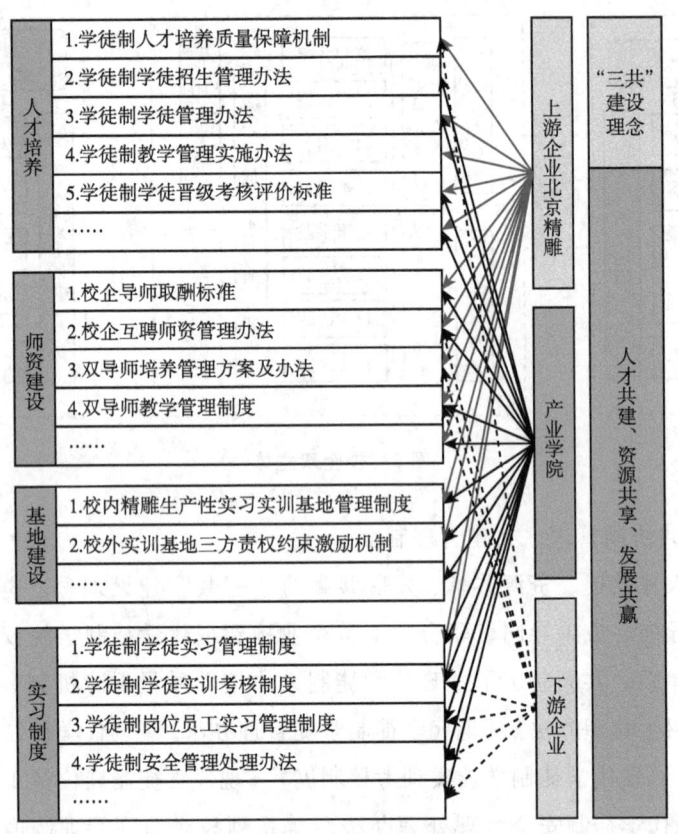

图 6　校企协同管理制度体系

显著提高。年技术服务到款额超 2000 万元，在 "2023 年中国高职院校科研与社会服务竞争力排名"中，学校位居全国第 76 位。

2. 学校形象和社会影响力不断提升

产业学院年接待各级领导、专家考察调研，兄弟院校学习参观达 3000 余人次。学校应邀参加第十届产教融合发展战略国际论坛并作了《现代产业学院建设探索与实践》专题报告，在台州市人民政府新闻发布会及教育部职业教育发展中心组织的会议上做了典型发言。产业学院的实践经验也得到业内和媒体的认可，《长三角模具产教联盟打造"政校行企"产教融合生态圈》等 26 个案例获批国家、省、市产教融合典型案例。《统筹解决台州人才培养和产业发展"两张皮"问题的建议》获市主要领导批示肯定。《坚持产教"五聚焦"把握融合"五个度"——台州科技职业学院深化产教融合实践》

《五维对接共同富裕增值赋能"扩中提低"》等10余篇文章在《中国教育报》《光明日报》等国家级主流媒体刊登。

## 四、经验总结

1. 构建产教融合生态圈

台州科技职业学院深知产教融合对于职业教育的重要性,因此积极构建了"1+1+1+N"产教融合生态圈。这一生态圈以学校为主体,每个专业群对接产业链头部企业共建一个产业学院,同时成立了产教融合与校地合作处,牵头组建台州市产教融合专家指导委员会。为确保产教融合的顺利实施,学校还出台了《台州科技职业学院深化产教融合实施意见》等一系列文件,为校企合作提供了政策保障。

在优选链主企业方面,学校坚持校企双向赋能,选择具有示范引领和辐射带动作用的"链主"企业,共同推动人才培养供给侧与产业需求侧的紧密对接。依托高水平专业群,学校建设了一批与区域特色产业集群联动发展的产业学院,为"链主"企业的提档升级、技术革新提供了全方位的支持。

2. 探索混合办学新模式

学校构建了"学校、二级学院、专业"三层多元混合办学新模式,吸引了大量社会资本投入。学校层面与地方政府、民营经济联合体等签署了共建协议,学院层面建有多个实体化运行的产业学院。这些产业学院不仅实现了学校教学与企业生产的无缝对接,还将办学资源下沉至县域,服务县域特色产业发展。

在混合办学过程中,学校充分发挥双方优势,开展了一系列试点项目。通过这些项目,学校不仅拓宽了办学渠道,还提高了办学质量和效益。

3. 深融人才培养全过程

产业学院深度融入人才培养全过程,共同制(修)订专业人才培养方案,深度参与教材编写和课程建设。学校开设了多门产业学院课程,校企共编了多本教材,为培养学生的实践能力和创新精神提供了有力支撑。

同时,学校还注重校内实训基地的建设和共享。通过产业学院的建设,学校有效拓展了生产性实训基地数和工位数,提高了实训基地的利用率和效益。这些实训基地不仅为学生提供了实践锻炼的平台,还为企业提供了技术研发和产品测试的场所。

4. 打造高素质双师团队

学校高度重视师资队伍建设，通过产业学院引入企业资源，校企双方共同制订培养目标、设置专业核心课程、开发教材、担任理论和实践教学等。这一做法不仅提高了教师的教学水平和实践能力，还打造了一支具备双师素质的教师队伍。

此外，学校还与企业联合培养现场工程师，共同开发多层次、多类型、高水准的培训服务项目。这些项目不仅满足了企业对高素质人才的需求，还提高了企业从业人员的素质和技能水平。